JN056869

日本の観光 ❷

——昭和初期観光パンフレットに見る《近畿・東海・北陸篇》

谷沢 明

八坂書房

日本の観光②
—昭和初期観光パンフレットに見る
《近畿・東海・北陸篇》

目次

［図版提供］
東浦町郷土資料館
藤井務旧蔵コレクション（図版キャプションに＊で表示）

［凡例］
●引用部分の旧字体は原則として新字体に改めた。
●読みやすさを考慮してやや多めにふりがなをつけた。
●鳥瞰図・絵図は部分を掲載した。
●社名は企業形態の表記を原則として省略した。パンフレットなどの資料の発行元として略称・愛称が使用されている場合はそれに従った。鉄道名などの表記は資料に略称・愛称が混在しており、本文中あえて正式名称に統一することはしなかった。
●資料の表題と鳥瞰図の内題とが異なることがあるが、資料名は原則として表題を示した。鳥瞰図の内題を示すときはその旨を明記した。
●引用に際し、資料の発行時の状況を鑑みて、現在では使われない用語・表現をそのまま使用している個所がある。

はじめに

本書は、『日本の観光―昭和初期観光パンフレットに見る』（二〇二〇年九月、八坂書房）の続編である。表題に《近畿・東海・北陸篇》と添えたのは、前著で扱うことを断念した未収録の地域を対象としたからである。立脚するおもな領域は、前著と同じく観光文化研究である。

昭和初期、わが国は、すさまじいばかりの観光旅行ブームを迎えていた。それは、江戸後期の庶民の旅行ブームの第二波ともいうべき社会現象、と捉えることができるのではないか。江戸後期の第一波の観光旅行ブームは、伊勢の神宮への代参をはじめ、四国の金毘羅詣、信濃の善光寺詣、はたまた西国・坂東・秩父の観音霊場巡拝など枚挙にいとまがなく、大いに盛り上がりを見せた。倹約を旨とする社会規範の中で、ささやかな庶民の娯楽が、寺社参詣を名目とする旅であった。しかも、それは単なる娯楽にとどまることはなかった。庶民が旅に出ることによって見知らぬ地域の人々の情けにすがりつつ交流を深める、そして見聞をひろげて新たな知識を郷里に持ち帰る、旅にはそのような意義があった。諸国の「名所図会」などの刊行が庶民の旅を後押しした、といえよう。苦労が多い歩く旅であっても、得るものは少なくなかった。

近代にはいり、目覚しい交通機関の発達は、第二波の観光旅行ブームを巻き起こした。お雇い外国人・エドモンド・モレルによる鉄道敷設（明治五年）三四年後の明治三九年、鉄道延伸距離は五千哩（まいる）（約八、〇四七㎞）にも達した。その前年の明治三八年、鉄道省の前身である鉄道作業局は沿線の観光案内書『鉄道作業局線路案内』を刊行し、日露戦争中にもかかわらず人々の観光旅行を煽りはじめた。大正期には鉄道駅から乗合自動車が奥地まで通じ、それまで秘境であった景勝地が観光名所として世人の注目を集める。鉄道院・鉄道省は『鉄道旅行案内』（大正三年〜）を刊行し続け、日本各地の名所旧跡の紹介をするとともに、人々の観光旅行熱を呼び起こしていく。とりわけ大正十年版、それに続く大正十三年版（昭和四年まで重版）『鉄道旅行案内』は、「大正広重」とも称した吉田初三郎（一八八四〜一九五五）の鳥瞰図をふんだんに掲載した魅惑的な旅行案内書で、大正後期から昭和初期の観光旅行ブームを牽引する。

時を同じくして大正一四年、ジャパン・ツーリスト・ビューロー（以下、ビューロー）は、鉄道省の「クーポン式遊覧券」の委託販売を開始する。これは、発駅から着駅までの乗車券・乗船券・自動車券に旅館券をつけて一冊に綴じこんだ切符である。この遊覧券の利点は、運賃割引はもとより、安心して宿泊できる旅館券、さらに傷害保険まで添付している点にある。加えて、ビューローは、大正末期から昭和初期にかけて全国主要都市の百貨店内に案内所を設けて遊覧券などの販売に力を入れて、観光旅行ブームに火をつける。産業化に伴う都市居住民増大による消費社会の進展という時代背景が観光旅行ブームを引き起こしたのであろう。

他にも、昭和二年の大阪毎日新聞社と東京日日新聞社主催・鉄道省後援の「日本新八景」選定コンテスト、昭和六年の「国立公園法」制定に伴う国立公園の指定（第一次〈昭和九年三月〉瀬戸内海・雲仙・霧島、第二次〈昭和九年一二月〉阿寒・大雪山・日光・中部山岳・阿蘇、第三次〈昭和一一年二月〉十和田・富士箱根・吉野熊野・大山）は、観光地のブランド化を推し進めるとともに、景勝地への関心を高めた。卓越する自然への憧れ、これもまた都市化が進展する社会に生きる人々の抱く願望の一つであった、といえよう。

ついでに観光旅行ブームの第三波を挙げるとしたら、昭和四〇年代半ば前後の若者の旅ではないか。高度経済成長期、「ディスカバー・ジャパン」のキャンペーンポスターに誘発され、あるいは創刊間もない「ａｎａｎ」「ｎ ｏｎ－ｎｏ」の旅特集に誘引されてだれでも気軽に旅に出る、そんな空気が充満していた。高度経済成長期の底抜けの開放感とは裏腹に、失われつつある自然や伝統文化への危機感、そして時代の価値観への懐疑、それが時間に余裕のある若者を旅に駆り立てたのではないか。併せて、余暇を享受する人々が増えた高度経済成長期は、大量仕入れ・大量販売による安価な観光旅行時代が到来し、世代を問わず内外へ観光旅行をする人々の裾野が広がった時代であることも一言付け加えておかなければならない。

大正末期から昭和初期に観光旅行ブームが起こった背景を前述したが、今一度、どのような社会状況下であったのかを想起してみよう。第一次大戦の大戦景気に沸いたのもつかのま、戦後恐慌（大正九年）が発生、銀行恐慌（大正一一年）、関東大震災後の恐慌（大正一二年）、昭和改元後も昭和金融恐慌（昭和二年）、世界恐慌（昭和四年）と続く。昭和恐慌による失業者実数は百万人を超す、ともいわれている（昭和五年）。また、東北・北海道で冷害に伴う大飢饉が発生、娘の身売りが増加するという悲惨な出来事もあった（昭和六年、九年）。やがて、日中戦争の発端となる盧溝橋事件（昭和一二年）が勃発、国家総動員法（昭和一三年）制定により、わが国は戦時体制へと突入し、観光旅行ブームは終焉を告げた。

昭和初期は、暗黒の時代の中での観光旅行ブームであった。ここで言えることは、好景気だから旅行ブームがおこるという短絡的な捉え方は成り立たない、ということであろう。副題に挙げた「―昭和初期観光パンフレットに見る」に従って、当時、作成された観光パンフレットや鳥瞰図を読み解くと、暗い時代をしたたかに乗り切る明るさが漂っているように思えてならない。そう感じるのは私ひとりであろうか。ほかにも、幻と化した東京オリンピック（昭和一五年）、紀元二千六百年記念日本万国博覧会（昭和一五年）もまた、同時代を生きた人々の夢の一つであったのかもしれない。こんな時代だからこそ、庶民は明るい夢を追いかけたのに違いない。時代を複眼的に捉えることの大切さを、遺された資料は無言のうちに教えてくれる。

前著『日本の観光』においては、北海道から九州にいたる日本を代表する観光地に加え、東京周辺の鉄道沿線行楽地、信越のスキーリゾート地に主眼をおいた。今回の『日本の観光②』《近畿・東海・北陸篇》では、京都・奈良・南紀・伊勢志摩・北陸の有名観光地はもとより、今は昔をしのぶ縁もない東海の海辺の街などややマニアックな地も取り上げている。掲載する鳥瞰図には、有名な吉田初三郎や金子常光をはじめ、名古屋の澤田文精社で活躍した新美南果の作品が少なからず含まれている。ローカルにして味わい深い筆触を楽しんでいただきたい。前著に引き続きご愛読いただければ、この上もない喜びである。

著　者

第一章　京都を巡る旅

一、京都を巡る

（一）京都市観光案内所

昭和五年五月、京都市観光課が発足した。日本で最初に設置された市役所の観光課であるという。この京都市観光課が「京都案内」（昭和八年頃、吉田初三郎画）〈図1〉を発行する。表紙は三十三間堂に立ち並ぶ数々の仏様、裏表紙に「待たるる京の御法要愈々昭和八年に厳修」と記し、四寺院の遠忌・法要を挙げる。宗祖親鸞聖人六百五十回御遠忌（山科別院）、覚信尼公六百五十年御法要（東本願寺）、新法主伝燈記念御法要（西本願寺）、開山大燈国師御遠忌（大徳寺）であり、いずれも四月に数日～一週間にわたって執行される。発行年代はないが、これら昭和八年の遠忌・法要に際し、誘客のために作成したものと考えられる。このような案内文からはじまる。

極楽の浄土を現世に求めたら、きっと京の春で御座いましょう。京の春の魁として、祇園の花が笑ひ初める頃には、東山や、鴨川べりが、ぼうと薄霞に包まれる。平安神宮に、嵐山に、醍醐に、御室に、しきりに花の便りが訪れて、京の町一杯に花に埋れます。瑞雲棚引いて、法の御声や、無常の鐘が聞ゆるあたり、真に極楽の浄土とでも云ひ得るでしょう。

桜の蕾が花開き、目出たいことの前兆として現れる雲が棚引く。法話や鐘の音が充満する街・京都は、まさに極楽浄土のようなところだ、と語りかける。

〈図1-1〉「京都案内」（昭和８年頃、吉田初三郎画、京都市観光課）

> 仏に詣でる人、花を見、花を見る客、仏に詣でることが出来るのは独り京都のみで御座いましょう。詣でるに限りなく、見るに涯(はて)ない、永久に美しい都は我が京都で御座いましょう。

お参り方々花見をする、花見がてらお参りもできる。そんな街は京都しかない。お参りするにも限りなく寺々があり、花を見るにも果てしない。その美しい都が京都である、と誘う。

パンフレットの一面は、「京都名勝案内図」と題する鳥瞰図、裏面は京都市観光課及び市設観光案内所の紹介文である。吉田初三郎描く鳥瞰図は男山の石清水八幡宮付近から北北東に京都市街地を望むもので、後述する「京都名所大鳥瞰図」（昭和三年一〇月、京都府発行）と同一構図である。その描き込みを単純化して再度描き直したもので、全体的に淡い色調で仕上げた気品漂う軽やかな筆触である。京都を訪れる観光客にこの鳥瞰図を無料配布していたことが案内文からわかる。京都市観光課が生まれた背景をこのように紹介する。

> 一度は京都を見物したいとは、万人のもつねがひであります。かうした人々が団体をつくり、或は二三人づれで、京見物に見ゆる人が毎年数百万人をかぞへます。そこで遠近から、非常な望みをもって折角見物に見える方々に、なるべくその御希望に添ふやうに、何事でも御世話したいといふ観光客に対する奉仕のために生れたのが市の観光課であります。

観光都市として世界に知られる京都としては、ぜひこのような観光上の施設機関が必要であると、ようやく実現したのが京都市観光課である、とも述べる。翌年にはやはり外国人観光客が多く訪れる栃木県日光でも日光町観光課が生まれていることから、昭和初期は官民挙げて観光振興に取り組んでいた時代であることがわかる。

京都駅降車口正面に建つクリーム色の建物が市設観光案内所で、朝七時から晩一〇時まで年中無休で観光客に奉仕していた。業務内容を次のように紹介する。

> 名勝、古蹟等の御説明／交通、旅館、其他の御案内／市内外案内地図贈呈／観光団体の特別御世話／其他御見物、御用達についてのいろいろの御世話

案内地図の配布など、すべて無料でおこなっていた。また汽車が着くたびに、拡声器でこのような呼びかけをしていた。

> 皆さん、こちらは京都市役所の観光案内所であります。名所御見物の方や、土地不案内の方には、いろいろ御説明申上げますから御遠慮なく御立寄り下さい……

拡声器の声に導かれて、観光案内所を覗いてみる客もいたのであろう。その声が届くほど、当時の京都駅前は静かであったに違いない。一枚のパンフレットから、昭和初期の京都駅前のほのぼのとした情景が伝わる。

（二）旅行案内書に見る京都巡り

平安京として形づくられた京都は歴史が息づく街で、世界遺産「古都京都の文化財」に登録（平成六年）されている。文化遺産や名勝古跡の多い京都の風光や歴史を探勝する内外からの観光客は跡を断たない。昭和初期、数ある京都の観光名所の中で、いかなる場所に人々が関心を寄せていたのであろうか。また、京都観光の仕方は、どのようなものであったのだろうか。

鉄道院・鉄道省の旅行案内書を開こう。明治後期、『鉄道作業局線路案内』（明治三八年）を嚆矢に、『鉄道院沿線遊覧地案内』（明治四二年）が出版される。これが大正期に『鉄道旅行案内』（大正三年～）と書名を改め、戦前まで改訂を重ねた。とりわけ『鉄道旅行案内』（大正一三年版）は、吉田初三郎の鳥瞰図を多数掲載して一世を風靡した改訂版である。これは昭和五年改訂版まで使われており、昭和初期の状況をうかがう好資料である。同書では、京都の魅力をこのように伝える。

> 市の内外は古蹟名勝に富むこと海内随一で、然も風俗は優雅、山水は秀麗、東山の艶、西山の翠、鴨川の清、大堰川の奇、一容一態其趣を変へて人を厭かしめず、淹留旬日尚恋々として帰るを忘れしむるのである。（『鉄道旅行案内』大正一三年版）

古跡や名勝は国内第一、しきたりや慣わしも優雅、味わい深い東山、萌黄色の西山、清らかな鴨川の流れ、とりわけ優れた大堰川、形姿は情趣があって長逗留しても帰るのをあきらめきれない。そのように京都の魅力を語る。

> 市の遊覧には普通東山方面一日、西山方面一日ですむ。しかし夫はほんの通り一辺の見物で、詳しく宝物を見建築を研究し史蹟を探るには五日や七日でも尚不足である。（同右）

東山や西山を巡るには、それぞれ一日で済むが、それは通り一遍の見物に他ならない。社寺の宝物・建築・史跡をしっかり見学するには一週間でも不足である、と説きつつも京都の代表的な廻遊・遊覧コースをいくつか紹介する。京都市街地とその周辺を巡る順路は「東山から北山方面遊覧」「西山方面遊覧」の二つがあり、前者は東山巡り・北山巡りから成る。

［東山巡り］東西本願寺―博物館―豊国神社―大仏―三十三間堂―智積院―妙法院―西大谷―清水―高台寺―

京都名

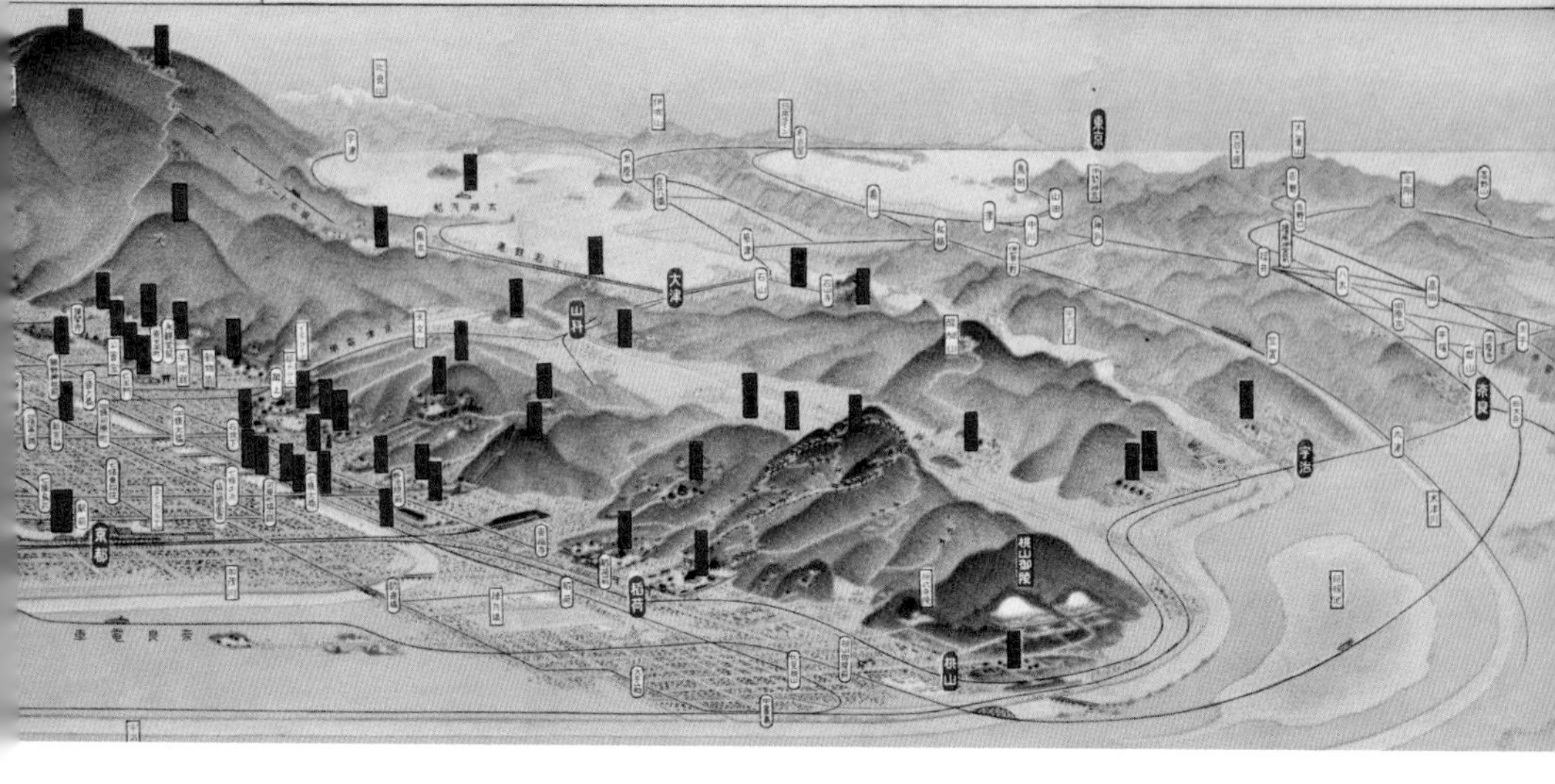

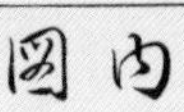

〈図1-2〉「京都案内」(昭和８年頃、吉田初三郎画、京都市観光課)

〈図２〉下３点「京都鳥瞰図」(大正４年10月、吉田初三郎画、井出時秀)

八坂の塔—東大谷—円山公園—八坂神社—知恩院—動物園—平安神宮—インクライン—南禅寺

［北山巡り］永観堂—若王子—黒谷—真如堂—吉田神社—法然院—銀閣寺—百万遍—下加茂—上加茂—相国寺—御所—新京極—六角堂（同右）

この時代、市内主要箇所に路面電車が敷設されていたものの、「廻遊俥東山巡りは三円、北山を入れて四円五十銭、普通六七時間を要す」とあるので、人力車利用の遊覧旅行もあったことがわかる。また、西山方面遊覧は次の順路である。

東寺—島原—壬生—北野神社—平野神社—金閣寺—建勲（たけいさお）神社—大徳寺—等持院—仁和寺—妙心寺—天龍寺—嵐山—虚空蔵—釈迦堂—松尾神社—西芳寺—梅宮—広隆寺—二条離宮（同右）

虚空蔵は嵐山の法輪寺、釈迦堂は嵯峨の清凉寺を指す。ここにもまた「廻遊俥賃四円五十銭、普通七八時間」と出ている。御所及び二条離宮の見物には拝観證を要した。なお、二条城は、明治一七年に宮内庁所管となり、昭和一四年に京都府に下賜されるまでの間、「二条離宮」となっていた。

これらに加えて、郊外の遊覧に保津川下り、三尾（さんび）の紅葉見物、八瀬大原遊覧などを掲載するので併せて紹介しよう。

保津川下り　亀岡駅下車、保津川遊船で嵐山まで四里の間を一時間半で下る、この舟遊は初夏新緑の候躑躅（つつじ）花咲く頃が好い、……

三尾の紅葉　愛宕山の東麓清滝川の曲流する処、高雄には神護寺、栂尾には高山寺、槇尾には西明寺があり、紅葉の勝地として知られて居る。

八瀬大原　山端から比叡の西麓を進んで大原女の里なる八瀬大原に行くと寂光院、三千院の名刹あり、建礼門院や後鳥羽順徳両院の昔偲ばるる址が多い。（同右）

初夏に新緑を味わうには保津川下りがよく、紅葉を愛でるには高雄・栂尾・槇尾の三尾が京都きっての名所であった。また、名刹・史跡に富む大原の里も鄙びた趣があった。

その他、桃山御陵参拝をかねた桃山宇治方面の遊覧のほか、長岡天満宮などの長岡京の古都址見物や、石清水八幡宮などに詣でる石清水・山崎方面の京都から一日の遊覧を紹介する。これらにより、大正末期から昭和初期の京都の主要な観光地とその巡り方が浮かび上がる。

（三）京都を俯瞰する

数ある京都の鳥瞰図の中で、吉田初三郎のものを取り上げてみよう。「京阪電車御案内」（大正二年、京阪電車発行）以来、数々の鳥瞰図を手掛けた初三郎は、ほどなく「京都鳥瞰図」（大正四年一〇月、井出時秀発行）〈図2〉を制作する。これは縦横の比率がおよそ二倍であり、見慣れた初三郎の横長の鳥瞰図と異なり、得意とする空想的な遠景描写もない。背後に東山の峰々を置き、中央に碁盤目の市街地をやや立体的に描くものである。加えて市街の図にはめ込む形で御所・二条離宮・嵯峨・男山と山崎付近・伏見桃山御陵などの俯瞰図、大極殿の想像図を添える。これがひとつに収まると、あの初三郎の鳥瞰図が完成するのであろう。

大正後期になると、「洛西名所図絵」（内題）（大正一一年一〇月、大正名所図会社発行）をはじめ横長の鳥瞰図がいくつも現れる。これらからすでに大正後期、初三郎の作風は完成していることがうかがえる。昭和に入ると、「京都名所大鳥瞰図」（昭和三年一〇月、京都府発行）をはじめ、洛東・洛西・洛北・洛南各所、嵐山・保津川下り・叡山などその作品は枚挙にいとまがない。ほかにも京都大丸や都ホテルを中心とした鳥瞰図、妙心寺や醍醐寺といった寺院の鳥瞰図なども初三郎は手掛けている。

京都の全体像をつかむのに手ごろな一例として御大典記念として制作された「京都名所大鳥瞰図」（昭和三年一〇月、京都府発行）〈図3〉を示そう。鳥瞰図は桂川・鴨川・宇治川が集まる大山崎辺りから北北東に京都市街地を望む構図で、左下に大阪湾、右上に日本海を配し、市街地背後に愛宕山・鞍馬山・比叡山が聳え、比叡山の右手（東）に琵琶湖が見える。洛中はもとより、洛東・洛西・洛北・洛南が一枚の絵にすっぽり収まる。

ここでは洛中に焦点を当てて見ていこう。洛中の範囲は必ずしも明確でないが、東大路・西大路・北大路・九条通に囲まれたところを指すことが多く、東を鴨川までとする場合もある。鴨川には三条大橋・四条大橋・五条大橋などが架かり、橋もまた観光名所の一つになっている。京都駅の北に西本願寺・東本願寺が甍を聳え、西本願寺の南北に興正寺・本圀寺（ほんこくじ）が、東本願寺の東に枳殻邸（きこくてい）がある。京都駅の南に東寺が伽藍を構え、五重塔が見える。三条大橋から西に向かうと、本能寺・六角堂がある。二条駅の近くに二条離宮や古い歴史を持つ神泉苑があり、京都府庁からしばらく行くと御所が見える。御所の背後に同志社や相国寺（しょうこくじ）（京都五山第二位）があり、高野川と賀茂川が交わる糺（ただす）の森（もり）に下鴨神社が鎮座する。北西には船岡山があり、山頂に織田信長を祀る建勲神社が建つ。船岡山南西には菅原道真を祀る北野天満宮や、今木神（いまきのかみ）（百済系渡来人の祖神）を祀る平野神社が鎮座する。北野天満宮は梅林、平野神社は夜桜の名所で、洛中北部の遊覧地でもあった。以下、洛東・洛西・洛北・洛南を探勝しよう。

京都地域区分イメージ図

〈図3〉上2点、下右「京都名所大鳥瞰図」(昭和3年10月、吉田初三郎画、京都府)

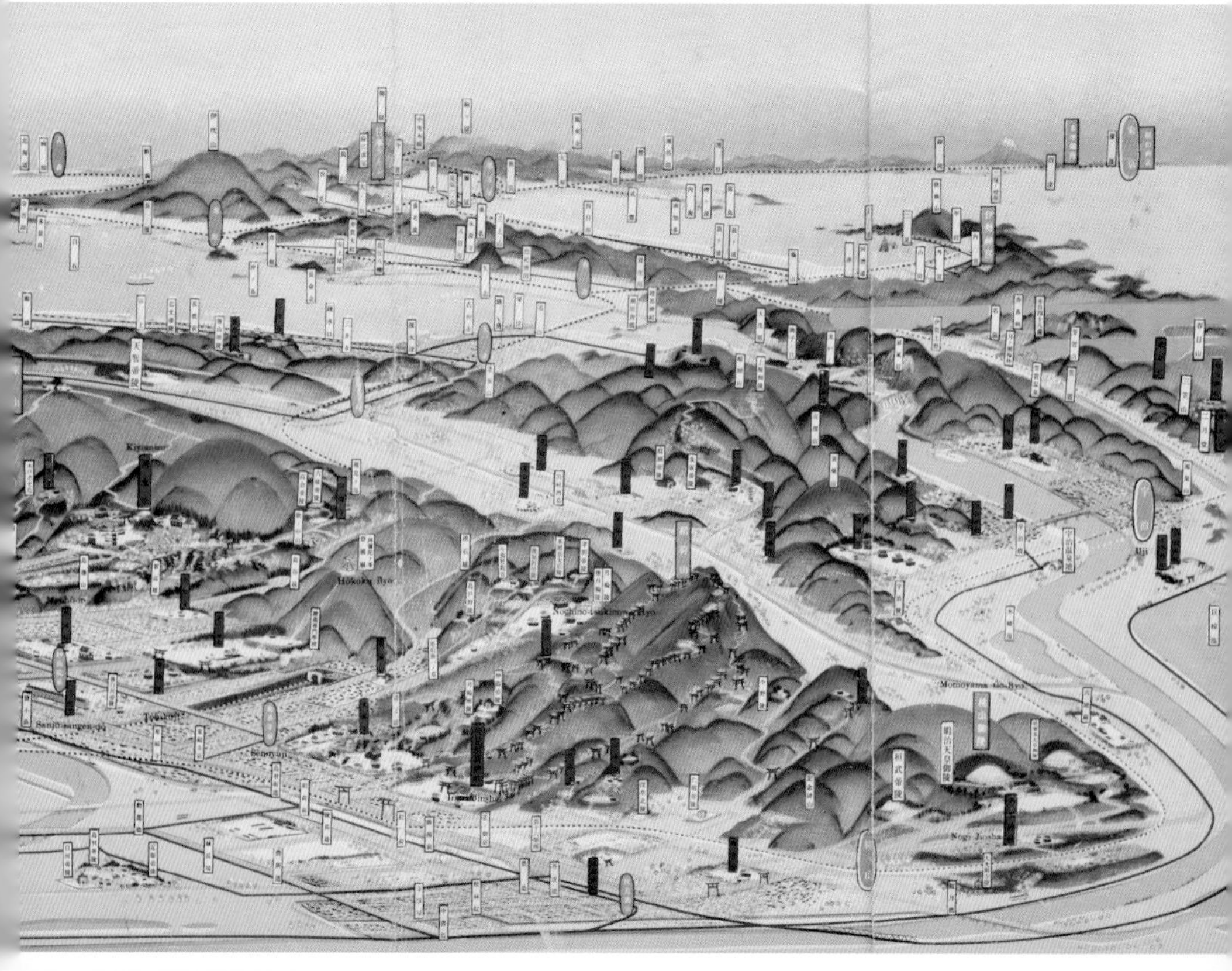

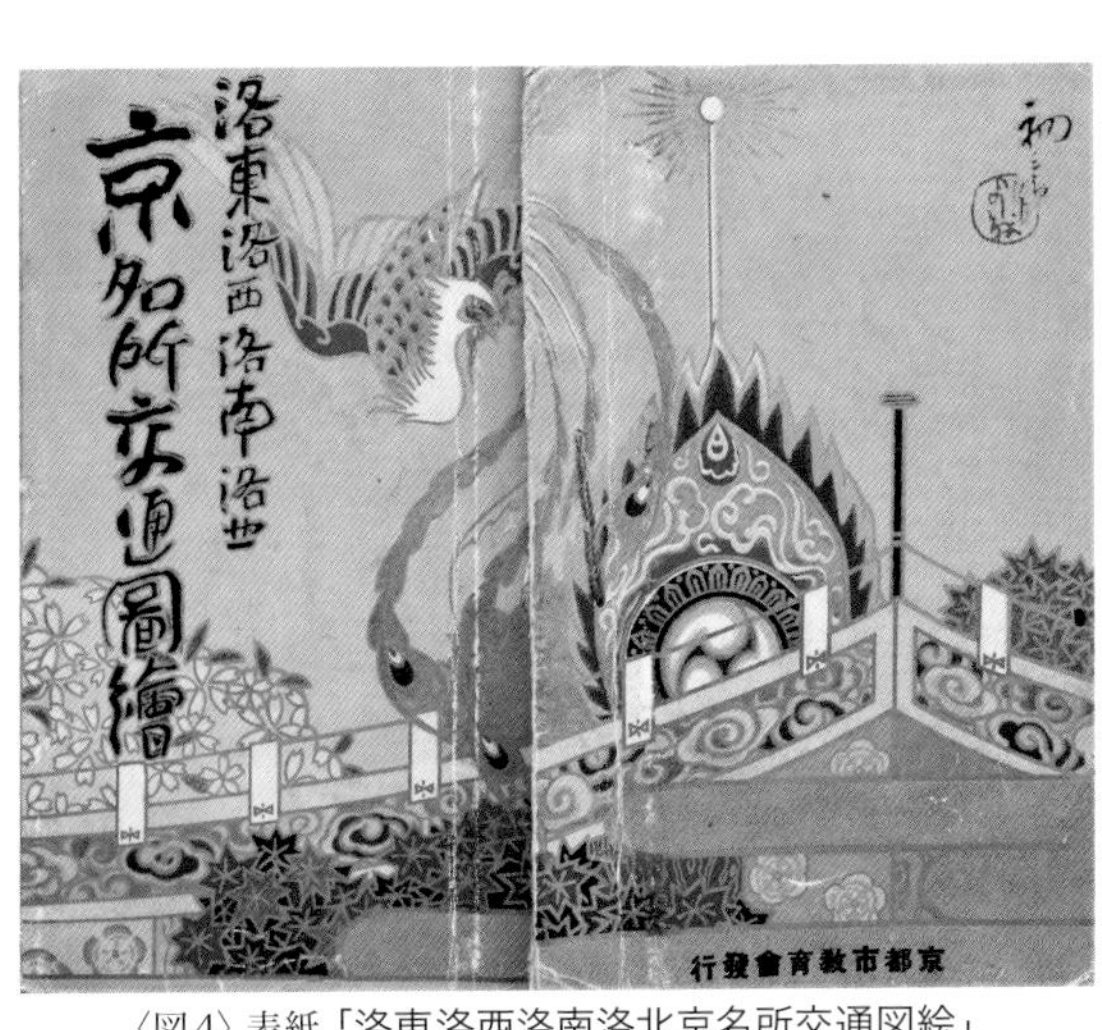

〈図4〉表紙「洛東洛西洛南洛北京名所交通図絵」
（昭和3年8月、吉田初三郎画、京都市教育会）

二、洛東を巡る

（一）洛東の名所

「洛東洛西洛南洛北京名所交通図絵」（昭和三年八月、吉田初三郎画、京都市教育会発行）〈図4〉は、洛東・洛西・洛南・洛北の各交通名所図絵が四枚綴りになった大作である。舞楽の舞台に鳳凰舞う絵柄の表紙、表紙裏に京都市案内略図を載せる。地域別に分かれた鳥瞰図は見やすく、裏面にいきとどいた見所の案内文もあって京都巡りに実用的である。

まず「洛東交通名所図絵」（内題）〈図5〉を開こう。鳥瞰図は京都市街地から東を望む構図で、下に鴨川が流れ、左手に比叡山、右手に桃山御陵を配し、東山山麓に多くの寺社が点在する。比叡山背後に琵琶湖が浮かび、東山を越えると山科・醍醐・宇治が見える。洛東の範囲は必ずしも明確でなく、鴨川あるいは東大路以東を指し、南は東福寺から北は慈照寺あたりまでを呼ぶことが多い。鳥瞰図を頼りに、東福寺から左手（北）に東山山麓をたどってみよう。

伏見稲荷の北に臨済宗の名刹東福寺（京都五山第四位）が伽藍を構え、境内に通天橋が見える。東福寺の東に皇室の菩提寺としての由緒を持つ御寺・泉涌寺（せんにゅうじ）もある。東海道本線の線路を越えると、千手観音一千一体が並ぶ三十三間堂、妙法院・智積院と続く。三十三間堂は後白河法皇の法住寺の一角に平清盛が建立した蓮華王院の本堂であったが、今は天台宗門跡妙法院の所管となっている。また、智積院は真言宗智山派総本山である。三十三間堂の北に豊国神社と大仏、阿弥陀ヶ峰に豊国廟があるが、いずれも豊臣家ゆかりの史跡である。

五条大橋から東に進むと、観音信仰の霊場である清水寺が見える。北政所が秀吉の菩提を弔うために建立した高台寺、八坂の塔を経てしばらく歩くと祇園祭で有名な八坂神社が鎮座し、近くに円山公園がある。八坂神社の南に位置する臨済宗建仁寺（京都五山第三位）付近は町家が建て込み境内は狭められている。八坂神社の北に浄土宗総本山の知恩院が大伽藍を構え、北に隣接して天台宗門跡の一つ青蓮院が建つ。そこから東海道を越え、琵琶湖疏水（インクライン）を過ぎると南禅寺境内となる。南禅寺は五山の上におかれる別格扱いの臨済宗大本山である。南禅寺の北は永観堂である。その西は平安神宮と岡崎公園で、公園内に動物園や公会堂を描く。そこから黒谷の金戒光明寺・真如堂などを経て道は慈照寺（銀閣寺）へ続く。

案内文は、寺社の由来・建築・宝物はもとより、遊覧地としての特徴を紹介する。ここでは由来などは割愛して、遊覧地の特徴に焦点を当て、観光名所として有名な慈照寺（銀閣寺）・真如堂・永観堂・南禅寺・八坂神社・高台寺・清水寺・東福寺を取り上げよう。まず慈照寺（銀閣寺）である。

> 寺域広く閣前の庭園は相阿弥の作で、金閣と共によく建築に調和した一種の庭園建築ともいふべく、一木一草に趣を凝らし、清流飛泉音もなく静かに、銀沙灘の輝き、奇岩怪石の緑苔、老樹森々たるところ如意嶽の全影を仰いで、寺境ただ閑寂、（中略）そぞろに仙宮に遊ぶの感がある。

足利義政の山荘を仏寺にした慈照寺の庭園の趣をこのように叙述する。白川の白砂を波形に盛り上げた銀沙灘の輝き、大文字焼きで有名な如意嶽を仰ぎ見る境内の静寂さはまさに仙人が住む宮殿に遊ぶ感がする、と幽玄な佇まいを称える。上層の花頭窓などにみる禅宗様の銀閣（観音殿）、書院造りの源流をなす東求堂など、東山文化を象徴する建築は、すでに昭和初期、有数な観光資源となっていたことは今と変わらない。

次いで、真如堂の名で知られる天台宗真正極楽寺である。

> 境内は楓が多く、萩も美しく、秋は観賞をかねての参詣客が群集する所、……

十一月の「お十夜」は京都の年中行事として有名、とも記す。秋は本堂とその前に建つ三重塔一帯が紅葉に染まる。境内散策は拝観料も不要で、気軽に京の秋を楽しめるのがうれしい。

永観堂の名で呼ばれるのは、浄土宗禅林寺である。

> 境内の楓樹は昔から有名で、永観堂の紅葉として洛東名所の一つである。

本尊の阿弥陀仏は「見顧りの本尊」として名高いことにも触れる。永観堂の秋の特別拝観には今も紅葉見物の人が群参し、庫裡から方丈・御影堂・阿弥陀堂へと宝物を拝しつつ回廊を往くと、色とりどりの紅葉が目を楽しませてくれる。また、開山堂裏の多宝塔から望む境内は錦繍に包まれ、京の町並みも一望できる。

永観堂の南に広い境内を構えるのは、南禅寺である。

> 境内松樹深く茂って清流幽かに音を立て、幽邃の気みなぎる所殿閣楼門聳へ立って景観頗る雄大深遠である。

南禅寺は、寛永五年（一六二八）再建の三門が名高い。藤堂高虎が大坂夏の陣で戦死した一門の武士の冥福を祈るために寄進した三門は、その巨大な姿が人目を引いていた。三門を潜って仰ぎ見る仏殿の姿もまた風格にみちている。

祇園の八坂神社の紹介では、祇園祭が欠かせない。

> 大阪の天満祭、東京の神田祭と共に日本の三大祭と言はれる程名高いもので、まづ十六日の夜は宵山といって家々の軒に神燈を掲げ、青簾の内には美しい敷物を敷きつめて、

〈図5〉上・下右「洛東交通名所図絵」（内題）（昭和３年８月、吉田初三郎画、京都市教育会）

〈図6〉「西国十六番音羽山大悲閣清水寺案内」(年代不明、澤田文精社図案、清水寺)

> 折節流れよる祇園囃の特異なリズムにそそりたてられ、暮れゆく夏の夜は明るく華やかな気分に包まれて了ふ。祭礼の花は十七日、廿四日の山鉾の行列で、華麗を極めた山や鉾が美しい人波にゆられ揺られて、四条通りを埋めつくす壮観は遉に京の祭の花である。

葵祭・時代祭とともに京都の三大祭のひとつに数えられる祇園祭は、疫病退散を祈願する八坂神社の祭礼である。あわせて、大晦日から元旦の暁にかけておこなわれる「おけら詣」も紹介する。これは、オケラ（キク科の多年草）と削掛を焚いた日朮火を吉兆縄に移して持ち帰り、雑煮の燃料や燈火にして邪気を払う習俗である。その土地の文化を物語る風物詩として人々を惹きつける祭礼・行事は、観光パンフレットが力を入れて紹介するところである。

古くは萩の名所であったのが、高台寺である。

> 境内は霊山の下に当って杉桧の陰に桜多く、萩は宮城野の種を移して古来より名所に数へられ、清明の季堂塔の間を美しく緩歩する萩見の人は又一つの京都情緒である。

霊山とは、かつて時宗霊山派として栄えた正法寺一帯で、その麓に高台寺がある。歌枕の仙台・宮城野の萩は都に知れ渡るほど有名で、これを移植した高台寺は、当時、萩の名所になっていた。しかし、今日では紅葉の方が有名である。時代とともに世人の好みに合わせて、境内の様子は趣を変えていく。

自然と人工の美を併せ持つ名刹は、清水寺である。

> 舞台からの展望は京洛無双の佳景で、遠く八幡山崎の地は紫に横はり、瞰下する脚下の渓間は名にし負ふ新高雄の紅葉、陽に映えて美しく、音羽の滝は三条の白糸を引く。

清水の舞台前にある錦雲峡は紅葉の名所で「新高雄」とも呼ばれた。清水寺は一日の遊歩の好適地になっていたが、詳しくは後述しよう。清水寺とともに紅葉の名所が東福寺である。

> 通天橋は古来紅葉の名所として其名をしられ、橋下の洗玉澗に照りはへる真紅の色は、秋空一碧の下に燿はんばかりの鮮かさである。

東福寺は、広大な寺域を山から流れ出る清泉が境内を貫いて幽邃を極め、通天閣から望む紅葉が当時から有名であった。

（二）円山公園・平安神宮・岡崎公園

これらの寺社に加えて、明治期に新設された円山公園・平安神宮・岡崎公園もまた洛東の遊覧地になっていた。円山公園は、明治一九年に八坂神社や周辺寺院の境内地を利用して公園を設け、翌二〇年に京都市に移管されて京都市初の都市公園となった。

林泉の工は年を追ふて整ふて来た。（中略）噴水音もなく池面に輪を描いて旗亭（きてい）の提燈が風に揺らぐ風情も華やかである。園内の中央にあるのが有名な枝垂桜で、ほのかに浅紅を含んで傘影半天を飾れば、篝火をたいて満都（まんと）の士女は春の夜を花に酔ひ酒に親んで、祇園の夜桜の楽園を作り出すのである。青嵐薫ずる頃にはゆかりの藤波の影さわやかに、白雲東山より湧き立つ盛夏には高台の緑蔭に憩ふべく、秋風白くささやけば萩は美しく咲きそめる。雪の日は満山の銀光を背にして高低円く輝き出る全園の姿、蓋（けだ）し京都を代表する優艶（ゆうえん）無比の名公園である。

大正初年、屋号「植治」七代目の小川治兵衛（一八六〇～一九三三）により池泉回遊式庭園が円山公園内に作庭された。年を追って公園が整ってきたとは、このことを指すのであろう。泉水は琵琶湖疏水から引き入れていた（現在、使用を中止）。円山公園の枝垂桜は昔から有名であり、夜桜見物の賑わいを描写する。ほかに藤や萩も咲き誇る京都を代表する公園であった。

円山公園一帯は、平安の昔、真葛（さなかずら）や薄（すすき）が生い茂る地で、「真葛ヶ原」と呼ばれていた。江戸期には時宗安養寺の塔頭六阿弥坊が散在し、これらの六阿弥坊は見晴らしの良い楼閣を構えて遊客に席を貸していたが、明治の廃仏毀釈で廃絶した（左阿弥が料亭として残る）。やがて跡地が円山公園（慈円山（じえんざん）安養寺の円山（まるやま）を称す）になるが、眺望に恵まれた遊興の地としての性格が形を変えて近代に受け継がれた、と捉えてよいであろう。

明治二八年、平安遷都一千百年祭を記念して造営された神社が平安神宮である。同年に開催された内国勧業博覧会跡地を社地として、平安京の中心施設である朝堂院を約八分の五に縮小して応天門・大極殿を復元した。そして、大極殿背後に本殿を配し、その左右背後を取り囲んで神苑を設けた。本殿は大極殿に隠れて見えないが、歴とした神社である。

左右に大池を湛（たた）へて樹石の配列殊（こと）に清楚の趣深く、懸泉（けんせん）あり茶亭あり、貴賓館あり、燕子花（かきつばた）は池に乱れ咲き、鯉群の動きに池水は静かに揺れる。社域は後に吉田聖護院の森をひかへ、前面には疎水の水豊かに流れ、円山を望み知恩院の伽藍を仰ぐところ、東山一帯の翠（みどり）は丹朱（たんしゅ）の色に照り映えて、碧瓦金鶏（へきがきんし）の趣き、寔（まこと）に雄大華麗な眺めである。

平安神宮神苑にも琵琶湖疏水を引き込んでいる。水はまず東神苑の栖鳳池（せいほういけ）に導かれ、中神苑の蒼龍池（そうりゅういけ）を経て、滝組から西神苑の白虎池に流れ落ちる。神苑もまた七代目小川治兵衛の作庭であり、新たな京都名所になっていた。

明治から昭和にかけてつくられた神苑ではあるが、蒼龍池の飛石・臥龍橋は秀吉が天正一七年（一五八九）に造営した三条大橋・五条大橋の橋脚の白川石が再利用されている。ほかにも東神苑に御所から移築された泰平閣、尚美館（貴賓館）があって、近代の作庭ながらも京都の歴史の一端が遺されている。

内国勧業博覧会跡地である平安神宮境内の残地を利用して明治三七年に開園したのが岡崎公園である。

内に動物園、商品陳列所、府立図書館、第一、第二勧業館、公会堂、運動場、並（ならび）に応天門前の神苑等を包含してゐる。（中略）応天門前なる神苑の萩は特に有名で、岡崎公園の萩として都下の一名物である。

岡崎公園開園に先立ち、まず動物園が作られた（明治三六年）。その後、府立図書館（明治四二年）が開館して公園内に諸施設が建ち並び、市民に大いに親しまた。商品陳列所跡地に建設されたのが京都市美術館（昭和八年開館、現、京都市京セラ美術館）であり、府立図書館とともに戦前の建物を残す。

岡崎公園一帯は、平安後期、天皇や皇族の御願による六つの寺院が建立された地である。白河天皇が建立した法勝寺をはじめ、すべての寺に「勝」がついていたので「六勝寺」と総称された。院政期に隆盛を誇った六勝寺も応仁の乱などで廃絶し、地上にその跡を偲ぶものはすべて消え去った。そのような歴史を秘めた地が岡崎公園になったのである。

このパンフレットが発行された昭和三年、岡崎公園を会場に御大礼記念京都大博覧会が開催された。京都は、古いものを守るだけでなく、このように新しいものも進んで取り入れ、やがてそれが街の中に溶け込んで名所になっていった姿がわかる。

（三）清水寺

平安遷都以前からの歴史を持ち、観音信仰の霊場として知られるのが清水寺である。多くの人が観光を目的に訪れる寺院ではあるが、朝六時から参詣者を迎え入れる。ご本尊前の大きな香炉に線香を立てると、やわらかな灰にすべり込む。その滑らかな感触から香華絶えない庶民信仰に根差す寺の性格が伝わる。

清水寺境内の様子は「西国十六番音羽山大悲閣清水寺案内」（年代不明、澤田文精社図案、清水寺発行）〈図6〉に詳しい。発行年代を知る手がかりはあいにく見当たらない。表紙は舞台造り（懸造り）の本堂下に咲き誇る桜の絵柄で、鳥瞰図は京都市街地を左手に置き、北に境内を眺める構図である。音羽山を背に、脚下に錦雲渓を望むところに清水寺の堂塔が建ち並ぶ。

仁王門を潜ると右手に西門・五重塔が建ち、経堂、坂上田村麻呂を祀る田村堂（開山堂）、朝倉弾正貞景建立の朝倉堂（法華三昧堂）を過ぎると、本堂が檜皮葺の大屋根を見せる。十一面千手観音を本尊に祀る本堂は江戸初期の再建で、東西の楽屋の間に舞台を構え、一三九本の欅の丸柱で支える。本堂奥の音羽山麓には十一面千手観音を祀る奥の院や、阿弥陀堂・釈迦堂が並び、本堂裏手に清水寺の鎮守である地主神社、本坊の成就院が見える。なお、本堂の舞台造りの姿は、奥の院から眺めるとよくわかる。

> 寺域東山の中腹に位すれば南は阿弥陀峯稲荷山の翠黛を眺め西は京洛の市街を俯瞰して遥かに愛宕の連峰に対し雲煙の間に遠く八幡山崎天王山淀の清流をも望むべし北は霊鷲山に隣りて旦暮の鐘声谿を隔て至る境内幽邃にして四時の観備はり本尊の霊験と共に海内無比の勝地なり

清水寺から望む風景を描写するとともに、幽邃な境内は勝地である、と述べる。清水寺は背後に聳える音羽山、音羽の滝から流れ落ちる渓谷・錦雲峡と、豊かな自然環境に包まれている。

> 一帯の渓間万株の老楓枝を交へ、秋は宛らの錦を織り成す、（中略）谷に架せるを錦泉橋と言ひ南に渡りし上は超然亭の跡なりここより眺むれば錦雲渓を隔てて清水の堂塔伽藍絵よりも美し。

鳥瞰図を見ると、本堂下の石垣付近に桜が咲き誇り、錦雲峡一帯が紅に色づいている。観世音菩薩に詣で現世利益を願うとともに、舞台から京都の風景を眺め、また自然の中に季節の移ろいを感じる、清水詣はそのような遊覧の楽しみを兼ねていた。

三、洛西を巡る

（一）洛西の名所

「洛西交通名所図絵」（内題）（昭和三年八月、吉田初三郎画、京都市教育会発行）〈図7〉を開いて洛西を探勝しよう。洛西は、西大路以西の地を指す。鳥瞰図は太秦の広隆寺付近から北を望む構図で、左手に大堰川に架かる渡月橋、右手に鹿苑寺（金閣寺）と背後に衣笠山・左大文字山を配す。保津川が亀岡方面から嵐山へ流れ出て、大堰川・桂川と名を変える。高雄方面からの清滝川が保津川に合流し、清滝川背後に愛宕山が聳える。

鳥瞰図を頼りに衣笠山から左手（西）に山麓をたどろう。山麓に足利義満の山荘を寺院に改めた鹿苑寺（金閣寺）、足利氏の菩提寺である等持院、枯山水の石庭が有名な竜安寺、旧御室御所として高い格式を誇る仁和寺などの古刹が点在する。仁和寺から高雄（高尾）方面に周山街道が延び、清滝川流域に高雄神護寺・槇尾西明寺・栂尾高山寺と続く。一帯は紅葉の名所で、鳥瞰図の山は紅に染まる。

〈図7〉「洛西交通名所図絵」(内題)(昭和3年8月、吉田初三郎画、京都市教育会)

〈図8〉「京都洛西名所図絵」所収「洛西名所図絵」（内題）（大正11年10月、吉田初三郎画、大正名所図絵社）

南の平地を見ると、北野天満宮の西を流れる天神川以西はまだ市街地化しておらず、のどかな田園風景である。二条駅から山陰本線が花園・嵯峨を経て亀岡方面に延びる。また四条大宮と北野から嵐山電鉄が嵐山へ通じる。花園に臨済宗妙心寺派大本山妙心寺が大伽藍を構え、太秦には渡来人秦氏の氏寺で弥勒菩薩半跏思惟像で名高い広隆寺がある。

太秦の西方、愛宕山と桂川に囲まれた一帯が嵯峨野（嵯峨）で、嵯峨御所の名がある大覚寺が建つ。都の西に位置する風光明媚な嵯峨は、古来、狩猟地・行楽地として知られ、嵯峨天皇が離宮を造営して居住したところであった。この嵯峨離宮を寺院に改めたのが大覚寺である。嵯峨には、その後、貴族・文人などが山荘を営み、遊覧地としての性格が早い時期に形づくられた。大堰川の畔に、京都五山第一位の臨済宗天龍寺が伽藍を構え、保津峡の見晴らしの良い亀山公園もある。天龍寺北西の小倉山山麓に常寂光寺・二尊院・祇王寺と続く。化野念仏寺を経て一ノ鳥居を潜り、渡猿橋を越えると清滝である。清滝から愛宕山に登る山道が延び、山上に火伏の神として信仰される愛宕神社を祀る。

天龍寺まで戻って、渡月橋を往くと嵐山である。大堰川の中州を利用して中島公園があり、桜の名所となっている。橋を渡った突き当りは虚空蔵菩薩を祀る法輪寺で、知恵を授けてもらう十三詣が知られる。法輪寺から川沿いに千鳥ヶ淵・嵐山温泉を経て大悲閣へ道が通じる。保津川河川工事などで知られる角倉了以が建立した大悲閣は、嵐山を代表する景勝地であったが、今は訪れる人もまばらである。

昭和三年発行のこの鳥瞰図は、同じく初三郎描く「京都洛西名所図絵」（大正一一年一〇月、大正名所図絵社発行）所収の「洛西名所図絵」（内題）〈図8〉を基礎に置くことは、対比すると一目瞭然である。制作時期に約六年の歳月が流れるが、洛西の光景はほとんど変わっていない。ただし、大正一一年のものは手前の広隆寺境内を大きく描いて遠近感を出す。昭和三年のものは渡月橋付近の嵯峨野と嵐山、清滝川とその流域の高雄・槇尾・栂尾をより強調して描く点が表現上の変化で、観光地として有名な場所をより大きく見せようと工夫を凝らす。

洛西の名所を案内文の順序に沿い、遊覧地としての特徴に焦点を当てて仁和寺・三尾の風光・二尊院・清滝・愛宕山・天龍寺・嵐山を取り上げよう。まずは仁和寺である。

> 寺の境内の桜は世に御室の桜狩といって古来有名なもの、老幹蟠屈して地上五六寸の所から枝が分れ、花は複弁で濃艶の色彩深く、春は行楽の人の群集する所である。花季は

嵐山より稍々後れる。

仁和寺の桜は、江戸期から御室桜として名高く、洛中洛外第一と称されるほどであった。曲がりくねった古い幹が地上十数cmで枝分かれする樹高の低い八重咲きの桜で、花期は嵐山よりも遅く、花の季節には人々が群集する様を述べる。

仁和寺から周山街道を北上すると高雄・槇尾・栂尾で、これを「三尾」と呼び、その風光を紹介する

高雄は洛西切っての紅葉の名所で、地蔵院から眺めると、堂前は千仭の渓をなし、清滝川が其の間を流れ、その山色渓光は快哉を叫ばせるに充分である。両岸には楓樹が枝を交して幾千本となく渓流にそひ、霜おくころとなれば千丈の錦繍燦として清流に掩映し、霏雨時に掠め返照斜めに射れば、霞光明滅気象万変して殆んど形容の辞を忘れる程である。観楓の客は旗亭に酒を酌んで此の偉観を賞し、時にかわらけを投げて興をやる。寔に天下の絶勝である。

高雄の紅葉は、神護寺の奥にある地蔵院から眺めるのが絶勝である、と記す。霜が降りる季節になると、美しい紅葉が清滝川の渓谷を覆い隠す。氷雨の時に夕日が斜めに射せば空が赤く見え、大気の状況はさまざまに変化して、たとえ難いほどの美しさである。酒を酌み交わしてその風景を愛で、土器投げに興ずる、そのような風情を楽しむ情景を描く。

地蔵院傍らの断崖に立ち南西を望むと、清滝川の深い渓谷が絶景をなす。ここが土器投げの場所で、土器を商う小店で世間話をしながら山の空気に浸る人も見かける。今、左岸の山は杉の植林がすすみ、山の色づきは当時とは異なる。

槇尾は「楓樹は多くないが幽邃の気、脱塵の想がひたひたと身に迫る仙境である」、三尾の最奥にある栂尾は「楓樹又特に多く、深紅が碧に映る頃には探勝の人がひきもきらない」と記す。

栂尾の紅葉は、高山寺石水院の縁からの眺めが味わい深い。明恵上人ゆかりの鎌倉期の建物は優雅な蟇股や伸びやかな軒裏を特色とし、その古風な住宅風の建物に座して紅に染まる山を眺めていると、時の立つのを忘れてしまう。

嵯峨野の二尊院も紅葉の名所で「境内は小倉山に拠り紅葉の名所として古来歌枕に名高い所」と紹介する。総門を潜った参道を「紅葉の馬場」と称する程である。背後の小倉山中腹に時雨亭の遺構があることを述べるが、そこは藤原定家が「小倉百人一首」を撰した小倉山の山荘跡地と伝承される地である。跡地に何も残されていないが、そこから京都市街地の眺望がひらける。なお、小倉山山麓の農村はかつて小豆の名産地であった。この小豆に由来する「小倉餡」が百人一首ほどではないが、少

しばかり有名で、二尊院にはその石碑も立つ。

二尊院から愛宕山に向かう道は、愛宕詣の人々が往来した街道である。清滝川の清流に臨み、参詣客が一息入れた村里が清滝である。

> 川は小野の山郷より発して高雄愛宕の麓を繞り、やがて大堰川に入る。此間奇巌突兀として水勢激騰し、洛西の一景勝をするのである。橋は渡猿橋、其の両畔には旗亭が酒旗をひらめかせ、渓山清幽、翠樹森々、緑蔭に横臥して夏日の長きを愛するには好適の所である。

俗塵を離れた谷と山に緑の木々が生い茂る清滝は、涼を求める人々が清遊する景勝地であった。探勝客に酒を提供する料理屋があったことは、愛宕神社の門前としての性格からであろう。今も鮎料理の店が鄙びた村里で商いを続け、雅客を喜ばせる。

清滝から愛宕山に向けて二本の山道が延びる。大杉を経て登る道に茶店らしき建物が点在し、参道に鳥居が立つ。

> 盛夏はもとより厳冬の季にも山路の険を凌いで参拝する者いと多く、途中には土器投げの興もあって、全山樹木陰森、盛夏なほ肌の寒きを覚える洛西の一名区である。

愛宕詣の人びとは、土器投げを楽しみつつ山に登っていく。木々が生い茂る愛宕山は、夏でも冷気みなぎる地であった。

愛宕山から引き返して、釈迦堂の建つ清凉寺門前を南に下ると天龍寺で、開山の夢窓国師作庭の方丈前の庭園が知られる。

> 特に春は桜の、秋は紅葉の嵐山を望むに好適の風趣である。境内は喬松古柏森々として名刹の感が深く閑寂の幽境をしてゐる。

七堂伽藍は幾度も兵火にかかり、幕末八度目の火災で昔の建物は姿を消した。松や柏がうっそうと茂る閑寂な境内とあるが、世界遺産に登録された今、嵯峨野巡りの人気スポットとして老若男女が殺到する。方丈の縁に座して曹源池を眺めると、龍門滝の石組・三尊石・石橋などが往時の姿を伝え、池の背後に小倉山・亀山を借景におく池泉回遊式庭園が時の流れを刻んでいる。

（二）嵯峨野・嵐山

嵯峨野・嵐山へは嵐山電鉄が通じる。この路線は、明治四三年に嵐山電気軌道により京都（四条大宮）—嵐山間が開業したことにはじまる。大正七年に京都電燈が嵐山電気軌道を合併し、大正一四年に北野—高雄口間を開業、翌年には高雄口—帷子ノ辻間が延伸して嵐山本線とつながって現在の路線網ができた。

「嵐山電鉄御案内」（年代不明、嵐山電鉄発行）〈図9〉は、小ぶりな愛すべき絵柄のパンフレットである。沿線に広がる仁和寺や

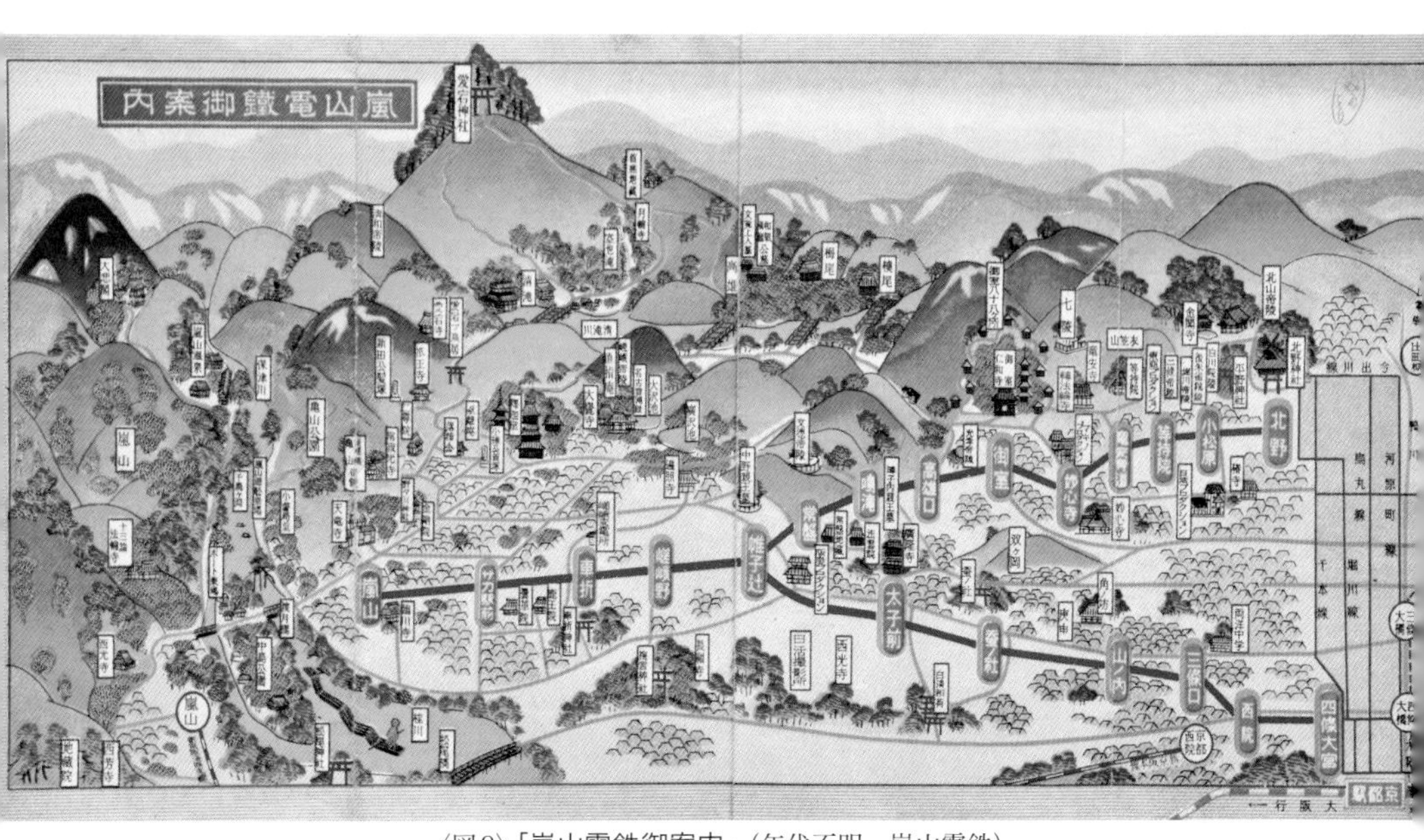

〈図9〉「嵐山電鉄御案内」（年代不明、嵐山電鉄）

嵐山一帯に桜が咲き誇り、高雄・槇尾・栂尾の山々が紅葉する様を描き入れた絵を見ていると、童心に帰る思いがする。発行年代がないが、鳥瞰図に太秦の日活撮影所（昭和二年開設）があるため、昭和二年以降のものであろう。

嵐山電鉄沿線は風光明媚な地や有名寺社を控えているため、パンフレットは季節の行楽や寺社の年中行事の紹介に力を注ぐ。この中から季節の行楽を抜き出してみよう。

一月　嵐山雪見／二月　嵐山中島公園観梅／四月　嵐山、御室観桜、平野夜桜／五月　梅ノ宮杜鵑花、保津川下り、河鹿の好季／六月　蛍狩り、保津川下り、さつきの好季／七月　納涼／十月　嵐山松茸狩／十一月　嵐山、高雄、槇尾、栂尾紅葉狩り

杜鵑花とはツツジを指す。これを見ると、嵐山電鉄沿線には観梅・観桜・納涼・松茸狩・紅葉など、行楽の適地が広がっていたことが伝わる。

洛西の遊覧の拠点である嵐山についてより詳しく見ていこう。「嵐山名所図絵附保津川くだり」（昭和五年三月、吉田初三郎画、田中本店発行）〈図10〉は、渡月橋を中心とする嵐山を画面いっぱいに描いた鳥瞰図が見ものである。鳥瞰図は桂川（大堰川）右岸から渡月橋や嵯峨野を北に望む構図で、左手に法輪寺や嵐山、

右手に天龍寺を配し、左上に保津川が流れる。

　まず渡月橋北詰を見よう。亀山公園に向かう川畔に渡船場があり、周囲に三軒家・三友楼・花の家・千鳥亭・ほととぎすといった楼閣が建ち並ぶ。三軒家・三友楼は、古くから文人などに愛された料亭であり、遊興の場としての川沿いの空気が伝わる。今これらの建物は姿を消し、川沿いの景観は一変した。

　渡月橋南の中州は中島公園で、桜が多い。公園内には渡月亭・相生食堂ほかの店が並ぶ。中州から小橋を渡ると右岸で、ここにも渡し場が見える。桜が咲き誇る嵐山山麓の川沿いを往き、千鳥ヶ淵を過ぎると嵐山温泉嵐峡館が川畔にあり、そこから山道を登ると大悲閣が建つ。嵐山の案内文を見よう。

　名にし負ふ嵐山は洛内洛外第一の名勝、古来其名は人口に膾炙されて誰しらぬ者もない。遠く丹波高原より奔下し来る大堰川は、此処に至って悠々たる緩流となり、翠山之れを囲って嵐峡の絶勝をなす。水は清冽碧玉の淵をなし、明澄瑠璃の如き流れには、長橋蜒々として絵日傘二つ三つ―春の花、秋の紅葉に名を得たるは言はずもがな、新緑五月の候、杜鵑花火の如く緑の世界に点ずるの壮観と、山霊銀冠に映ゆる三冬の雪景とは都門を訪づるる雅客が三嘆して止まない所である。

　嵐山は京都きっての名勝地で世人の評判となり、その名を知らぬ者はいない。丹波高原から流れ来る急流は嵐山でゆったりとした流れとなり、素晴らしい景色を呈す。水清らかに澄み青緑の淵をなし、紫がかった青き流れには長い渡月橋が架かり、四季折々の味わいは風雅を愛する人が大いに感嘆するところである、と称賛する。次いで嵐山の桜である。

　此の山の桜は、昔亀山上皇が嵯峨の仙洞にましました時、吉野山の名種を移植せられたもの、其の御遺愛長く伝って此の絶佳の麗景となり、今日嵐山の桜ともてはやされてゐるのである。

かの有名な吉野から移植されたのが嵐山の桜である、と由来を説く。嵐山には楓も多く植えられていた。

　全山に楓樹多く、秋霜酣なる時ともなれば真紅淡黄さまざまに、青松緑樹の間を縫って錦繍の影を碧流に写し出すさま得も言はれず、三伏の暑熱には樹蔭に船をもやひ、河畔の榭亭に涼を納れて、蛍を追ひ、晩煙に棹すも宜しく、冬は湯の香なつかしき嵐山温泉の窓外に玉樹瓊林の清景を縦にするなど、四時朝夕の佳景は訪ふ人をして遂に倦むところをしらしめない。

秋は紅葉が川面に影を写し、夏は木陰に舟をもやい、四阿で納涼する。蛍狩りや夕方の霞や靄を舟で楽しむのもよい。冬は嵐山温泉から清らかな景色を思うままに眺めるなど、四季朝夕のよき眺めは飽くことを知らぬ、と語りかける。嵐峡舟遊についても紹介する。

水悠々塵気をおさめてウルトラマリンの色深く透徹し、暮靄漸く迫っては灘声心耳を洗ふて、一声の山鳥翅をたたく。（中略）花に歌ひ、月に愛で、雨をよろこび、雪に見入る、蓋し日本第一勝である。

群青色の水は透きとおり、夕暮れに立ち込める靄が迫り、早瀬の音が心に響き、山鳥が羽ばたいていく。自然の風物を愛で風流を味わうには、嵐山は日本一すぐれたところである、と結ぶ。清気に満ちた嵐山の風光は、今も多くの観光客を惹きつけている。

四、洛北を巡る

（一）洛北の名所

「洛北交通名所図絵」（内題）（昭和三年八月、吉田初三郎画、京都市教育会発行）〈図11〉から洛北を見よう。洛北は北大路以北を指すことが多い。鳥瞰図は船岡山の南辺りから北北東を望む構図で、左手に鹿苑寺（金閣寺）と左大文字山、右手に慈照寺（銀閣寺）と大文字山を配し、左上に鞍馬山、右上に比叡山が聳える。鞍馬山方面から賀茂川が流れ、比叡山の奥から流れ込む高野川が下鴨神社の鎮座する糺の森で合流する。下鴨神社の上流に上賀茂神社が鎮まる。八瀬を経てさらに上流に遡ると大原の里で、三千院や寂光院が見える。

北大路を西に進むと左大文字山の東に臨済宗大徳寺派大本山大徳寺が伽藍を構え、南麓に鹿苑寺（金閣寺）が建つ。

鞍馬へは、叡山電鉄山端駅（現、宝ヶ池）から自動車が通じるが、鞍馬へ電車が延びたのは、この鳥瞰図発行の翌年であった。自動車の終点から山坂を登ると鞍馬寺本堂が建つ。鞍馬山裏手に水の神として信仰される貴船神社が鎮座する。

東に目を転じると、出町柳から八瀬に叡山電車が通じ、終点に八瀬遊園地がある。八瀬の西塔橋から比叡山の四明ヶ嶽までケーブルカーが延び、根本中堂などが建つ延暦寺山内となる。比叡山山麓に修学院離宮・曼殊院・詩仙堂などが見える。

昭和三年発行のこの鳥瞰図は、「鞍馬寺」所収（大正一三年六月、大正名所図絵社発行）の初三郎描く「洛北名所図絵」（内題）〈図12〉を基礎に置く。その間約四年の歳月ではあるが、表現手法は大きく変化する。大正一三年のものは鞍馬山を際立たせる一方、比叡山の描写はさりげない。鳥瞰図の発行は叡山ケーブ

〈図10〉右・中「嵐山名所図絵附保津川くだり」
（昭和５年３月、吉田初三郎画、田中本店）

〈図11〉「洛北交通名所図絵」（内題）（昭和３年８月、吉田初三郎画、京都市教育会）

ル開業（大正一四年）以前のことで、遊覧地としての比叡山の存在が小さかったためであろうか。比叡山右手に大文字山を置き、それに連なる東山や背後に琵琶湖を入れて遠景を描き込む点が昭和三年のものと異なり、作風の移り変わりが見て取れる。

洛北の名所を案内文の順序に沿って、鹿苑寺・上賀茂神社・下鴨神社・八瀬・大原を遊覧地としての特徴に焦点を当てて見ていこう。衣笠山麓にある鹿苑寺（金閣寺）は、昔、西園寺公経が山荘を営んだ景勝の地に、足利義満が殿堂を構えて隠棲した場所を寺院としたところである。再建以前の金閣は最上層のみ金箔を押してあったが、昭和初期にはその金箔もだいぶ剥落していた、との記述がある。閣上から見た庭園の眺めは素晴らしく、建物が庭園に調和する。

> 林泉の美は見る人を驚かせる。池は静かに水をたたへ、一声の山鳥羽をたたく、幽邃な自然の中に豪奢の跡は高く聳えて、日本に金閣あることを誇ってゐるのである。

北山文化を象徴する優美で華やかな金閣を「豪奢の跡」と表現する。金閣（舎利殿）に目を奪われがちであるが、鏡湖池を中心に広がる庭園もまた奇石老樹の趣が深い。

賀茂川を遡ると、古代氏族・賀茂氏の氏神として古い歴史を持ち、山城国一宮の上賀茂神社（賀茂別雷神社）が鎮座する。

> 境内は後に御生の翠巒を負ひ、前に奈良の小川の清流を帯び、遠く俗塵をはなれて清澄崇高の気がみちみちてゐる。翠松老杉高く聳ゆるところ神殿の丹堊燦として輝き、芝生に陽炎もゆるの頃は神域に桜が吹く。

御生の翠巒とは、玉依姫が別雷神を産んだとされる御蔭山（御生山）を指す。「奈良の小川」とは、御物忌川と御手洗川が合流した境内の清流で、やがて明神川となって閑静な社家町を流れる。ならの小川の流れる渉渓園一帯は静寂な空気が漂い、戦後復活した曲水宴がおこなわれる。上賀茂神社は、まことに、すがすがしいお社である。次いで賀茂別雷神の母である玉依姫を祀る下鴨神社（賀茂御祖神社）である。

> 高野川、賀茂川の合流するところにあって老樹昼尚暗く繁り、清流音をたてて流れ、丹朱の美しい社殿が梢に聳へ木の間を彩る。南北朝時代の古戦場であった糺の森も今は遊歩の地となり、夏の暑さには緑蔭をもとめて水に遊ぶ人が多い。

太古の自然を伝える下鴨神社社叢林の糺の森は、当時から京都市民の散策地として親しまれていた。

高野川を遡ると、八瀬・大原である。東に比叡山の山並みが連なり、西は鞍馬山の余脈が起伏し、山深く、水清く、閑静な村里である。農業や樵を生業とする人々が多いこの地は風習習俗にも昔の姿をのこし、八瀬童子や大原女が有名である。一例として大原女の案内文を示す。

女の風俗は、頭に物を載せ、紺衣に御所染の帯をして立掛を着け、白地の脚絆に手甲をはめて、頭に染模様の手拭をかむる—所謂大原女で、薪木に花紅葉を折そへ、打連れ立って往来する様は、京の田舎にふさはしい風情である。

その土地の特徴をあらわす珍しい風俗も訪れる人が注目するところで、観光パンフレットはそんな案内文も好んで掲載する。大原女や白川女は、今も京都の観光ガイド記事に登場するが、あえて京の鄙を語ることで、都の雅を際立たせるのであろう。

(二) 鞍馬

京都盆地北方に位置する鞍馬は、牛若丸（源義経）修行地として有名である。昭和初期まで鞍馬への交通は不便であった。鞍馬電気鉄道（鞍馬電鉄、昭和六一年叡山電鉄鞍馬線）設立（昭和二年）後間もなく、同社は「鞍馬電鉄沿線名所案内図」（昭和三～四年頃）〈図13〉を発行する。発行年代はないが、路線が山端から市原（昭和三年一二月開業）まで延び、市原—鞍馬（昭和四年一二月開業）間は計画路線であるので、その間のものであろう。鳥瞰図は鞍馬山を右手、比叡山を左手に置き、鞍馬川上流から南に京都市街地を望む構図である。京都から鞍馬山を望むのではなく、鞍馬山から京都を遠望する図である。

初三郎描く「洛北名所図絵」（内題）を掲載する「鞍馬寺」（大正一三年）に再び目をやろう。この時代、鞍馬電鉄や京都電燈による出町柳—八瀬間は未開通で、山端駅もなかった。鳥瞰図を見ると、植物園前に鞍馬行自動車乗場と出ているが、当時、鞍馬に行くには、電車に乗って烏丸線終点植物園前で下車、そこから乗合自動車を利用した。

二軒茶屋を経て、貴船神社一ノ鳥居の立つところで道は分岐する。右手に折れて支流を遡ると、やがて鞍馬寺楼門が見えてくる。門前に鞍馬村郵便局や数十軒の人家や旅館が描かれている。楼門を潜ると左手に由岐神社があり、坂道や石段を登ると石垣を築いた平地に本堂・護摩堂、一段下がって本坊・寝殿が建つ。護摩堂（光明心殿）は魔王尊を祀り護摩供を奉修するお堂、寝殿は鳥瞰図が描かれた大正一三年に貞明皇后行啓の際に新築された建物である。鞍馬石を積み上げた石垣が見事で、本坊以外は昔のままの位置に建っている。

護摩堂裏から奥の院に通じる小道があり、天狗杉・僧正谷をはじめ義経祠・義経兵法場などを示す。奥の院を経て貴船神社

〈図12〉「鞍馬寺」所収「洛北名所図絵」(内題)(大正13年6月、吉田初三郎画、大正名所図絵社)

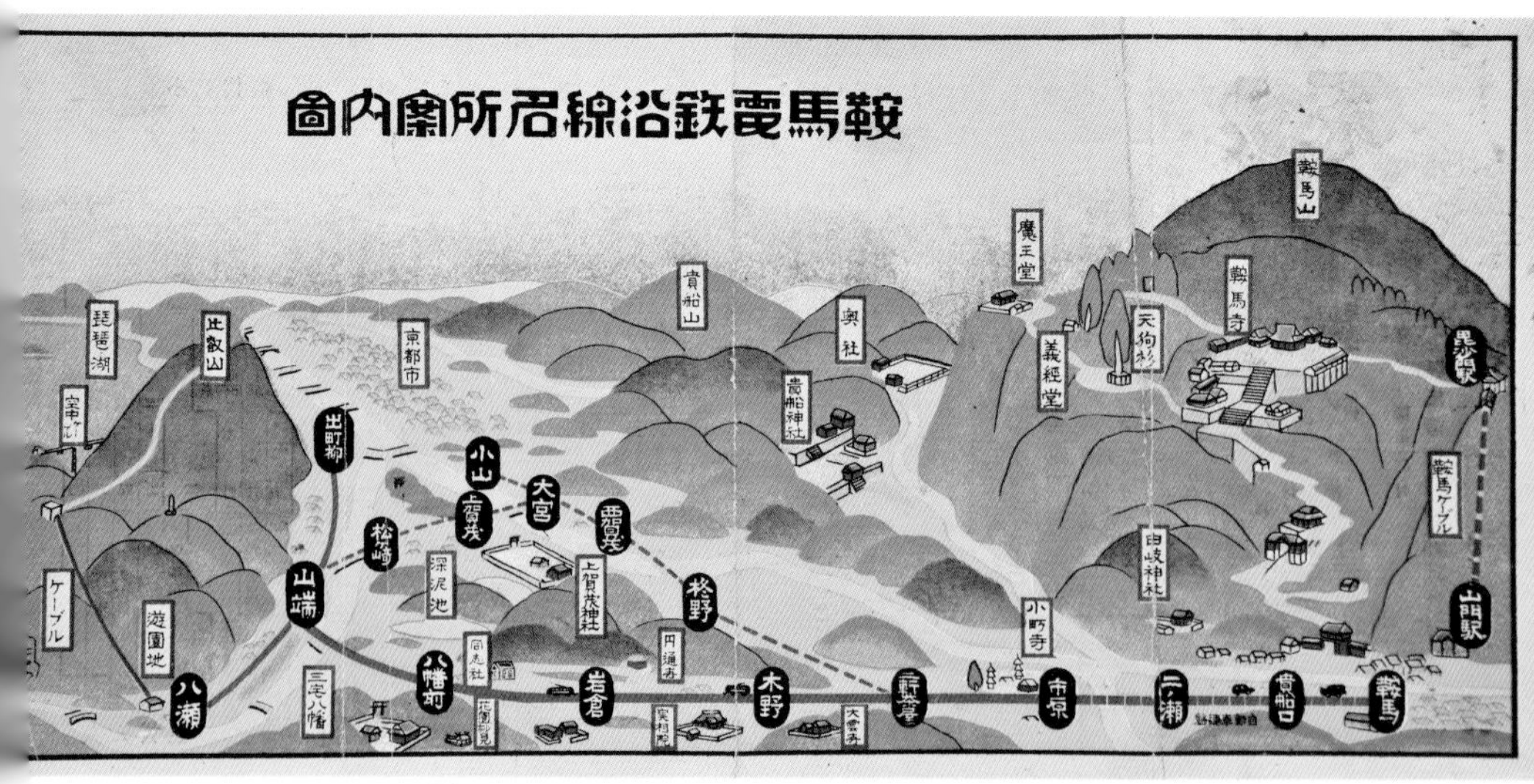

〈図13〉「鞍馬電鉄名所図絵」(昭和3~4年頃、鞍馬電気鉄道運輸課)

〈図14〉「叡山電鉄御案内」（昭和４年〜、吉田初三郎画、京都電燈叡山電鉄）

に抜ける徒歩一時間弱の山道である。訪ねてみると、魔王尊の仮の姿と信じられていた天狗杉は平成三〇年の台風で倒れてしまった。僧正谷一帯は老杉聳え立ち、巨根地を這い、神秘的な空気が漂っている。山の精霊とされる天狗にまつわる古跡や牛若丸（源義経）修行地としての旧跡などが描き込まれた図の世界がそのまま続いているかの思いがする。

昭和に入ると鞍馬に電車が通じて交通の便がよくなり、鞍馬山は遊覧地の性格を強めていく。霊気せまる自然環境もさることながら、大佛次郎の大衆小説『鞍馬天狗』（大正一三年～）がこの地の名を広めたに違いない。また作品の映画化がなされ、とりわけ嵐寛寿郎の「鞍馬天狗」（昭和三年～）は人気を博した。洛北の深山に漂う神秘性、それが鞍馬に人々を惹きつけていたのではないだろうか。

（三）八瀬遊園地・比叡山ケーブル

大正一四年、京都電燈叡山電鉄平坦線の出町柳―八瀬間、同叡山鋼索線の西塔橋（現、ケーブル八瀬）―四明ヶ嶽（現、ケーブル比叡）が開業する。同社は「叡山電鉄御案内」（昭和四年～、吉田初三郎画）〈図14〉を発行する。発行年代はないが、鳥瞰図に描かれた鞍馬電鉄が鞍馬駅まで開通しているので昭和四年以降のものであろう。鳥瞰図は八瀬から東に比叡山を見上げる構図で、次に示す初三郎描く「比叡山」（大正一五年）を単純化したものである。画題を八瀬遊園地と比叡山四明ヶ嶽に絞っているため明快で、また愛らしい絵柄は親しみを覚える。

それでは、「比叡山」（大正一五年、吉田初三郎画、京都電燈比叡山電鉄部発行）〈図15〉を開こう。鳥瞰図は高野川を隔てて東に比叡山を望む構図で、左寄りに比叡山、中央に八瀬遊園地、右手に京都市街地を配し、比叡山背後に琵琶湖が広がる。遠景に日本海や太平洋も描き入れた初三郎らしい一枚である。

八瀬遊園に目をやろう。八瀬駅を降りると駅前にテニスコートと花壇、川畔に叡山温泉・温水プール・スケートリンクがある。叡山温泉には和労亭・柊家（ひらぎや）支店が店を出している。スケートリンクの対岸は霊鉱泉である。叡山温泉から吊橋を渡ると、龍王ヶ滝があり、滝の近くに杉乃家（うどん・そば屋）・洋食堂がある。西塔橋駅に向けて歩くと池があり、池の周りに「いもぼう」・童子餅・わらび餅の店が建つ。池には滝が流れ落ち、付近に滝見茶屋・玉山稲荷・稲荷茶屋や発電所も見える。西塔橋駅付近の橋の近くに柳水亭支店や「かま風呂」がある。

高野川の清流をさしはさんで、叡山温泉、温水プール、龍王ヶ滝、玉山稲荷等布置（ふち）面白く点在し、是（こ）れをめぐるに北嶺山麓の矗々たる老杉を以てしてゐる。加ふるにいもぼう、かま風呂、柳水亭、和労亭、柊屋支店等軒を連らね、京阪神の食通大通をして味覚礼讃の舌鼓を打たせる。レストラントもあれば杉の家のうどんそばもある。甘党には名物わらび餅、童子餅の名も見逃せない。其他テニスコートありスケート場あり、花壇あり、霊鉱泉あり、此の公園の設備は真に至れり尽せりである。

当時、京都の老舗旅館柊屋が八瀬に支店を出していた。「いもぼう」は、海老芋（里芋）を棒鱈で煮込んだ京名物である。「かま風呂」とは蒸し風呂のことで、今も瀬戸内の海辺の村や八瀬に残されている。鳥瞰図には「平八支店」がかま風呂を営んでいることを示すが、山端の地で茶店を営む平八茶屋の支店であろう。この店は今も八瀬でかま風呂を営業する。

八瀬遊園地といっても子供向けの遊具は池の畔にわずかにあるだけで、鳥瞰図を見た限りではグルメ中心のテーマパークのような印象を受ける。八瀬遊園（平成一一年森のゆうえんち）は平成一三年に閉園、跡地に大規模な会員制ホテルが建つ。

八瀬からケーブルカーに乗って四明ヶ嶽に向かう。再び鳥瞰図に目をやろう。終点の駅舎内階上に洋食堂萬養軒が支店を出し、隣接して和食堂新八支店、やや離れて木像そば店も見える。次は四明ヶ嶽からの眺めである。

駅楼上からの眺めは遉にすばらしい。山麓八瀬大原はもとより西方鴨の水光は銀蛇の如く白虹の如く、東山を枕に眠る京洛の街々を眼下の一望。ひとみをはなせば鞍馬雲ヶ畑の山々、近く岩倉、花園、修学院、松ヶ崎のあたり、山郷愛宕の里は山脈のこのもかのもに其の全景を見えつ隠れつさせてゐる。

ほかにも琵琶湖方面の眺めが記述されているが、省略する。ケーブルカーに乗って、四明ヶ嶽から周囲の風光を眺め、名店の支店で洋食や和食を味わって下山する、それが昭和初期の手軽な比叡山の楽しみ方であった。

五、洛南を巡る

（一）洛南の名所

最後に「洛南交通名所図絵」（内題）（昭和三年八月、吉田初三郎画、京都市教育会発行）〈図16〉をたよりに洛南を探ろう。洛南は九条通以南の伏見・桃山などを指し、これに醍醐や宇治を加えることもある。鳥瞰図は京都駅付近から南南東に宇治方面を望み、左手に稲荷山と桃山御陵、右手に男山の石清水八幡宮と山崎を配し、左上に醍醐山を描く。京都市街地を流れる鴨川と桂

〈図15〉「比叡山」(大正15年、吉田初三郎画、京都電燈比叡山電鉄部)

〈図16〉「洛南交通名所図絵」(内題)(昭和3年8月、吉田初三郎画、京都市教育会)

川、琵琶湖から流れ落ちる宇治川、奈良方面からの木津川の四河川が男山の下で合流して淀川となって大阪湾にそそぐ。宇治川畔に大きな巨椋池（おぐらいけ）も見え、周囲にのどかな田園風景が広がる。

京都から南に向かう鉄道に、省線の奈良線・京阪電鉄線・奈良電鉄線、中書島に向かう京都市電がある。また大阪方面に向かって東海道本線・京阪電鉄線・新京阪電鉄線も走り、洛南は交通の便に恵まれた地であることがわかる。京都の市街地は伏見桃山までで、宇治川以南はいたってのどかな風景に変わる。

鳥瞰図で目につくのは稲荷山に登る山道に林立する赤鳥居で、山麓に伏見稲荷神社が鎮座する。稲荷山南の丘に明治天皇陵の桃山御陵、東隣に昭憲皇太后の伏見東桃山陵があり、お椀を伏せたような上円下方墳として描く。

醍醐山の下に真言宗醍醐派総本山の醍醐寺三宝院と五重塔が見える。醍醐は山上の上醍醐と麓の下醍醐に分かれるが、鳥瞰図の醍醐は遠景ゆえ、山上の描写は省略されている。はじめ修験者の霊場としての上醍醐が発達し、後に麓の下醍醐に伽藍が営まれた。下醍醐の三宝院は門跡寺院としての格式を持ち、江戸時代は、修験道当山派（真言系）を統轄する本山で、本山派（天台系）を取り締まる聖護院とともに重んじられた。一〇世紀半ばに建立された五重塔は京都府最古の木造建築として知られる。

醍醐山から南に下ると宇治である。宇治川に架かる宇治橋の近くに平等院があり、黄檗宗万福寺、西国十番札所の三室戸寺、道元禅師ゆかりの興聖寺が見える。宇治については後述しよう。鳥瞰図の裏に「洛南名所ところどころ」と題して洛南の名所を記すが、一例として伏見稲荷に触れよう。

社境は伏見街道に沿ふて老杉の間に朱塗の楼門が聳え、社殿の相連る様は頗る壮観で、又本社の背後から稲荷山に上ると、上中下の所謂三ヶ峰が並んで眺望よく、幾千ともしれぬ小さな朱の鳥居や祠が重なりあふ光景は真に一異彩で、お山巡りといって巡拝する人が多い。

宇賀之御魂大神ほか四神を祀る伏見稲荷大社は、五穀豊穣はもとより商売繁盛を祈願するお稲荷様としての信仰が厚い。全国の稲荷神社の総本社とされ、全国に約三万の末社を数えるという。山頂に向かう山道にぎっしりと並ぶ赤鳥居の奉納は、江戸期にはじまったといわれる。この鳥居群を潜りぬけて巡拝するのが「お山巡り」である。今日、その異空間を体験しようと老若男女はもとより訪日外国人観光客も押し寄せるが、流行神としての性格をもつお稲荷様らしい今風の光景といえよう。

（二）宇治

京都盆地の東南部に位置する宇治は、市街地東北を宇治川が流れ、平安初期から貴族の別荘が営まれ、『源氏物語』「宇治十帖」の舞台として名高い。また、藤原頼道が平等院を創建（永承七年〈一〇五二〉）し、翌年には西方極楽浄土の世を造形化した阿弥陀堂（鳳凰堂）を建立した地としても有名である。さらに、源義経が木曽義仲軍を破った宇治川の戦い（寿永三年〈一一八四〉）の地としても知られる。

明治二九年、京都駅から奈良鉄道（明治四〇年国有化、同四二年奈良線）が延びて宇治駅が開業。大正二年には京阪電鉄宇治駅も開業し、交通の便が整えられた。宇治の姿を描いた「宇治名勝図絵」（年代不明、現代名所図絵刊行会発行）〈図17〉は、おおらかな筆致ながら丁寧な描き込みがあり、水辺の遊覧地宇治の情景を伝える。あいにく発行年代を知る手がかりはない。

鳥瞰図は宇治市街地から宇治川を隔てて北東の山並みを望む構図で、左手に伏見、中央に宇治橋、右手に宇治川上流を配す。宇治川中洲に塔が聳える浮島があり、その手前の市街地南東に平等院鳳凰堂が見え、宇治川堤に桜並木が続く。市街地対岸に目をやると、下流の山麓に黄檗山万福寺、宇治橋から山道を登ると三室戸寺、浮島近くの山麓に宇治社や興聖寺などが建つ。万福寺の前や平等院から上流の山麓にかけて茶畑が広がるが、宇治茶の産地らしい風景である。

宇治橋から延びる大通り（中宇治）には町役場をはじめ郵便局・銀行・製茶会社や三軒の茶舗が軒を連ねる。上林春松本店・中村藤吉本店が今も同じ場所に屋敷を構え、辻利兵衛本店は道の向かい側で商いを続けている。鳥瞰図に描かれた老舗が今日の中宇治の町並みに風格を添える。

市街地には郡役所や警察署もあって、郡役所隣の街はずれに奈良線宇治駅がある。京阪宇治駅は対岸の宇治橋を渡ったところにある。市街地側の川畔には佐々木亭・きくや本店・同支店といった料理旅館が店を構え、対岸の川畔にも通圓・入舟などの茶店・料理旅館が並び建つ。さらに宇治川上流に花屋敷浮舟園・亀石楼といった料理旅館があることから、宇治は遊興地としての性格を帯びていたことが見て取れる。今日、宇治橋周辺の風景は一変し、古くからの茶店・通圓が残るのみである。上流の二軒は今も存続する。宇治川の案内文を見よう。

滔々たる流れは紺碧の色を漂わすの処、翠巒滴る朝日、仏徳、喜撰、槇尾の山嶽は雲に聳へて自ら影を此流れに写して雄姿を誇り、其間大厦高楼堂塔伽藍の多くは介在して姿を顕し、加ふるに中島、浮島を眼前に控へ、漁舟の点々たるの景趣、実にも山水の明媚秀麗、風光佳絶なるは他に類なく、此川の眺め春秋は更にも謂ず、

朝日山・仏徳山は市街地近くの宇治川右岸、槇尾山は左岸に聳え、喜撰山は市街地を離れた上流に位置する。とりわけ古色蒼然たる十三重塔が建つ浮島は風光に優れた宇治川の名勝地で、風景を引き立てていた。

文中の漁舟は川漁の舟だろうか。宇治川では大昔、川に網代を立てて魚を獲っていたが、殺生を禁じて漁具や舟を浮島に埋めて供養塔を建てることとなった。それが浮島の十三重塔だという。いつの時代か殺生の戒めも薄らいだとみえ、大正末期には鵜飼が復活する。その頃は、川漁もおこなわれていたのだろう。

宇治川に浮かぶものに柴舟があった。上流の山々から取り出した薪や柴を束にして川に流し、これを拾い集めて舟に積んで流下するものである。柴舟は宇治名物として知られていたことが案内文にあらわれる。次いで宇治川の四季に触れる。

皐月の青葉滴る新緑の候、暗夜に花と乱るる蛍火の折、夏の暁まだ露の干ぬ間の眺め、三伏の夕氷輪流れに落ちて千々に砕くる涼味は彼の紅塵万丈の加茂の川原に優るべく、山も眠りし白妙の雪の晨の景状は彼の嵐峡の眺めに幾百層倍ぞかし。

〈図17〉「宇治名勝図絵」（年代不明、現代名所図絵刊行会）

新緑、舞乱れる蛍、夏の暁、最も暑い時期に氷のように冷たい流れがたくさん砕け散る涼しさは世俗的な鴨川の河原以上である、という。また、真っ白な雪の朝の様子は嵐山の眺めより何倍も素晴らしい、と誇る。宇治の魅力は、背後に山を控えた宇治川の水辺の風景であったことがこれらの記述から伝わる。

六、京都名所遊覧乗合自動車

昭和三年、京都名所遊覧乗合自動車が営業を開始した。これは京都定期観光バス（京阪バス）の前身である。同社発行の「京都」（年代不明）〈図18〉は、表紙に朱塗りの橋の上で桜を愛でる舞妓とボンネットバスの絵柄、遊覧場所を示す京都遊覧案内図、裏面に主な遊覧か所の案内文を掲載する。二十五人（あるいは十五人）乗り展望車は、午前八時から一〇時まで三〇分毎に発車し、約八時間かけて京都市内を一巡した。出発場所は省線京都駅前・京阪京都駅前・京阪三条駅前である。このような謳い文句からはじまる。

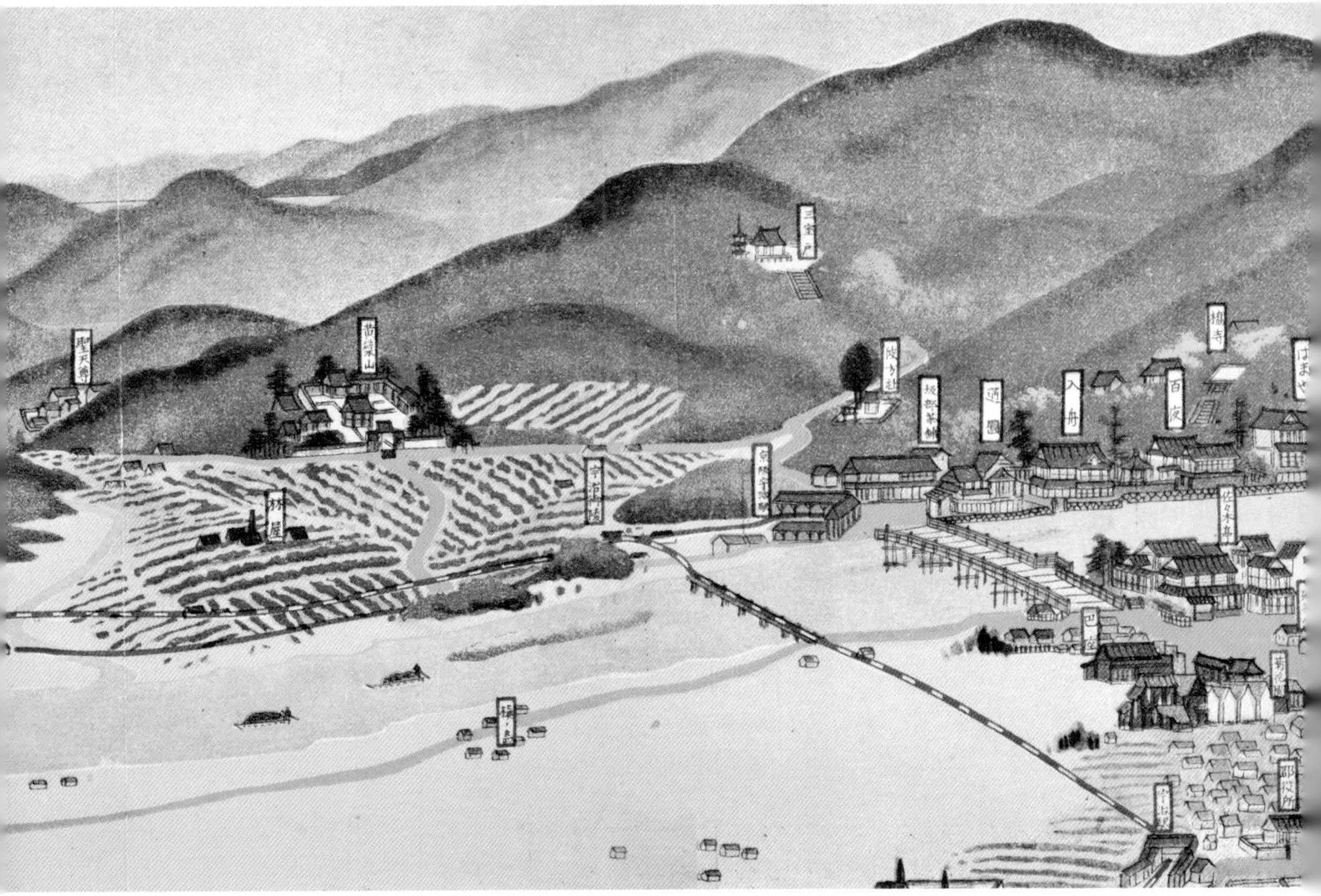

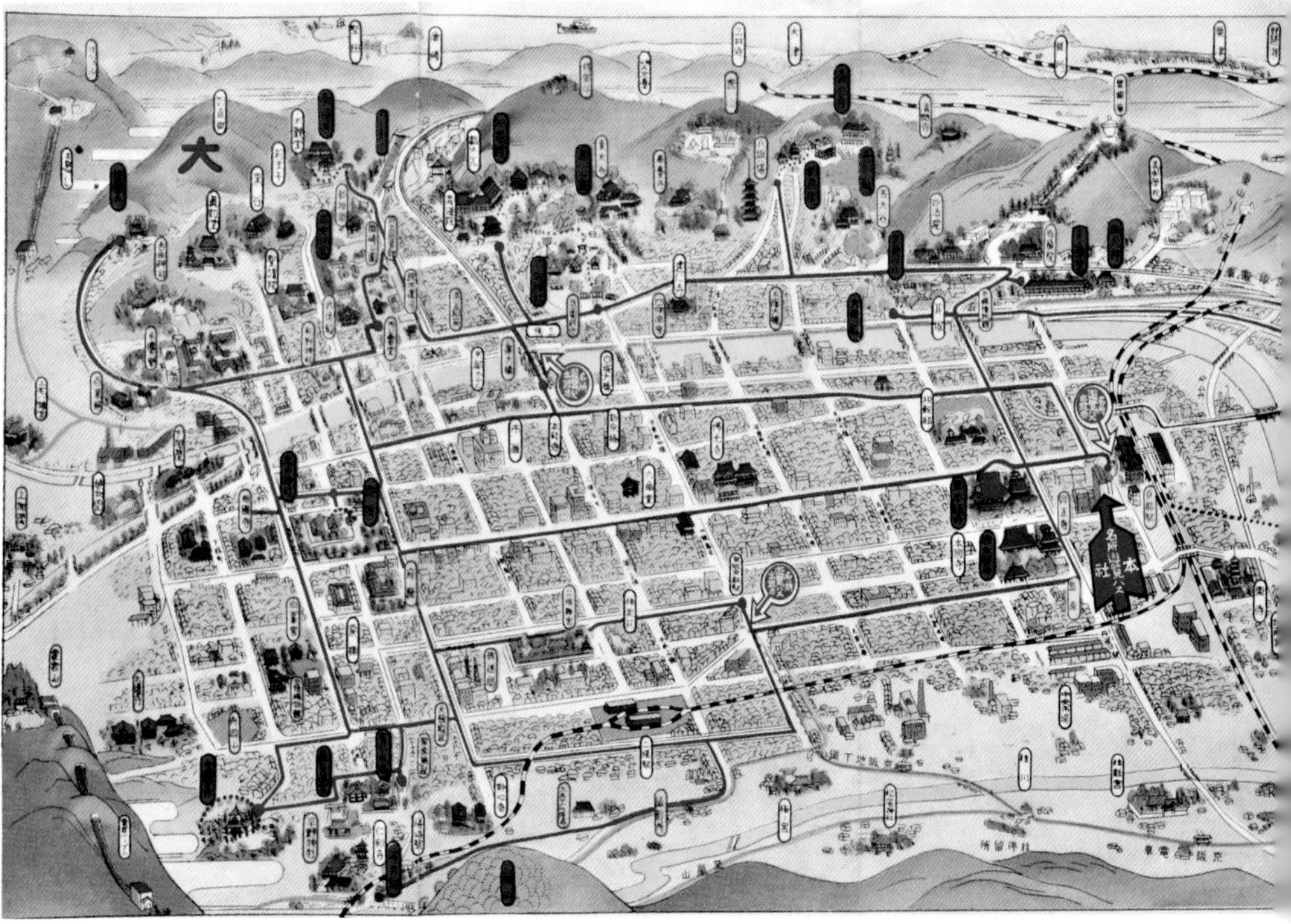

〈図18〉「京都」（年代不明、京都名所遊覧乗合自動車）

六大都市の中でも京都は遊歩遊覧の一大パラダイスであり名所旧蹟のすべてが天然自然の美と人工の妙とを兼ね備へてゐるために老若男女おしなべて京の地に憧れ！是非京見物を！と念願させる所以(ゆえん)も亦宜(またうべ)なるかなであります。現今はスピード時代です此(この)時代に最もふさわしい京見物の良法に依り皆様を御案内するのが弊社の使命であります

「スピード時代」の京都見物はぜひ遊覧乗合バスで、といったところであろう。この遊覧バスの特徴を次のように示す。

◎車体は展望式大型ローマンスカーで悠々と腰が掛けられます。

◎乗心地は頗(すこぶ)る好く、軽快に走る車窓から気楽にのんびりと、沿道の見物が出来ます。

◎一台毎に洗練された専門の婦人案内係が付添ひ御案内致します。

◎遊覧箇所は一々叮嚀(ていねい)に歴史に伝説等を加へて、詳細に説明致します。

◎乗越の心配なく、乗替の面倒もなく、交通頻繁な箇所でも危険なく安心して御見物が出来ます。

ゆったり座れ、乗り心地もよい。婦人案内係が懇切丁寧に案内してくれる。安心安全な見物ができる、と乗合バス遊覧の利点を説く。さすがに乗り越しの心配はないだろう。遊覧か所は六〇（桃山方面九、東山方面三〇、北山方面一四、西山方面七）もある。このうち下車案内か所二〇を次に示す。

出発—桃山御陵—桃山東陵—乃木神社—伏見稲荷神社—豊国神社—大仏殿—三十三間堂—清水寺—新高尾—音羽の滝—八坂神社—円山公園—知恩院—平安神宮—御所—北野天満宮—金閣寺—嵐山—西本願寺—東本願寺—帰着

この遊覧か所は時代によって多少の入れ替えがあったようであるが、じつに慌ただしい旅行である。一日に六〇か所の名所旧跡を歴史・伝説を交えて案内する婦人案内係の苦労がしのばれるが、聞く方も大変である。昼食は指定食堂で同乗者が一緒にとるのが原則、平安神宮か嵐山で記念撮影をおこない、希望者に写真を一枚三〇銭で販売した。

京都名所遊覧乗合自動車では特典付きの前売り乗車券を全国のビューローで発売するとともに、京阪電車連絡遊覧券や団体割引券も販売していた。このようにスピーディな名所巡りの遊覧乗合自動車の出現は、より多くの人が手軽に京都に親しむきっかけをつくったのであろう。昭和初期に登場した京都名所遊覧乗合自動車は、観光客の裾野を大いに広げていったことに違いない。

第二章　大和路をゆく

一、奈良

（一）奈良観光の道しるべ

古代、平城京がおかれた奈良は、都が京都に移るとしだいに衰え、春日大社・興福寺・東大寺などの門前町に性格を変えながら生き続けた。明治の廃仏毀釈で諸大寺は打撃を受けたが、古美術・古建築が遺された奈良は、奈良公園や博物館などの見所も多く、昭和初期、多くの観光客が訪れる地となっていた。現在、世界遺産「古都奈良の文化財」に登録（平成一〇年）されている。昭和初期の旅行案内書に、廻覧順序が次のように出ている。

駅―猿沢池―興福寺―春日神社―三笠山―手向山神社―三月堂―大仏殿―博物館（『日本案内記』近畿篇下、昭和八年）

これは、奈良のごく標準的な巡り方であろう。観光客を誘致するため、奈良市観光課はいくつかのパンフレットを発行する。その一つ「奈良」（昭和七年頃）〈図1〉は、奈良観光に役立つ情報を多く掲載する。発行年代はないが、春日神社（戦後、春日大社に改称）の記述に「最近神域内に完成した万葉植物園」とあるから、万葉植物園開園（昭和七年）の頃であろう。鈴を手にした巫女の表紙絵は、春日大社をイメージさせる。

鳥瞰図は南から北を望む構図で、左手に生駒山地、右手に若草山・三蓋山・春日奥山を配し、中央に奈良公園が広がる。名勝奈良公園には、興福寺の五重塔・金堂（仮堂）・東金堂・北円堂・南円堂・三重塔が建ち、園内に猿沢池や博物館、荒沢池畔の奈良ホテルなどが見える。また、大阪電気軌道（大軌、現・近鉄奈良線）終点から東に延びる登大路に面して県庁・裁判所・知事官舎・市長邸・師範学校などが建ち並ぶ。廃仏毀釈後の明治一三年、興福寺の境内などを整備して奈良公園が設置され、以後、周囲の景観は大きく変わっていった姿が図に描かれている。

博物館を過ぎて十字路を左に折れると、東大寺が南大門を構え、鏡池を過ぎると大仏殿が建つ。大仏殿裏手に正倉院、若草

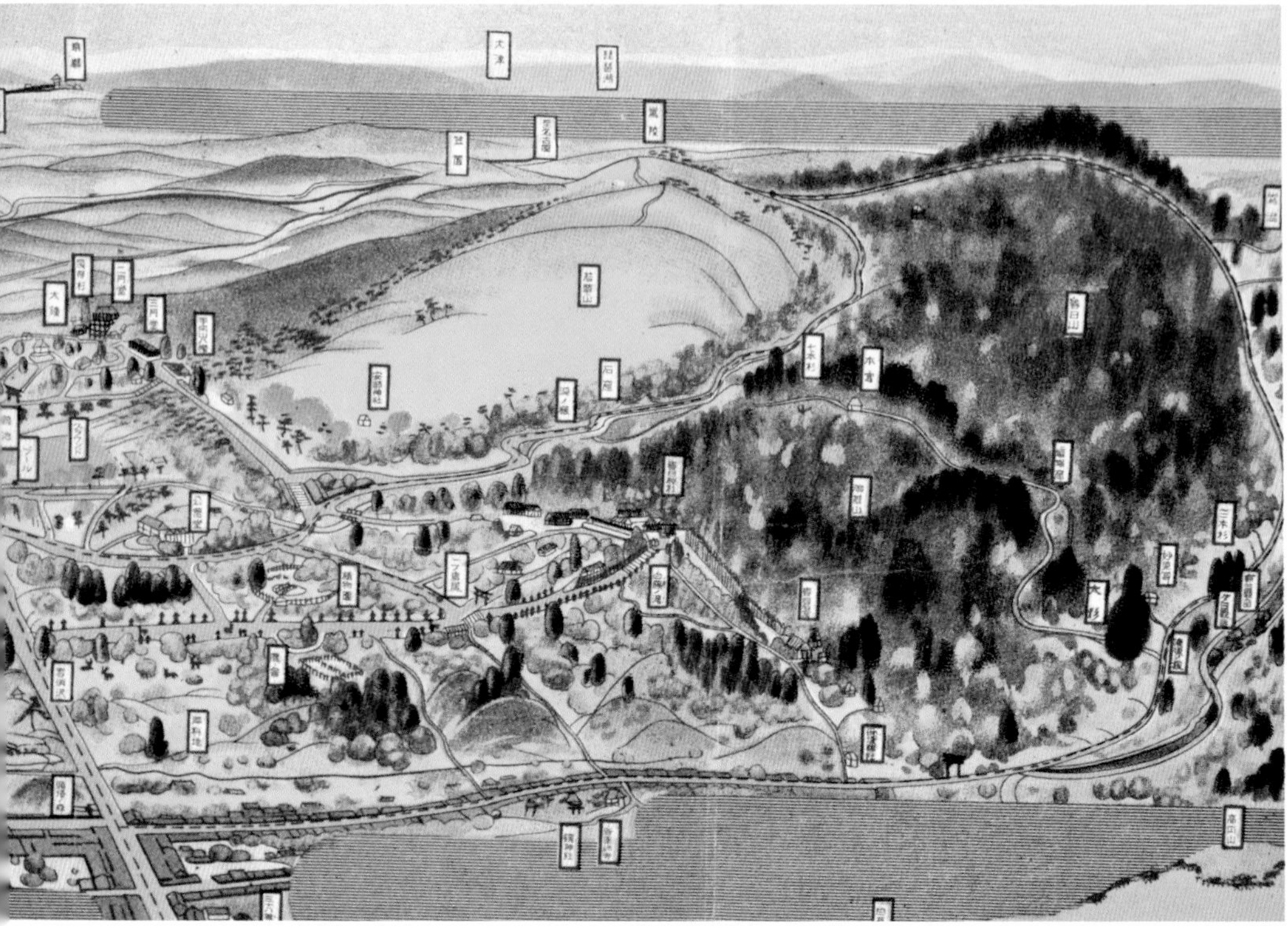

〈図1〉「奈良」(昭和7年頃、奈良市観光課)

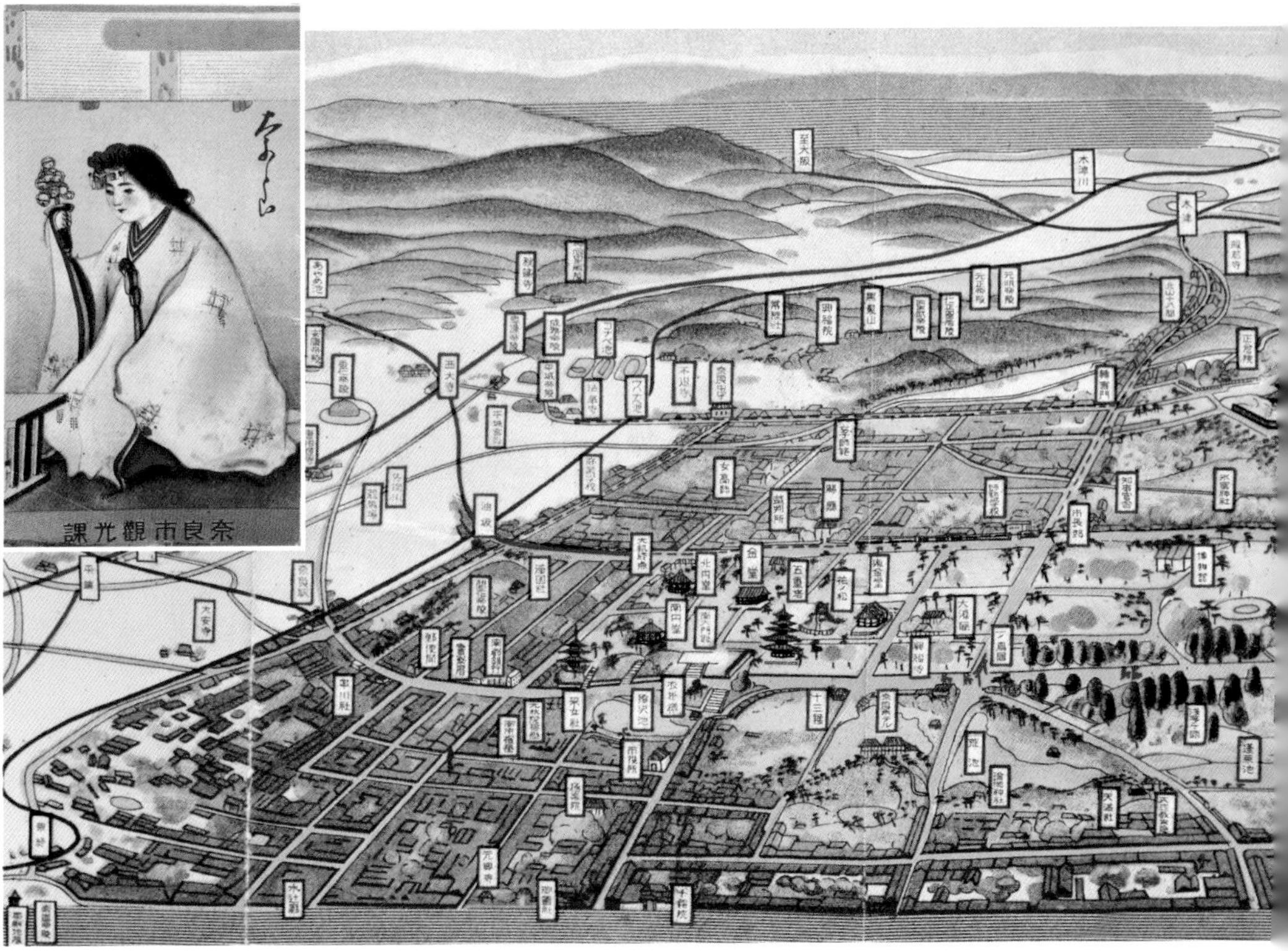

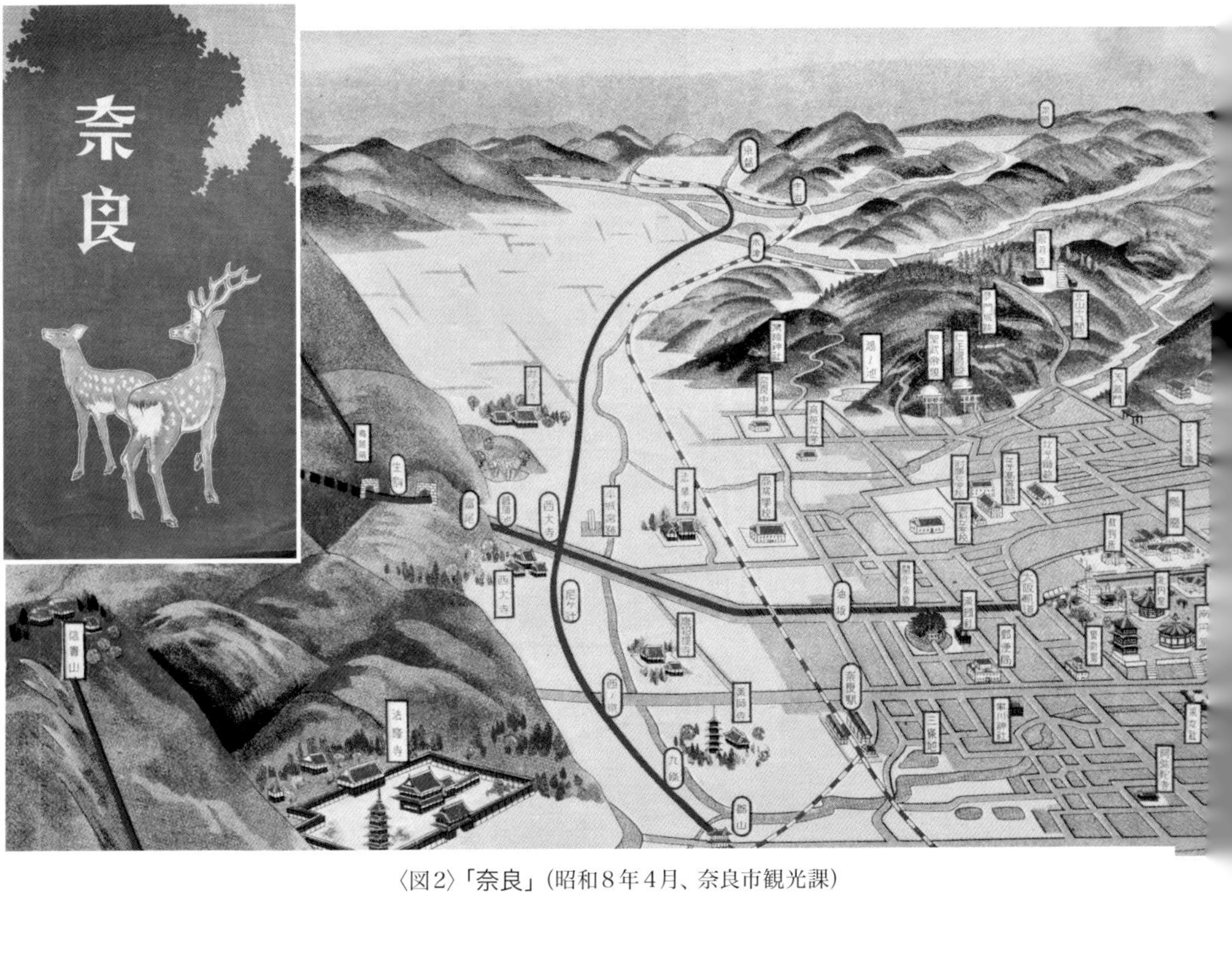

〈図2〉「奈良」（昭和８年４月、奈良市観光課）

山を背に二月堂・三月堂・手向山八幡宮も見える。東大寺転害門から西に延びる佐保路が市街地北辺であり、西に進むと国分尼寺の法華寺や平城宮址となる。平城宮址南西の西ノ京に唐招提寺や薬師寺があるが、付近はいたってのどかな村里である。

奈良の風景は、県庁舎屋上展望室から俯瞰できる。南は登大路を隔てて松林の後に興福寺五重塔や鴟尾が金色に輝く再建間もない中金堂が見える。東に目をやると東大寺大仏殿の大屋根が聳え、若草山山麓に二月堂などの堂宇が見え隠れし、若草山から右手に春日山・高円山と山並みが続く。西を振り向くと生駒山・信貴山が緩やかに稜線を描き、平城宮址も目に入る。鳥瞰図の立ち位置とは違うものの、奈良の姿を概観するにはうってつけの場所である。

東大寺南大門から春日神社二ノ鳥居に向けて歩くと、鳥居付近の奈良公園内に公会堂・植物園があり、鹿舎も見える。一ノ鳥居から二ノ鳥居にいたる参道には春日神社の神使である鹿が悠々と遊ぶ。二ノ鳥居を潜るとに春日神社が鎮座し、背後に三蓋山・春日山が深い緑に包まれている。「奈良観光のしるべ」と題する案内文がある。

（奈良は）平城宮の外廓に属し、春日神社、東大寺、興福寺等大社寺の門前町がそのまま発達拡大したもので、それだけでも遊覧都市として充分な意義と価値を有するものである上に、奈良公園の特殊な植物景観と、昔ながらの優麗な古建築、古仏像を数多く擁して、無比の名勝を作りあげてゐるのだ。（中略）和やかな風景に心を明くしながら、上代人の優れた芸術、高い信仰、宏い文化の鑑賞研究に羈旅の二三日を費す面白さ、裕さが、即ち最も自然な奈良観光の喜びである。

古代の芸術・信仰・文化に触れる愉しみこそ奈良に相応しい観光である、と説く。奈良観光の四つの廻遊コースを示すが、一般コースは次の順路である。

奈良駅（若しくは大軌終点）—興福寺境内—公園—春日神社—若草山—東大寺境内—帝室博物館—駅

見学場所として、興福寺境内では猿沢池・五重塔・三重塔・南円堂・北円堂、公園では御料地・浅茅ケ原・飛火野、東大寺では大仏殿・大鐘・二月堂・三月堂・南大門を挙げる。これに春日奥山周遊を加えることもあった。次いで南廻り・北廻り・西郊めぐりのコースを見よう。

南廻り　新薬師寺—鏡神社—頭塔—十輪院（石仏龕）—元興寺址—極楽院—率川神社

北廻り　北山十八間戸—般若寺—元明元正帝陵—多聞城

址―聖武帝陵、光明皇后陵―興福院―不退寺―ウワナベ―コナベ―海龍王寺―法華寺―平城宮址

西郊めぐり　秋篠寺―西大寺―唐招提寺―垂仁帝陵―薬師寺―郡山―大安寺

ウワナベ・コナベは古墳である。この三コースの中で、今日、観光旅行コースとして多くの人が訪れるのは唐招提寺や薬師寺を巡る「西郊めぐり」で、他の二つはなじみが薄い。さらに、足を延ばして泊りがけの大和廻遊コースも併せて示す（―徒歩、…電車、＝汽車、～自動車）。

大和廻遊コース　第一日　奈良観光。宿泊

第二日　奈良＝法隆寺＝（王子）…信貴山…生駒…西大寺…唐招提寺―薬師寺…平城宮趾…奈良。宿泊

第三日　奈良＝（桜井）～多武峰～（桜井）…岡寺…久米寺…橿原神宮＝畝傍御陵＝奈良

奈良に二泊して、二日目は信貴山朝護孫子寺や生駒聖天（宝山寺）に参詣して西ノ京の唐招提寺と薬師寺を訪ねる。三日目は南部の多武峰談山神社に詣で、明日香の岡寺や橿原神宮・畝傍御陵などに参拝する廻遊コースである。

奈良見物は乗合自動車やバスだけでなく人力車もあり、名所案内人もいた。拝観料を徴収する施設・社寺は今ほど多くなかった。奈良公園には鹿寄せがあり、明治二五年にラッパを使って始めたのが最初である。第二次大戦で中断し、戦後、ナチュラルホルンでおこなう鹿寄せが復活した。

このパンフレットは、見所として興福寺・奈良公園・春日神社・東大寺・帝室博物館・春日奥山周遊を挙げる。興福寺は八回にわたる火災のため昔の規模を失ったものの、五重塔・南円堂・北円堂・三重塔が残り、猿沢池が美観を呈していた。明治の廃仏毀釈で境内の大半が奈良公園となった興福寺では、西国九番札所の南円堂が観音信仰に支えられて受け継がれてきた。春日神社は丹塗りの色鮮やかな神殿や回廊、古雅な燈籠が並び立つ参道、神域の万葉植物園、千頭余りの神鹿が観光客に親しまれていた。東大寺は大仏をはじめ、雄大な舞台造りの二月堂、天平の古美術品で埋め尽くされた三月堂、大屋根の南大門と巨大な仁王像などが観光客の目を引いた。また春日神社の神域であった春日奥山は千古そのままの原始林を残しており、ドライブウエイからその景観を楽しむことができた。

奈良市観光課は、これ以外にも「奈良」（昭和八年四月）〈図２〉を発行している。より立体的な見やすい鳥瞰図であるので、参考までに掲載する。ここには奈良市内と法隆寺合わせて一三の見所を写真及びキャプションで紹介し、英文要旨を載せる。こ

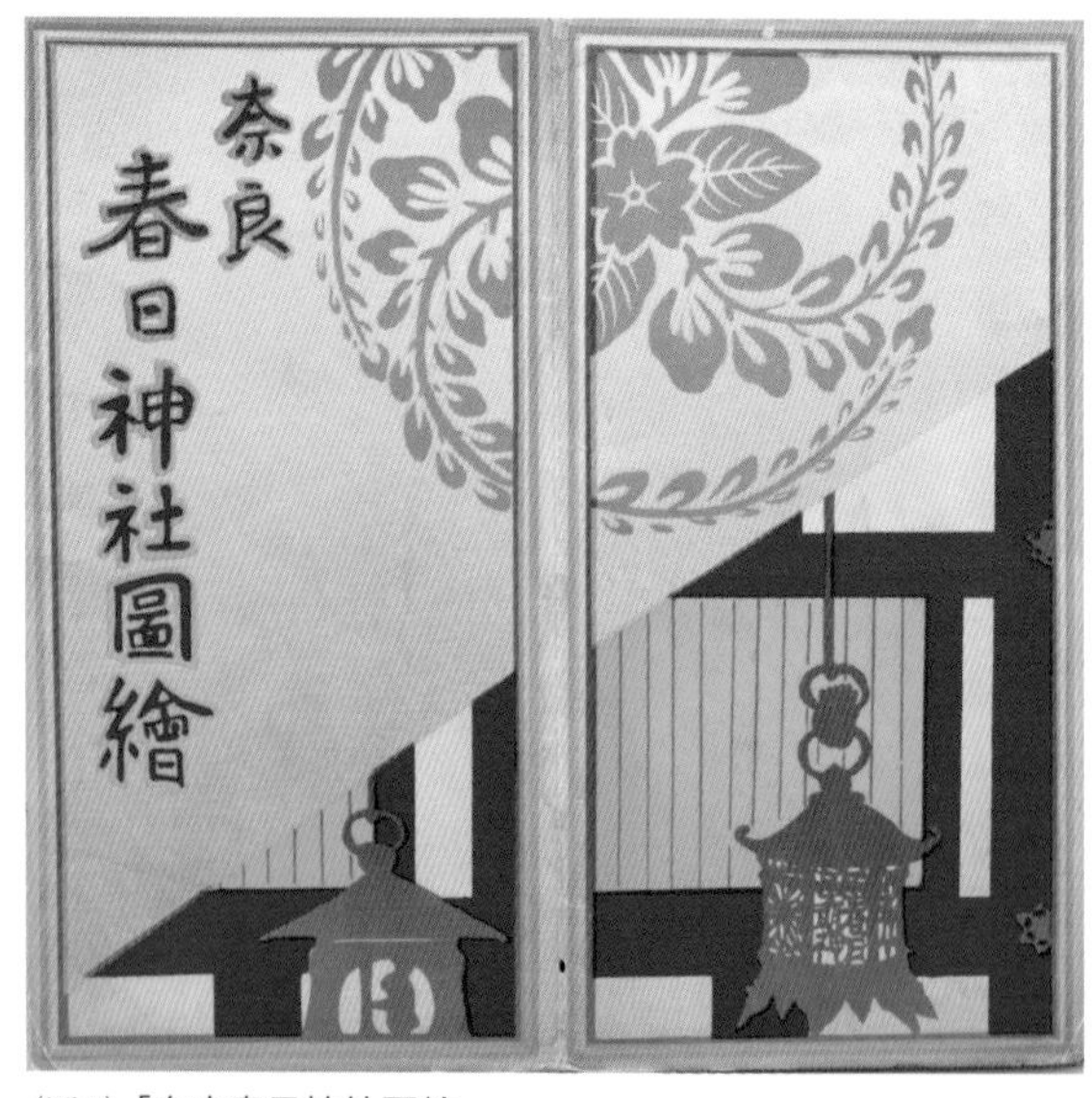

〈図3〉「奈良春日神社図絵」
（年代不明、蓬春画、現代名所図絵刊行会）

春日山

れは、訪日外国人観光客を念頭においたパンフレットである。

（二）春日大社

奈良公園の東、三蓋山の麓に鎮座するのが春日大社である。緑の山を背に丹塗りの社殿が雅やかにたたずむ。「奈良春日神社図絵」（年代不明、蓬春画、現代名所図絵刊行会発行）〈図3〉は、一ノ鳥居から春日神社にいたる風景を軽やかな筆触で描く。発行年代はないが、万葉植物園（昭和七年開園）がないので、それ以前のものであろう。図絵左下に「蓬春画図」とあるが、日本画家の山口蓬春（一八九三～一九七一）との関係は定かではない。

図絵は北を望む構図で、左手に奈良駅、右手に春日神社・若宮を配し、東大寺の裏に若草山、春日神社の裏に三蓋山、その奥に春日奥山をおく。淡い色調の若草山を背にした瓦屋根の東大寺堂宇、こんもり樹木が繁る三蓋山を負って鎮座する檜皮葺の春日神社社殿、その背後に深い緑の春日山がかすむ。

興福寺五重塔南東に建つ一ノ鳥居を潜り、飛火野を東に進む。二ノ鳥居を過ぎ、廻廊を巡らす南門を潜ると幣殿が建つ。その先に中門・回廊に囲まれて社殿四棟が並ぶ春日造りの本殿が鎮まる。西の回廊には慶賀門・清浄門・内侍門があり、回廊内部に直会殿（なおらいでん）・内侍殿（移殿）・神庫がある。また、回廊の外に酒殿・祈禱所・板倉・社務所などが見え、現在とほとんど変わらぬ建物の配置である。また、少し離れて若宮が鎮座する。案内文の由緒などを要約すると、次の通りである。

藤原鎌足の子不比等が鹿島明神を三蓋山山頂の浮雲峰に移し、春日明神と崇め奉ったのがはじまりで、このとき明神は白鹿に乗っていたと伝えられる。神護景雲二年（七六八）、今の社地に神殿をつくって武甕槌命（たけみかづちのみこと）（常陸鹿島の神）・経津主命（ふつぬしのみこと）（下総香取の神）・天児屋根命（あめのこやねのみこと）（河内枚岡の神）・比売神（ひめがみ）（天児屋根命の妻）を崇め、春日四所大明神と申し奉った。武甕槌命（第一殿）・経津主命（第二殿）は藤原氏が守護神とした武運長久の神、天児屋根命（第三殿）・比売神（第四殿）は藤原氏の祖神で、この四殿をつなぐ建築様式が春日造りである。

春日大社に詣で、回廊を巡ると、本殿東に小さな鳥居が立っている。そこは御蓋山浮雲峰遥拝所で、信仰の根源をなす御蓋山（禁足地）が今も大切に崇められている姿が伝わる。春日神社は、藤原氏の勢力が増すにつれて隆盛を極めていった。

案内文は、摂社若宮の「おん祭」の様子も紹介する。由来は、保延二年（一一三六）、時の関白藤原忠通が五穀豊穣、人民安楽の祈りのため若宮を御旅所に出して祭典をおこなったのがはじまりで、奈良県第一の賑わいである、と誇る。その他、境内には二千基の石燈籠、一千の釣燈籠があって節分の暁にことごとく点火する、神鹿は約一千頭で年々殖えているとも記す。

二、法隆寺とその周辺

奈良の南西に位置し、西に矢田丘陵を控え、東に大和盆地が開ける斑鳩の里に、世界最古の木造建築を遺す法隆寺がある。周辺の法起寺を含めて世界遺産「法隆寺地域の仏教建造物」に登録（平成四年）されている。

法隆寺の姿を知るには「聖徳太子御建立法隆寺名所図絵」（大正一〇年四月、吉田初三郎画、法隆寺御遠忌事務局発行）〈図4〉が参考になる。これは、聖徳太子千三百年御遠忌（大正一〇年四月）と同時期に発行されたものである。大正七年、御忌奉賛会が組織されて御遠忌の法要に向けての準備が進められた。御遠忌には全国から二六万人の参拝者が参集し、普段は静まり返った斑鳩の村里は空前の賑わいをみせたという。

鳥瞰図は斑鳩の南を流れる大和川付近から北を望む構図で、左手に龍田川と王寺、中央に法隆寺の伽藍、右手に法輪寺・法起寺を配し、背後の生駒山地に松尾寺も見える。法隆寺の周囲はのどかな田園地帯で、田んぼの中に関西本線法隆寺駅（明治二二年設置）がひっそりと建つ。

法隆寺駅を降りて野良道を西にしばらく行き、地蔵堂で右に折れて松の馬場を進むと南大門が見える。南大門から若草伽藍跡を右にして進むと、中門・回廊に囲まれて左手に五重塔、右手に金堂、後に大講堂が甍を聳える。回廊北に上御堂、東に食堂が、中門前の道の左右に西大門と東大門が配置されている。西大門から山手に進むと西円堂となる。東大門から東に行くと夢殿が建ち、付近に中宮寺・北室院がある。中宮寺北東に法輪寺と法起寺があり、いずれも境内に三重塔が聳える。

法隆寺駅に近づくとき右手に当り、隴畝（ろうほ）を隔てて一群の松林中に堂塔高く聳ゆるを望見すべし、これ即ち千古の名刹法隆寺なり。（中略）推古天皇十五年略（ほぼ）竣工せるものにして、世界最古の木造建築として、また百工美術の淵叢（えんそう）として名ある海内無比の霊場なり、……

奈良から郡山を経て大阪方面に向かう車窓右手、田んぼの畝と畔を隔てた松林の中、高く聳える堂塔が見えてくる。これが昔から名高い法隆寺である。推古一五年（六〇七）に落成した世界最古の木造建築であり、諸種の工芸が集まり、国内で比べるものがないほどの霊場である、と説く。法隆寺は推古天皇が聖徳太子とともに誓願を遂げようと建立した寺で、南都七大寺の一つである。はじめ三論宗で法相を兼ねたが、当時は法相宗

〈図4〉「聖徳太子御建立法隆寺名所図絵」
（大正10年4月、吉田初三郎画、法隆寺御遠忌事務所）

梵天山
上御堂
大講堂
西圓堂
五重塔
中門
金堂
食堂
西大門
東大門 
新堂
南大門
法隆寺駅
生駒山
信貴山
勢野
椎坂
龍田川
三室山
神南寺
久度
王寺駅
片岡王寺
達摩寺
龍田新宮
龍田本社

の大本山であった（昭和二五年に法相宗を離脱して聖徳宗となった）。

> 寺は東院西院の二つに分つ、西院は本寺にして金堂を中心として所謂七堂伽藍具備する大規模のものなり、東院は夢殿を中心として太子宮趾紀念の意義を有するものなり、

法隆寺は、西院伽藍と東院伽藍に分かれていて、西院伽藍に多くの堂塔がある。西院伽藍では、中門・金堂・五重塔・大講堂・経蔵及び鼓楼・三経院・上御堂・西円堂・聖霊院・綱対蔵・食堂について解説する。ここでは、有名な金堂を取り上げてみよう。

> 推古朝創建のままにして、重層入母屋造五間四面なり、（中略）柱にエンタシス（中部に脹らみ）を有すること、柱の上に大斗ありて、大斗に皿板あること、雲斗、雲形肘木を有すること等飛鳥時代建築の特色を有し、結構頗る美なり。

金堂及び五重塔は「推古創立のまま」と、非再建の立場をとっている。法隆寺西院伽藍は明治半ば頃まで、創建当初のままであると信じられていた。ところが、現存する伽藍は火災で失われた後に再建されたという説が出て、今では年輪年代測定の結果、七世紀後半の再建であることが定説化している。法隆寺再建非再建論争がおこなわれていた大正期、法隆寺御遠忌事務局は非再建の立場でパンフレットを発行している事実は記憶に留めておきたい。次いで金堂内陣壁画である。

> 西壁に弥陀の浄土、東壁に宝生の浄土、北裏東脇に薬師の刹土、西脇の壁に釈迦の国土、自余の壁に菩薩の立像其他を画く、世界有数の古画にして、近時之が研究日に盛にして其保存法に就きても朝野の識者によりて議論せらるるは世の知る所なり。

明治初年の廃仏毀釈で全国の寺院が打撃を被るが、法隆寺もまた例外でなかった。明治一一年には三百余りの宝物を皇室に献納し、下賜金を受けるほどであった。明治一七年のフェノロサと岡倉天心による法隆寺宝物調査により、しだいに文化遺産の見直しの機運が高まっていく。そして、明治三〇年、古社寺保存法（昭和四年に国宝保存法となる）が制定され、明治三〇年代半ばから法隆寺の復興が始まる。そのような盛り上がりの中で、聖徳太子千三百年御遠忌（大正一〇年）を迎えたのである。

御遠忌を終えた大正一三年には聖徳太子奉賛会（総裁は久邇宮邦彦親王）が設立された。昭和九年、国は文部省内に法隆寺国宝保存事業部をおいて建造物の修理を手掛け、昭和一五年に入ると金堂壁画の模写が開始された。戦時中一時中断された模写は戦後再開されたが、昭和二四年一月、金堂炎上により惜しくも壁画は焼失した。この火災により国宝保存法などを統合整備した文化財保護法が生まれたことは、よく知られるところで

ある。西院伽藍の案内で目に留まるのは、西円堂の小文である。

> 境内乾の丘上にあり、八角円堂にして一に西北円堂といひ、俗に峰の薬師といふ、（中略）道俗の尊崇最も敦く賽者常に絶ゆることなし。

養老二年（七一八）に創建され、鎌倉期の建長元年（一二四九）に再建された西円堂に祀る峰のお薬師様に多くの人が参詣していたことを物語る記述が目を引く。元来、学問の場としての性格が強かった法隆寺も、やがて俗世間の人を含めてのお参りの場となっていたのである。

やや高みをおびた丘に建つ西円堂から松林越し見る五重塔や金堂の佇まいは味わい深い。西円堂付近は、温もりのある空気が流れている。ほかにも鎌倉期、東室の南端を聖霊院として聖徳太子の像を祀り、太子信仰が高まりをみせたことも記憶にとどめておきたい。権勢移り変わる時代の中で、古刹が受け継がれていく支えとして庶民信仰があったことを教えられる。次いで東院を見よう。

> 東院は上宮王院と号し聖徳太子斑鳩宮の旧趾なり、太子薨去の後王子山背大兄王住ませ給ひしが蘇我入鹿の為めに焼失す、（中略）東院伽藍は中央に夢殿あり、……

東院伽藍は、厩戸皇子（聖徳太子）が造営（推古九年〈六〇一〉）した斑鳩宮の跡地で、その後山背大兄王が住まうところとなったが、蘇我入鹿によって焼き払われた（皇極二年〈六四三〉）。その斑鳩宮跡地に八角円堂をつくって救世観音を安置するが、それが東院伽藍の中心に建つ夢殿である。厩戸皇子は、斑鳩寺をはじめ中宮寺・法輪寺・法起寺を建立したというが、法隆寺の前身とされる斑鳩寺は西院伽藍の南東にある若草伽藍である、と考えられている。若草伽藍の発掘がおこなわれたのは昭和一四年のことであり、大正一〇年発行のこのパンフレットは、鳥瞰図に位置を示すにとどまり、案内文は見られない。

パンフレットは法隆寺だけでなく、中宮寺・法輪寺・法起寺にも触れる。聖徳太子が母の宮殿を寺にしたと伝える中宮寺は、現在地から東約五〇〇ｍの地にあった。戦国期に炎上し、現在の場所に移転し、江戸期以降は格式高い尼門跡斑鳩御所となっていた。案内文に「本尊二臂如意輪観音像を安置し、有名なる天寿国曼荼羅を蔵す」とある。あのかすかにほほ笑む本尊を如意輪観音と示すが、これは寺伝にもとづいた呼び名であり、今は単に「木造菩薩半跏像」と表記されている。聖徳太子の死去を悼んでつくったという天寿国曼荼羅は、飛鳥時代の貴重な染色工芸品として名高い。

法隆寺北東に位置する法輪寺創建については二説あるが、パンフレットは「山背大兄王御父聖徳太子菩提の為に創立する」の説を取り上げる。法輪寺は、南北朝期の一四世紀半ば過ぎに炎上し、三重塔を残すのみとなった。江戸中期に境内に妙見堂・金堂・講堂・南大門が小ぶりながらも再建され、北斗七星を神格化した妙見信仰の寺として、諸願成就の庶民信仰に支えられて今に受け継がれた。三重塔は昭和一九年に落雷により焼失するが、第二次大戦の金属供出のために避雷針が撤去されていたゆえの惨事であった。戦後、作家・幸田文らの尽力で募金活動がおこなわれ、法隆寺の西岡常一棟梁により昔の姿に復元された。

法起寺は「太子の遺願によりて岡本の宮趾に建てたるもの」とある。三重塔は慶雲三年（七〇六）の完成とされており、聖徳太子没（六二二年）後八十有余年を経ての落慶である。法起寺もまた平安時代から衰えはじめ、江戸時代に入ると三重塔を残すのみとなった。江戸中期に諸堂がささやかながらも再建され、江戸後期に聖天堂が建てられ、夫婦和合や商売繁盛の現世利益を願う聖天信仰の寺として生きのびた。

今から半世紀以上前の昭和四〇年代半ば、筆者は法隆寺から法輪寺、法起寺にかけての道を歩いた。法隆寺を訪ねる観光客の雑踏にいささか気力が失せていたところ、のどかな田園にたたずむ小ぶりな三重塔に気持ちを癒されたことを思いだす。春先の法起寺の庭に沈丁花が甘い香りを漂わせ、放し飼いの鶏（矮鶏だったかもしれない）が遊んでいた光景が甦る。それは、昭和初期の法起寺や法輪寺とさほど変わらぬ情景であったに違いない。

三、信貴山

生駒山地南の信貴山（四三七ｍ）山上に毘沙門天を祀る真言宗朝護孫子寺が建つ。境内を歩くと巨大な虎の像が目を引く。日本で最初に毘沙門天が出現したのが信貴山であり、それが寅年・寅月・寅の日・寅の刻だったので、寅の日が信貴山の縁日となり、それに因むという。毘沙門天は開運祈願に霊験あらたかと信じられ、縁日には大勢の参詣客が信貴山を目指した。

信貴山の様子は「信貴山名所図絵」（昭和五年、吉田初三郎画、信貴山電鉄発行）〈図５〉がわかりやすい。鳥瞰図は南から生駒山地を望む構図で、左手に大阪、中央に信貴山、右手に奈良を配し、山本駅から信貴山口を経て高安山、信貴山門まで信貴山電鉄が延びる。一方、王寺駅から山下を経て信貴山にいたる路線もあるが、こちらは目立たぬ淡い線で示す。

信貴山電鉄（昭和三一年近鉄西信貴鋼索線）は、昭和五年、鋼索

線の信貴山口―高安山間、鉄道線の高安山―信貴山門間が開業する。大軌信貴線の山本―信貴山口開業と同時であった。これは大阪から短距離で信貴山に到達する路線であった。高安山から信貴山にいたる鉄道線はやがて廃止（昭和三二年）された。

一方、奈良県側から信貴山にいたる経路は強調されていないものの、すでに大正一一年に信貴生駒電気鉄道（昭和三九年近鉄生駒線）の王寺―山下間、同鋼索線の山下―信貴山間が開通している。鳥瞰図を見ると、終点の信貴山駅から参道が仁王門に達し、参道に沿って門前町が発達しているので、こちらが昔からの参詣道であろう。しかし、大阪からの新たなルートが開けると大阪方面の参詣客のほとんどがそちらを利用するようになり、この路線は苦境に陥った。山下―信貴山間の鋼索線は後に近鉄東信貴鋼索線となるが、昭和五八年に廃止された。

大阪からのルート、信貴山門駅を降りて左手に大門池を見ながら仁王門へ向かおう。仁王門から鳥居を二つ潜ると本坊で、手前に聖徳太子像、裏に開山堂と命蓮（みょうれん）上人墓がある。本坊周辺には千寿院・成福院・玉蔵院の塔頭寺院があるが、これらは宿坊を兼ねる。護摩堂・宝蔵を過ぎて三つ目の鳥居を潜ると毘沙門天を祀る懸造りの本堂が建つ。本堂周辺に経蔵・虚空蔵堂・多宝塔があり、鳥居が建ち並ぶ道を登ると、山頂に空鉢護法（くうはつごほう）と示す基壇の上に不思議な置物が見える。境内に建つ鳥居は神仏習合の名残である。こんな軽妙な案内文からはじまる。

四十分で信貴山へ詣れる！　何処からどうして？　上六の大軌へいってみよ。十五分毎に信貴山行の電車が出る。往復で二時間たらず半日がかりと定めたら楽なもの。郊外散歩には第一候補地―中にも高安山をのぼるケーブル―その設備がとても好い。タッタ七分で一千七百尺の山上へ羽化登山。車中の眺めが又すばらしい。海のむかふに見ゆる淡路島。いつ見ても飽かぬ景色だ。

浮き立つ気持ちの「羽化登仙」をもじって、「羽化登山」と洒落こむ。そして大阪からの電車の便の良さ、ケーブルカーの設備の良さや眺めのすばらしさを自慢する。

日本一の電車と人の褒めるも道理こそそれに御利益のあたかな毘沙門天王が一身一家に福を授け給はるとは有難い。信心に金の話も如何だが片道僅（わずか）に六十銭半円タクを飛ばすと思へば何でもないこと。さあさあまゐらう詣らう！

「四十分で信貴山詣」と謳うこの案内文は、まるで口上のような歯切れよさである。毘沙門天の由来をこのように紹介する。

聖徳太子が守屋大連（もりやのおおむらじ）を攻めようとしたとき、巌上に毘沙門天が出現し、太子の出陣を祝して勝軍の秘法を授けたので、敵は滅

〈図5〉上・右「信貴山名所図絵」（昭和5年、吉田初三郎画、信貴山電鉄）

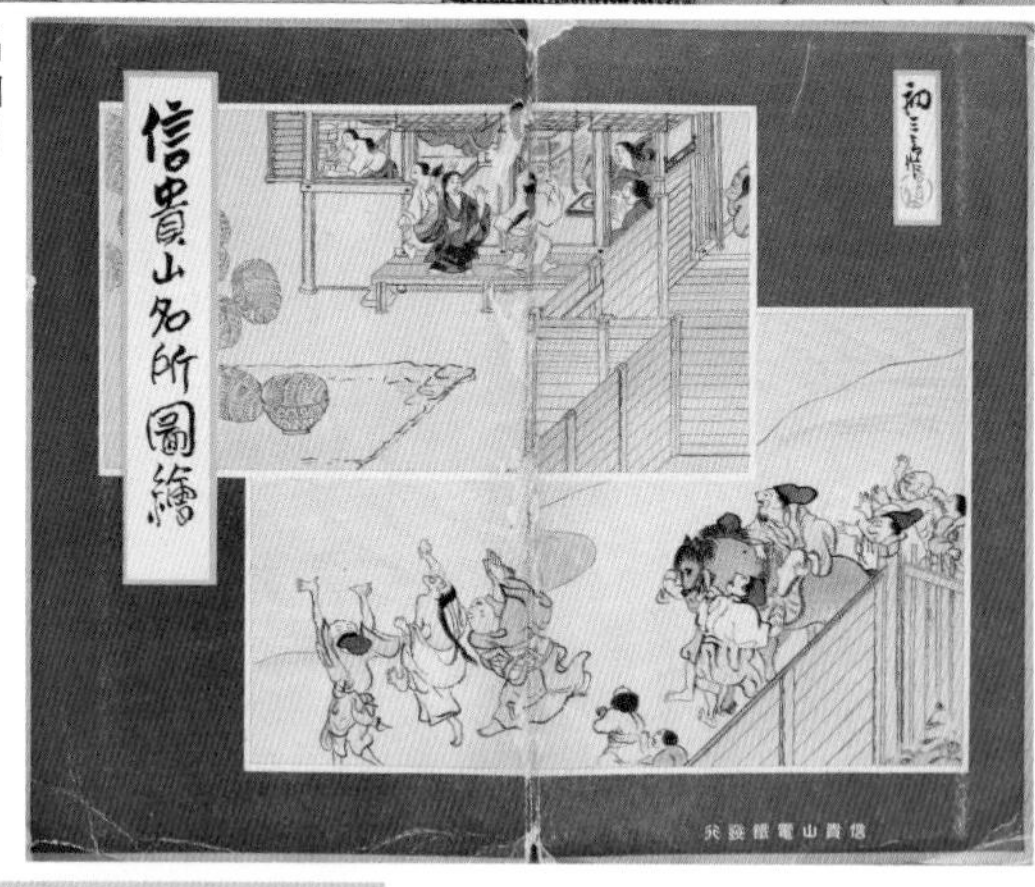

〈図6〉左・下「西国第八番霊場総本山長谷寺図絵」（大正15年2月、豊山長谷寺）

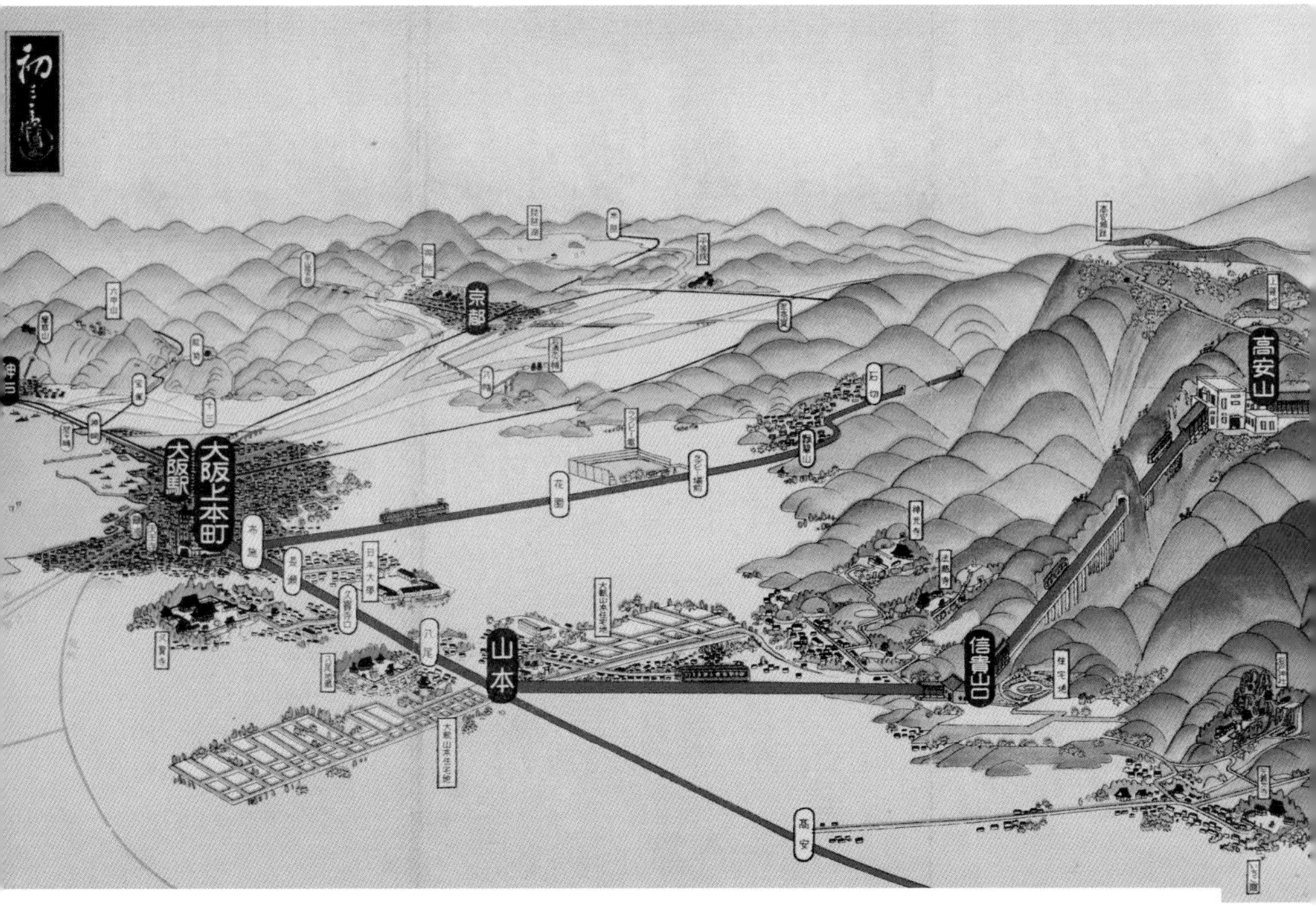

京都
大阪上本町
大阪駅
布施
花園
山本
信貴山口
高安山
高安

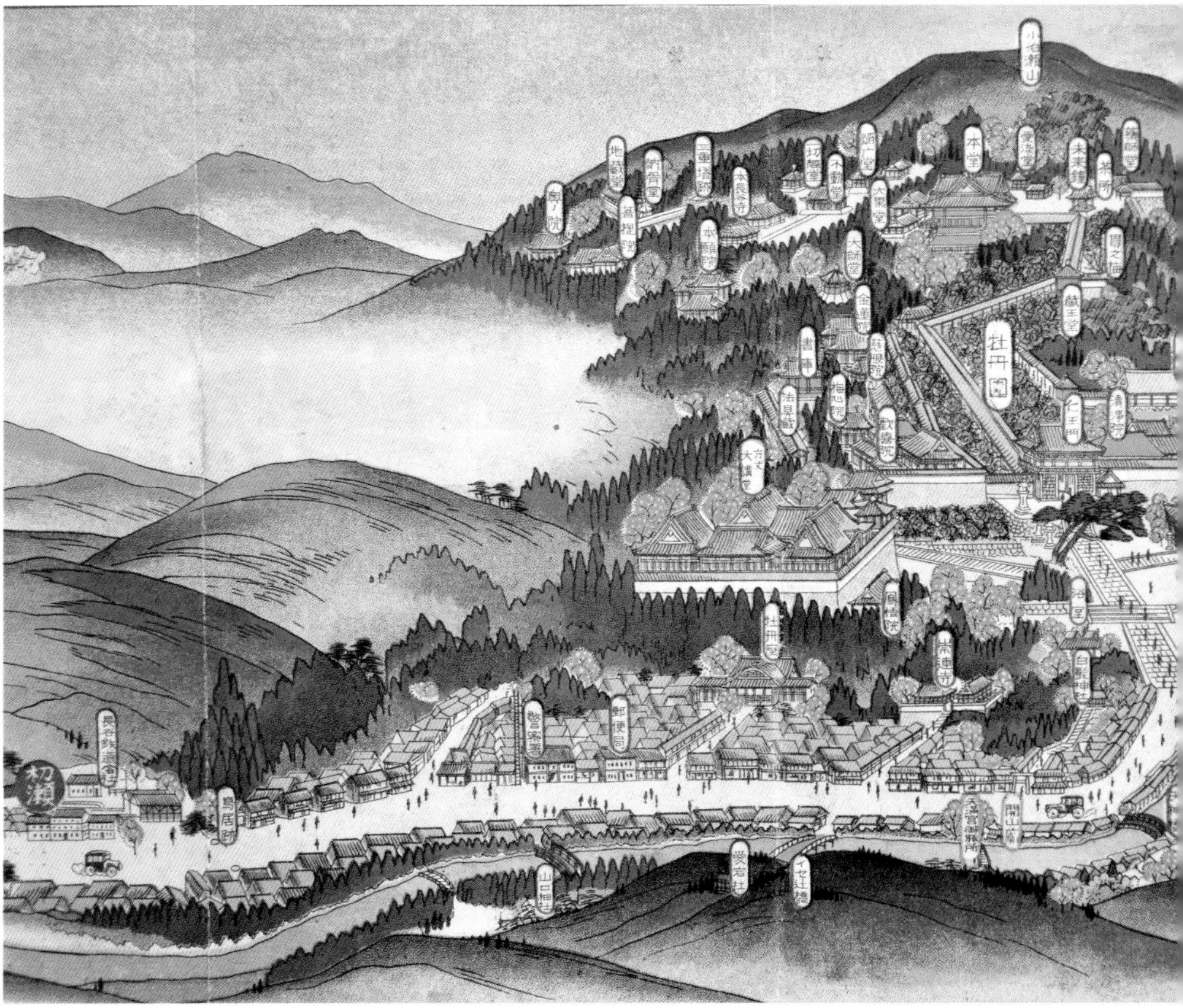

牡丹園
本堂
大師堂
初瀬
長谷鉄道驛
鳥居前
郵便局

んて国土安穏の世となった。太子は約束どおりこの山に堂宇を起こし、自ら毘沙門天の尊像を刻んでこれを本尊仏と崇め「真に信ずべく貴むべし」としてこの山を信貴山と命名したという。この伝説に因み、本坊前に聖徳太子馬上の銅像がつくられた。

信貴山中興の祖は、本坊裏に祀られている命蓮上人である。パンフレットに命蓮上人の霊験譚をいくつか記すが、その一つを手短に紹介しよう。

山代国山崎の里の一貧者が命蓮上人の教えに従って朝夕に毘沙門天を念じて慈悲を心がけ、やがて長者となり衣帛穀類七つの倉に充満する身分となった。長者は富むにつれ心驕り、奢移に耽りながら、他者にたいして慳貪の心を起こすようになった。すると天罰が下り空鉢護法の威力によって長者の七つの倉が舞い上がり、信貴山の地に降り立った。恐れおののいた長者は信貴山に登り、懺悔後悔する。これを聞いた命蓮上人は「汝ながく福を保たんとならば上を敬い下を憐れみ父母師長に孝養を尽くし深く天王を供養せよ」と訓戒を与えた。そして七倉の建物はこの地にとどめるが、倉内の財宝は返すと約束し、再び空鉢護法の威力で倉内のものがまるで雁の列をなすかごとく飛び去って、山崎長者の屋敷に帰っていったという。なんとも不思議な話である。

朝護孫子寺に伝わる平安末期に成立したとされる「信貴山縁起」（国宝）が有名である。山崎長者の巻、延喜加持の巻、尼公の巻三巻からなる絵巻は、命蓮上人の説話を描く。このパンフレットに紹介されている話は、山崎長者の巻（詞書を欠く）の情景を説話集をもとに親しみやすく文章化したものであろう。鳥瞰図に描かれた山頂の空鉢護法と示す不思議な置物はこの話に因むが、今、その場所に空鉢護法堂なる小堂が建っている。

四、長谷寺

大和と伊勢を結ぶ初瀬街道が通じる、初瀬山の中腹に長谷寺が伽藍を構える。山麓に初瀬川に沿って一筋の門前町が延びるが、昭和の風情を漂わす懐かしさを覚える町並みである。古典文学において名高い十一面観音を祀る真言宗豊山派総本山長谷寺は、西国第八番札所として多くの初瀬詣の参詣客を集める。

「西国第八番霊場総本山長谷寺図絵」（大正一五年二月、豊山長谷寺発行）〈図6〉は、門前から初瀬山中腹に伽藍を構える長谷寺を華やかに描く。表紙は牡丹と懸造りの本堂、鳥瞰図もまた回廊付近一帯が牡丹で埋め尽くされた絵柄である。境内には桜の木も多く、牡丹と季節は違っていても一枚の絵に同時に描き込む。その点、鳥瞰図は写真と違って表現自在である。印刷は、名古屋市の澤田文精社名所図絵ポスター専門印刷部である。

鳥瞰図は初瀬川から北を望む構図で、左手に大阪湾、中央左寄りに大和盆地、右手に長谷寺を配し、桜井駅から長谷鉄道（初瀬軌道、初瀬鉄道を経て大正四年に長谷鉄道）が初瀬駅（明治四二年開業）に延びる。初瀬詣の参拝客輸送の目的で敷設された長谷鉄道は大軌に合併（昭和三年）するが、参宮急行電鉄開通（昭和四年）に加え、乗合自動車の営業開始もあって乗客が激減して廃止となった（昭和一三年）。

初瀬駅から川沿いに門前町を往き、郵便局脇の小路を上がると、唐破風玄関を構えた牡丹座なる建物が見えるが、芝居小屋だろうか。天神橋を過ぎると町並みが途切れ、長谷寺仁王門に向けて石畳が続く。仁王門右手に普門院と不動堂、左手に方丈・大講堂が建つ。仁王門から本堂に向かって回廊が延び、周囲は牡丹園になっている。仁王門から本堂にかけての廻廊左手に歓喜院・梅心院・慈眼院・金蓮院の塔頭寺院が並び建つ。また、本堂周囲に薬師堂・愛染堂・不動堂・大師堂などの諸堂があって、観音信仰はもとより、もろもろの信仰を受け入れている寺の様子が伝わる。本堂左手の奥ノ院付近に三重塔址があり、本長谷寺も見える。その姿は今も変わっていない。由来などを次のように記す。

> 道明上人茲に精舎を営みたるを嚆矢とす。（中略）弟子徳道上人勅を奉し、更に諸人を勧進して一大伽藍を建立す。（中略）（本尊の十一面観世音菩薩は）其名奈良大仏と共に高く、霊験あらたかにして、威霊海外に震ひ、夙に西国第八番の札所として、庶人渇仰の霊像たり。

長谷寺の創建は奈良時代の八世紀前半とされるが、正確な時期は詳らかでない。ここに紹介するように、最初、道明上人が精舎を営んだのが長谷寺の起こりで、その場所は本長谷寺近くの三重塔付近とされている。次いで弟子の徳道上人が現在地に一大伽藍を建立したと記すが、これらはあくまでも寺伝に依る。長谷寺は平安中期以降、観音霊場としての貴族の信仰を集め、やがて武士や庶民へその信仰が広がりをみせる。古くは華厳宗、平安中期には法相宗に属した長谷寺は、一六世紀以降は真義真言宗の流れをくむ寺院として性格を強める。今日の真言宗豊山派としての地位が確立するのは、紀州根来寺の学頭であった専与上人が和泉国分寺から入山して中興したことによる。

十一面観世音菩薩をお祀りする懸造りの本堂は、慶安三年（一六五〇）の再建である。仁王門と回廊は明治一五年の火災で焼失し、その後の再建である。また、明治四四年に大講堂・奥書院・庫裡など十余棟が炎上するが、大正八年に大講堂、翌九

〈図7〉上・右「吉野山名所図絵」（昭和2年4月、鍋島香陽画、山口青旭堂）

〈図8〉左・下「女人高野室生山案内」（年代不明、澤田文精社図案、室生寺）

奥千本
大峰山
金峰神社
西行庵
水分神社
高城山
中院谷
上千本
宗信墓
塔尾御陵
多宝塔
鳥栖
火見櫓
竹林院
桜本坊
喜蔵院
中千本
吉水神社
山口神社

精進峯
鬼ヶ城
聖天堂
五大堂

年に奥書院が再建された。大正一二～一三年には大講堂から延びる唐門回廊や護摩堂が再建されるが、そのような復興の機運漲る中でこの境内図が描かれ、パンフレットが発行された。四月下旬から五月上旬にかけて長谷寺を彩るのは牡丹である。

当山の牡丹は蓋し、天下無比なり。元禄十三年廻廊の両側に移植されしを嚆矢とす、爾来年々其数を増し百五十種三千株、紅白紫紺濃淡競ひ咲く状は、真に、海内随一の名に背かず……

長谷寺の牡丹は、元禄一三年（一七〇〇）に移植したのが起こりである。大正末期、一五〇種三、〇〇〇株あった長谷寺の牡丹は、現在一五〇種七、〇〇〇株に増えている。初瀬は古来桜の名所でもあったが、名を牡丹に奪われてしまったと記すが、ますますその感を強くする。

五、吉野

吉野山は熊野から大峰山に続く山岳霊場の北端に位置し、吉野熊野国立公園（昭和一一年指定）の一部となっている。また、金峯山寺蔵王堂などの世界遺産「紀伊山地の霊場と参詣道」（平成一六年登録）の構成資産が所在する。吉野は後醍醐天皇が南朝をおき、豊臣秀吉が花見をおこなうなど、多くの史跡に恵まれた地である。山上には金峯山寺蔵王堂を中心に旅館・料亭が建ち並ぶ門前町が発達し、行楽地としても賑わった。

桜満開の吉野山を描いた「吉野山名所図絵」（昭和二年四月、鍋島香陽画、山口青旭堂発行）〈図7〉は、見ているだけで心が浮き立つ絵柄である。発行元の山口青旭堂は、当時、京都綾小路麩屋町で印刷業を営んでいた。江戸後期創業という山口青旭堂は今も続いており、三代雄太郎の発行である。この店は大正から昭和一〇年代にかけて鳥瞰図の制作・印刷もおこない、当時、図案部にいた鍋島香陽が、この吉野山の図絵を手掛けた。なお、同様の図絵を用いたパンフレットが大正一四年四月に吉野山保勝会から発行されているため、制作は大正期とみてよい。

当時、吉野山へは吉野駅（大正元年開業、昭和三年六田駅に改称）に下車して柳ノ渡に架かる三芳野橋を渡り、六田集落から山道を登って吉野神宮を経て到達していた。ここに描かれたのは現在の吉野駅ではなく、吉野鉄道（昭和四年大軌に合併、近鉄吉野線）時代に設置された吉野駅である。昭和四年開通の吉野山旅客索道（吉野山ロープウエイ）は、まだ描かれていない。

山上の様子を図絵から眺めてみよう。桜満開の下千本の大橋（太閤橋）から町並みがはじまり、付近の黒門が金峯山寺総門にあたる。藤尾坂を上って銅鳥居を潜ると、金峯山寺仁王門が見えてくる。金峯山寺境内に蔵王権現を祀る蔵王堂が建つが、これが本堂である。仁王門から右手に折れると吉野朝宮跡、蔵王堂をしばらく行って左に小道を下ると吉水神社が建つ。明治初年に神社に改められる以前は吉水院という金峯山寺供僧坊の一つであった。再び小道を上り門前を進むと東南院・喜蔵院・竹林院・桜本坊があり、桜本坊の下は桜の名所・中千本である。天王橋を渡って宗信（吉水院）墓を過ぎると家並みは途切れる。やはり桜の名所である上千本を越えると、天之水分神などを祀る水分神社があり、さらにその先に吉野総地主神で金山毘古神を祀る金峯神社が鎮座する。付近に西行庵があり、ほどなく桜の名所奥千本となる。案内文を見よう。

> 山水の秀麗と全山桜花の美観とを以て、天下に名高く加ふるに悲絶壮絶の歴史に富み、又明神仏陀の霊場として国民神仰の的と成れる処。

吉野で思い浮かべるのは、まずは桜であろう。悲絶壮絶の歴史とは後醍醐天皇の南朝、明神仏陀の霊場とは役小角が開いたとされる大峰修験の本拠地を指す。信仰をあえて「神仰」と表記したのであろうか。

桜の見所としてこのような案内文がある。桜樹がもっとも多い下千本は、虹色に輝く雲が幾重にも重なるように谷を埋め尽くした桜が朝日や夕日に映える。上千本の桜は麓から仰ぎ見るとまるで滝のようである。奥千本の桜が開くのは麓よりはるかに遅く、下千本が葉桜になった頃、ようやく蕾がほころぶ。図絵には川畔から下千本にいたる長峰の桜も描かれているが、この桜は伐採されて今はない。

吉野山に桜が多いのは、役小角が桜の木で蔵王権現を刻んだことに因み、参詣者が神木として奉納する慣わしに由来する。桜の名所としての吉野の名は、西行の和歌、豊臣秀吉の豪奢を尽くした花見、江戸期の歌舞伎「義経千本桜」などを通じて確立したのであろう。大峰修験について次の案内文がある。

> 一大修験道場と成り、大峰山上には数十の伽藍坊舎が建られ、吉野山には百五六十の寺院僧堂が甍を並へ、全国に無数の末寺と数万の修験者を統轄する宗教界の一大勢力を成したのであった、……

修験道開祖と仰がれる役小角が蔵王権現を感得したとされる聖地が金峯山である。山上ヶ岳の山頂に建つ大峯山寺本堂は「山上蔵王堂」、吉野に伽藍を構える金峯山寺本堂は「山下蔵王堂」と呼ばれ、この二つが蔵王権現信仰の拠点になっている。大峰山峰入は、熊野から吉野へ抜ける順峰（天台系本山派）、吉野から熊野へ抜ける逆峰（真言系当山派）があるが、それらの拠点として吉野は重要な位置を占めている。門前に建ち並ぶ東南院・喜蔵院・竹林院・桜本坊は山上の大峯山寺を交替で維持管理する五つの「護持院」（ほかに天川村洞川の龍泉寺）であり、峰入をする大峰講行者の宿坊を今も兼ねる。

吉水院・吉野水分神社・金峯神社にも簡単にふれる。吉水院は山内の有力寺院であったが、明治の神仏分離により吉水神社となった。ここは、建武の新政が崩壊した後に後醍醐天皇が一時期行在所を置いたところとして知られている。吉野水分神社は水の配分を司る神・天之水分大神を祀る、奈良時代以前からある古い神社である。金峯神社は、吉野山の地主神・金山毘古命を祀る。社前に修験者が峰入に当たって通過すべき第二の門・修行門が立つが、中世以降、金峯神社は修験道の修行場としての性格を帯びていく。金峯神社から大峯山に古道が延びており、これを奥駈道という。谷を渡り、崖をよじ登り、歩き続ける修行、これが奥駈である。

大峰山の入口に当たる吉野には、自然と人間が織りなす宗教的な世界が息づいている。脈々と流れる歴史が吉野の魅力を高め、人々をこの山中に誘うのであろう。

六、室生寺から赤目と香落渓へ

（一）室生寺

奈良盆地の東方、淀川水系宇陀川上流の室生川ほとりの山間に女人高野として知られる室生寺（真言宗室生派）がひっそりたたずむ。標高約四〇〇mに位置する典型的な山岳寺院で、境内は石楠花（しゃくなげ）の名所としても知られる。付近は室生赤目青山国定公園に指定（昭和四五年）され、三重県境に近い。

この山岳寺院の様子は「女人高野室生山案内」（年代不明、澤田文精社図案、室生寺発行）〈図8〉に描かれている。建物の絵など丁寧な仕事ぶりである。鳥瞰図は室生川を隔てて北に堂宇を望む構図である。太鼓橋の下に「紅葉の室生山」「桜の室生山」「石楠花の室生山」とキャッチコピーを示し、山内は桜・石楠花・紅葉で華やかに彩られる。季節を混合したあり得ない絵柄であるが、なぜか違和感を覚えない。

太鼓橋を渡った山麓に庫裡（くり）があり、表門・客殿・参籠所などを構える。川沿いの道をしばらく歩き、石段を登ると金堂と弥勒堂があり、再び石段を登ると灌頂堂（本堂）があって傍らに五重塔が聳える。いずれも檜皮葺（ひわだぶき）の建物である。

案内文は、室生寺は役小角が草創し、弘法大師が再興したと大師の事績を強調する。これは後にいわれるようになったことで、奈良末期の宝亀年間（七七〇～八一）に興福寺の僧によって室生寺は開かれた、とされている。その後平安期を通じて山岳修行の場としての性格をもちつつ中世以降密教色を強め、江戸期に今日の真言宗となった。室生寺の結界に架る朱塗りの太鼓橋についてこのような一文がある。

橋上に立って精進峰の一帯を望むならば、先ず霊山の威容に壓へつけられるやうな感じを起すであらう。河鹿鳴く頃、月明の夜、蛍飛ぶ宵、土堤の夜桜等、多くの趣きをもつ橋である。

仰ぎ見る精進峰近くには、信仰拠点の一つである奥の院が建つ。太鼓橋に立ち、室生寺一帯に漂う空気に触れ、気が引き締まるのは今も変わらない。案内文は、金堂・灌頂堂・五重塔などの建築・仏像の解説が中心である。これら国宝に指定された三つの檜皮葺の建物は、幽玄な山中に溶け込み、室生寺の魅力を引きたてている。平安前期の建物とされる金堂は釈迦如来を本尊とし、十一面観音・薬師如来・地蔵菩薩・文殊菩薩の五尊を祀る。本堂に当たる灌頂堂は鎌倉後期の建築である。如意輪観音菩薩を本尊とする五重塔は、延暦一九年（八〇〇）頃の建築とされ、法隆寺五重塔に次ぐ古建築である。深山にたたずむ緩やかな屋根勾配の五重塔に近づくと、思いのほか小ぶりで愛らしい。パンフレットは、山岳寺院の清らかな空気が流れている。

（二）国境の二名勝

大和と伊賀の国境に近い二名勝として知られるのが、赤目四十八滝（瀑）と香落渓（峡）で、この一帯もまた室生赤目青山国定公園に指定されている。いずれも名張市街の南、名張川の支流に位置する。赤目四十八滝は、丈六川（赤目川）が片麻岩の岩面を流れ落ちる際に形づくられた滝や淵が連続する渓谷である。滝は必ずしも四八あるわけではないが、行者滝から岩窟滝までを俗に「四十八滝」と呼ぶ。一方、香落渓は青蓮寺川上流域に位置し、片麻岩を貫いて噴出した安山岩が風雨に浸食され、壮大な柱状節理の景観を呈す。

昭和改元の約一年前、「伊賀香落峡奇景赤目四十八滝」（大正一四年一一月、岩名正治郎画発行者）〈図9〉が伊賀鉄道名張駅香落峡案内所から発行された。この二つの名勝の見所を示すパンフレットで、図案執筆・発行者を兼ねる岩名正治郎は名張町の住人である。絵図は、山や滝を縦長に納めた模式図風のもので、当時、流行しつつあった鳥瞰図を意識しつつも趣を異にする。それでも作者のたっての願いか、印刷は鳥瞰図を得意とする名古屋市の澤田文精社に発注している。

伊賀には二個所の天与の大絶景地あり、一は赤目四十八瀑にして、他は香落峡の紅葉なり。共に伊賀鉄道の終点、名張町より、坦々たる澗路を行くことを得。赤目四十八瀑は昔日より阿弥の瀑と称し、盛夏の候には観瀑の客多し、然れども香落峡の観楓は大正七年名張町より、奈良県宇陀郡曽爾村に通ずる県道曽爾街道改修工事竣功せるより漸く勝を踏むもの多し、……

赤目四十八滝は早くから知られていたが、香落渓の探勝者が増えたのは大正七年の道路改修以降のことであった。これら二名勝が世に知られるようになったのは、名張藩の儒者・鎌田梁洲（一八一三～七五）が、幕末に『観瀑図誌』『遊香落澗記』を著したことによる、とも記す。大正一一年、伊賀鉄道（伊賀電気鉄道を経て、昭和四年大軌伊賀線）の上野町―名張間の開業に伴い、探勝の便が整えられた。昭和四年、参宮急行電鉄が伊賀線を賃借して営業を始め、榛原―伊賀神戸間が延伸（昭和五年）すると、関西からの交通の便がよくなった。これら二名勝が観光地として世に広く知られるようになったのは、参宮急行電鉄が開通した昭和初年のことである。四季の遊覧案内を記す。

四月より　岩躑躅、棣棠　六月より　新緑、鶯。河鹿、杜鵑鳴く　夏期中　赤目四十八瀑　十月より　櫨、岩躑躅、桜、山柿等の雑木の紅葉　十一月中　楓の紅葉にて約三十日間見頃

初夏から晩秋にかけて移りゆく自然にふれる楽しみが目に浮かぶ。とりわけ多くの探勝者が集まったのは、涼を求めて四十八滝を探る夏、錦繍の山を愛でる秋の頃であった。

（三）赤目四十八滝

「伊賀香落峡奇景赤目四十八滝」（大正一四年）の絵図を見よう。山々に緑色の採色があるので、深緑の季節をイメージした絵であろう。名張からの赤目街道が渓谷入口まで通じ、対泉閣で道が途切れる。対泉閣は伊賀鉄道経営の旅館であり、大正後期、すでに泊りがけで赤目四十八滝探勝に出かける人がある程度いたことを物語る。対泉閣近くに延寿院が建ち、行者滝から上流に一五の瀑布の名が見え、渓谷には水が深くよどむ潭淵も少なくない。深山の霊気を帯びた赤目は修行の場、といった雰囲気が漂う。「天下の絶勝本邦無双の飛瀑」と題した案内文がある。

山岳地の我国には至る処に飛瀑ありと雖も、伊賀赤目四十八瀑の如く、一渓間に幾多の瀑水ある処なし、各々其形状を異にし、高さも、広きも、長きもあり、奇なる潭淵あり、滝壺は深淵広大にして大巌石が天然の美と雖も如何

にして穿(うが)たれたるや驚かざるはなし、実に天下の絶勝と称へて憚からざるの奇瀑たり

赤目四十八瀑として、行者瀑から上流の布曳瀑(ぬのびきのたき)にかけて、銚子瀑・霊蛇瀑・不動瀑・大日瀑・千手瀑を含めてそれぞれ短い案内文がある。当時、一般の探勝者が踏み入るのは布曳瀑までで、行者瀑から布曳瀑間を「前澗(ぜんかん)」といった。布曳瀑から峻険な路をよじ登ると龍ヶ壺があり、それより上流の嵓窟滝(がんくつたき)までを「後澗(ごかん)」と呼んだ。後澗はこのように記す。

嵓窟滝等あれども路峻嶮(みちしゅんけん)にして勝概を究むこと難く、婦女子の探勝には布曳滝までとす、

今日、琵琶滝まで遊歩道が整備され、急な上り下りも少なく婦女子も楽に探勝できるが、当時は踏み込みがたい地であった。四十八滝入口にある延寿院は役小角が開いたと伝える古刹で、本尊に不動明王、脇仏に役小角を祀る。役小角が修行中、この不動明王が赤い目の牛に乗っていたとの伝説があり、それが地名「赤目」の由来になったという。赤目四十八滝は修験道の開祖である役小角の修行地の一つであり、山岳信仰の聖地でもあった。その聖地礼拝は、その後も不動滝を参拝する「滝参り」の信仰として受け継がれてゆく。やがて霊気漲る聖地が観光の場所に変わっていった、とみてよいであろう。

もう一つの「赤目瀑香落渓案内」（大正一五年～昭和二年、新美南果画、赤目瀑香落渓保勝会発行）〈図10〉を見よう。赤目四十八滝と香落渓を俯瞰する鳥瞰図があり、これも名古屋市の澤田文精社名所図絵ポスター印刷部が刷っている。発行年がないが、伊賀鉄道が伊賀電気鉄道に社名変更（大正一五年一二月一九日）後のものである。その一週間後が昭和改元であり、昭和二年九月の購入日付がペン書きされているため、昭和初年のものと思われる。「近時激増せる遊覧者の為めに其概要を記して参考に資せんとす」と発行の趣旨を記しており、探勝者が急増していることがうかがえる。

鳥瞰図は名張から南を望む構図で、中央に名張の街、右に赤目四十八滝、左に香落渓を配置する。「伊賀香落峡奇景赤目四十八滝」（大正一四年）の絵図に比べて、より立体的に描かれているのが特徴である。行者滝から布曳滝までの渓谷沿いに二つの橋が架かり、不動滝と千手滝の橋の袂に茶店らしき建物が見える。布曳滝までは渓谷沿いに足を進めそうであるが、それより奥は深山幽谷の滝といった感じの絵柄である。

各容姿を異にし飛瀑は悉(ことごと)く潭(ふち)を有す仰げば奇崖(きがい)天に柱し俯せば渓流碧珠(へきじゅ)の如く思はず壮観を叫ばしむ。（中略）山麓に休憩所、喫茶店、旅館対泉閣ありて一宿し枕頭(ちんとう)に河鹿

〈図9〉上2点・右「伊賀香落峡奇景赤目四十八滝」（大正14年11月、岩名正治郎画発行者、伊賀鉄道名張駅香落峡案内所）

の金鈴を聴き静寂なる野趣を味ふも亦妙なるべし。

滝はそれぞれ形が違うがいずれも潭淵がある。そそり立つ岩山、みどり深い青色の水の色と、すばらしい眺めに思わず叫び声をあげそうだ、と叙述する。休憩所・喫茶店は、橋の袂に描かれた建物であろう。対泉閣に一泊して河鹿の声を聴いて自然の趣を味わうのは何ともいえない、と泊りがけの旅に誘う。

（四）香落渓

香落渓は、口香落と奥香落に分かれる。口香落は晦淵から小太郎落までの約八km、奥香落は小太郎落から奥の奈良県曾爾村にかけての約八kmを指す。香落渓は、伊賀・大和二国にまたがる渓谷であり、小太郎落付近の落合橋が国境にあたる。口香落が切り立った渓谷であるのに対し、奥香落は谿がひらけて山村集落が点在するおだやかな風景に変わる。

〈図10〉上・下「赤目瀑香落渓案内」（大正15年～昭和2年、新美南果画、赤目瀑香落渓保勝会）

今一度「伊賀香落峡奇景赤目四十八滝」（大正一四年）の香落渓に目を転じよう。このパンフレットは口香落を扱っていて、名張駅から青蓮寺川を八km遡ると、香落橋にさしかかる。ここから口香落の景勝がはじまり、絵図に晦淵から小太郎落にかけて一五の名所（澗水）を描く。山々に赤茶色の採色があるので、紅葉に染まる季節をイメージしているのであろう。この案内文を見よう。

> 香落峡は十五の澗水に分つ（中略）全長二里水と嵓、嵓と樹、水は澄徹にして嵓は奇なり。渓流曲折の青蓮寺川の両岸に対峙する山は、峻崖峭壁にして秀麗なり。紺碧の水は奇岩怪石の間を流る春は岩躑躅、棣棠咲き満ちて、鶯、河鹿、杜鵑、鳴く声を競ふ、秋は壁立の奇嵓の間楓樹枝葉を垂れ紅葉錦繍を装ひて水の色を変ず、

清冽な水、秀麗な峻崖峭壁、季節を彩る樹木が織りなす風景美、それが香落渓の魅力であった。とりわけ、雨後の瀑布の懸水は白布を垂れるようで輝きを添える、とも述べる。

再び「赤目瀑香落渓案内」（大正一五年～昭和二年）を見よう。鳥瞰図は青蓮寺川右岸から西を望む構図で、右手に晦淵、左手に小太郎落を配置する。青蓮寺川左岸には鬼面岩・夫婦岩・天狗柱嵓など峻崖峭壁の柱状節理の岩肌が連続する。まさにこの景観こそ、香落渓を特色づけるものであろう。緑の山の頂が紅に色づいているから、紅葉がはじまりかけている頃の光景であろう。

> 名張川の上流に沿ひ両岸山迫り奇岩怪石全山に屹立して断崖をなす渓間崖上つつじ山吹多く春時全山を色採り秋季は楓樹満山に錦を織る（中略）全渓自動車を通ずるも中間より小太郎落岩迄徒歩に依りて鑑賞するを有意義とす……

「奇岩怪石全山に屹立して断崖をなす」、これは鳥瞰図の絵柄そのものである。季節の草木についてはすでに述べたとおりである。渓谷沿いの県道八一号は狭く、今日、徒歩によって観賞するにはやや危険を伴う。渓流沿いに遊歩道が整備された赤目四十八滝は、新緑や紅葉の季節になると多くのハイキング客が訪れるが、探勝路が未整備の香落渓は、今はドライブで楽しむといったところであろうか。いずれも、山水美の絶景が味わえる。

第三章　琵琶湖から若狭湾へ

一、琵琶湖遊覧と大津

（一）琵琶湖遊覧

古くは淡海乃海・鳰海と呼ばれた琵琶湖は、風光明媚の地として知られた。琵琶湖南部の名所を中国の「瀟湘八景」になぞらえて撰んだ「近江八景」は、風景というよりかむしろ文学的情景として人々の心に印象づけられた。戦後、国定公園の指定が始まると、琵琶湖はわが国最初の国定公園に選ばれた（昭和二五年）。

昭和初期、琵琶湖に「島巡り」「八景巡り」の湖上遊覧があった。それらを旅行案内書から見ていこう。琵琶湖に浮かぶ島を巡航しながら途中数多の名所を眺めるのが「島巡り」である。

> 船は浜大津解纜、唐崎の松（出帆後約十分）、比叡山、坂本、三上山（約二十分）、堅田の浮御堂（約三十五分）、近江舞子（一時十分）、白鬚神社（一時二十五分）、竹生島（二時二十分）、多景島（三時五十分）、沖の白石（四時五分）、奥島、沖島（四時四十分）、長命寺（五時五分）が眺められ、航程約一三〇粁、竹生島には約五十分間、長命寺には約一時間停船して参詣に便し、近江舞子には夏季約三十分間停船する。（『日本案内記』近畿篇上、昭和七年）

約七時間半の乗船で、船内には食堂・売店・浴室・娯楽などの設備が整えられていた。就航期間は三月一五日～一一月一五日の毎日で、翌週の土日も運行した。もう一つの「八景巡り」は次のコースをとった。

> 浜大津を発して南に向ひ、右舷に粟津の松原を望み、瀬田唐橋の下を経、石山寺付近を過ぎ、南郷洗堰に至りて引返し、瀬田川を遡って湖上に出で、矢橋、三上山、比良山、堅田の浮御堂、坂本、唐崎の松、三井寺等を見て、浜大津に帰着する。（同右）

観音霊場の石山寺や浮御堂がある堅田に約三〇分間上陸し、乗船時間は「島巡り」より短い約五時間半であった。就航期間は「島巡り」と同様で、太湖汽船の遊覧船が就航していた。

明治一五年設立の太湖汽船は琵琶湖船運に力を発揮するが、沿岸航路は東海道本線全通（明治二二年）以後しだいに鉄道に旅客を奪われていく。明治四三年、太湖汽船は神戸・大阪・京都各駅―竹生島間で省線との連帯輸送を開始し、遊覧船事業に力を注ぐようになった。

この湖上遊覧を「琵琶湖周遊竹生島詣り」と題して紹介するのが「琵琶湖遊覧御案内」（大正一五年、吉田初三郎画、太湖汽船発行）〈図1〉である。表紙の絵柄は遊覧船に手を振る二人、ハンカチを手にした三つ編みの少女は着物姿、帽子を被ったもう一人はセーラー服姿である。この表紙絵に漂う空気は、同じ初三郎描く「小田原急行鉄道沿線名所案内」（昭和二年、観光社発行）の表紙と似ている（前著『日本の観光』168頁）。鳥瞰図は琵琶湖を西に望み、左手に大津、右手に塩津を配し、湖中に沖島・多景島・竹生島が浮かび、背後に比叡山の四明ヶ岳や比良山の山並みが連なる。浜大津には太湖汽船会社があり、遊覧コースのみならず沿岸航路も示す。また瀟洒な遊覧船、みどり丸と竹生島丸が絵に楽しさを添える。琵琶湖を俯瞰するのに最適の一枚である。このような冒頭文がある。

風光の明媚は今更申上げる迄もなく春ならば紺碧の湖にせまる峯の新緑霞の帳（とばり）分けて笑ふ花の風情夏は月よし水の上袂（たもと）を払ふ涼風に暑さを知らず秋は妙（たえ）なる錦繍（きんしゅう）も及ばぬ島の蔦紅葉、殊に竹生島、長命寺、白鬚明神辺りの紅葉の美観沿湖各地の茸狩に狩猟に四時興の尽る時もなく、冬は雪に云ひ知れる秀麗な眺めがあります。

このように琵琶湖沿岸の四季の楽しみを挙げ、「琵琶湖周遊竹生島詣り」に誘う。当時、太湖汽船は、みどり丸（定員四〇〇人）をはじめ大小一二艘の遊覧船を所有していた。とりわけ、みどり丸は、英国皇太子殿下（エドワード）来遊（大正一一年）の際に御召船として建造された豪華船で、船内の模様を紹介する。

△広濶にして華麗な特等室及並等室には夫々（それぞれ）「ラウドスピーカー」を備付けて音楽を奏し芸人を乗組しめて余興を演ぜしめる外名所史蹟は詳しく御説明申上ます

△出帆入航の際は元より航行中も本船専属のバンドは勇壮な音楽を奏して興を加へるのみならずベンチ及オーニング等完備せる広濶な遊歩甲板の設けがあります

芸人を乗り込ませ余興を演じさせるとは、現今のクルーズ船さながらである。出航・入航の際は専属バンドが賑々しく音楽を奏でるのは、琵琶湖にしてはいささか大げさではないか。船室や食事についても触れる。

> △団欒の欒を擅になされるよう和風並に欧風の家族室数室を設けて御家族並に御招客の便に備へてあります
> △完備せる料理室の設備があって御用命に応じ新鮮な御食事御酒肴の御需に応じます外売店を設け御酒其他の飲料は特に低廉に差上ます

「琵琶湖周遊竹生島詣り」は、午前一〇時に大津湖岸太湖汽船桟橋を出航し、七、八月は竹生島・近江舞子に寄港、その他の季節は竹生島・長命寺に寄港し、午後六時半大津に帰着した。大阪天満・京都三条から京阪電車との連絡券や鉄道省との船車連絡券が発売されており、大阪三越や京都大丸でも切符を取り扱っていた。ほぼ同時期にビューローのクーポン式遊覧券販売開始（大正一四年）があり、遊覧旅行が普及しはじめた頃の時代の空気が漂うパンフレットである。

（二）湖南の名勝地を巡る

太湖汽船は「島巡り」「八景巡り」において、湖畔の石山寺・三井寺・坂本などへの遊覧に焦点を当てた、湖南の名勝地案内の「石山と坂本」（年代不明）〈図2〉も発行している。発行年代はないが、「島巡り」に京阪丸（昭和三年建造）、「八景巡り」に明治丸・大正丸・平安丸（いずれも大正一五年建造）を就航させているので、昭和三年以降と思われる。表紙は黒煙を吐いて琵琶湖を往く遊覧船、大津から北に琵琶湖を望む簡略な鳥瞰図を載せる。冒頭文を見よう。

> ジャズとビルディングとスピードの目まぐるしい都会生活から逃れて、浮世はなれた「近江八景」の畔に、のんびりと青い湖の色を御覧下さい。古典雅麗な風景の美しさ。軽快な汽船サーヴヰスの心地よさ！　どなたの日記にも、この湖上ピクニックは楽しい追憶の華となって永く美しく彩られることでせう。

ジャズ・ビルディング・ピクニックと、当時流行の言葉をちりばめた誘い文である。また、日記好きといわれる一昔前の日本人の姿があらわれた一文でもある。浜大津を発着する汽船は、三井寺付近・石山寺はもとより、石山寺から宇治川を下って南郷の洗堰まで通っていた。ここでは石山寺と三井寺を取り上げよう。

> 石山寺は西国十三番の札所、秋の名月は近江八景の一です寺内には名の通り奇岩が多く春は霧島、秋は楓の名所です。堂内源氏の間は紫式部が源氏物語を著はした所として見逃しの出来ないもの、月見台のあたりより青流瀬田の俯瞰は夢にみる美しさでせう。

〈図1〉上2点・下右「琵琶湖遊覧御案内」（大正15年、吉田初三郎画、太湖汽船）

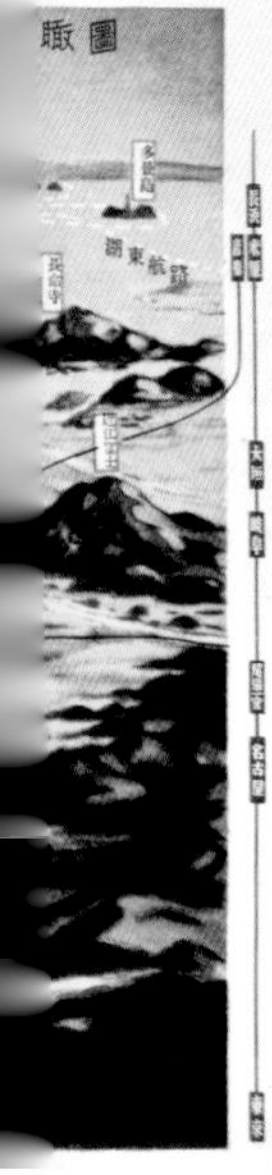

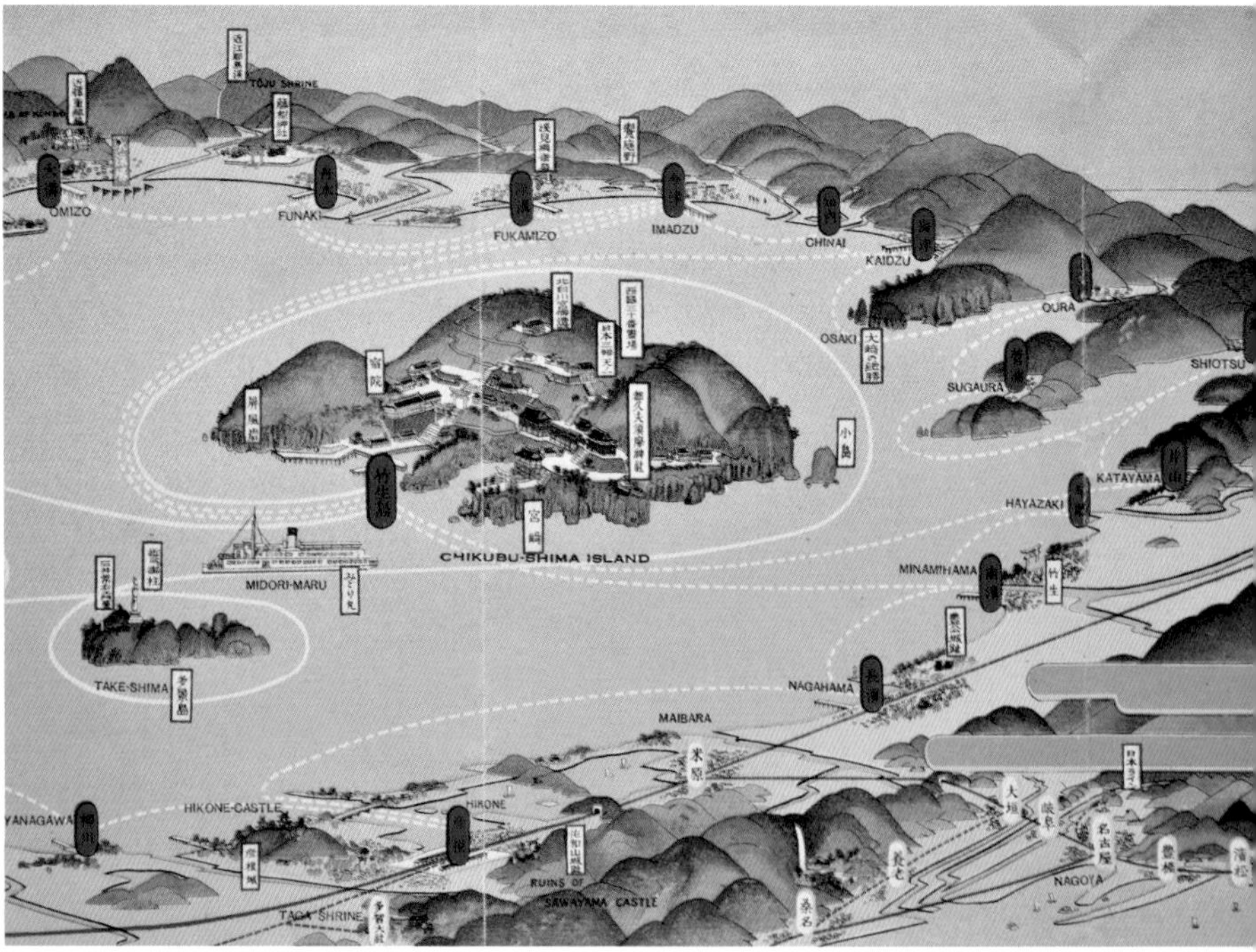

〈図2〉下「石山と坂本」（年代不明、太湖汽船）

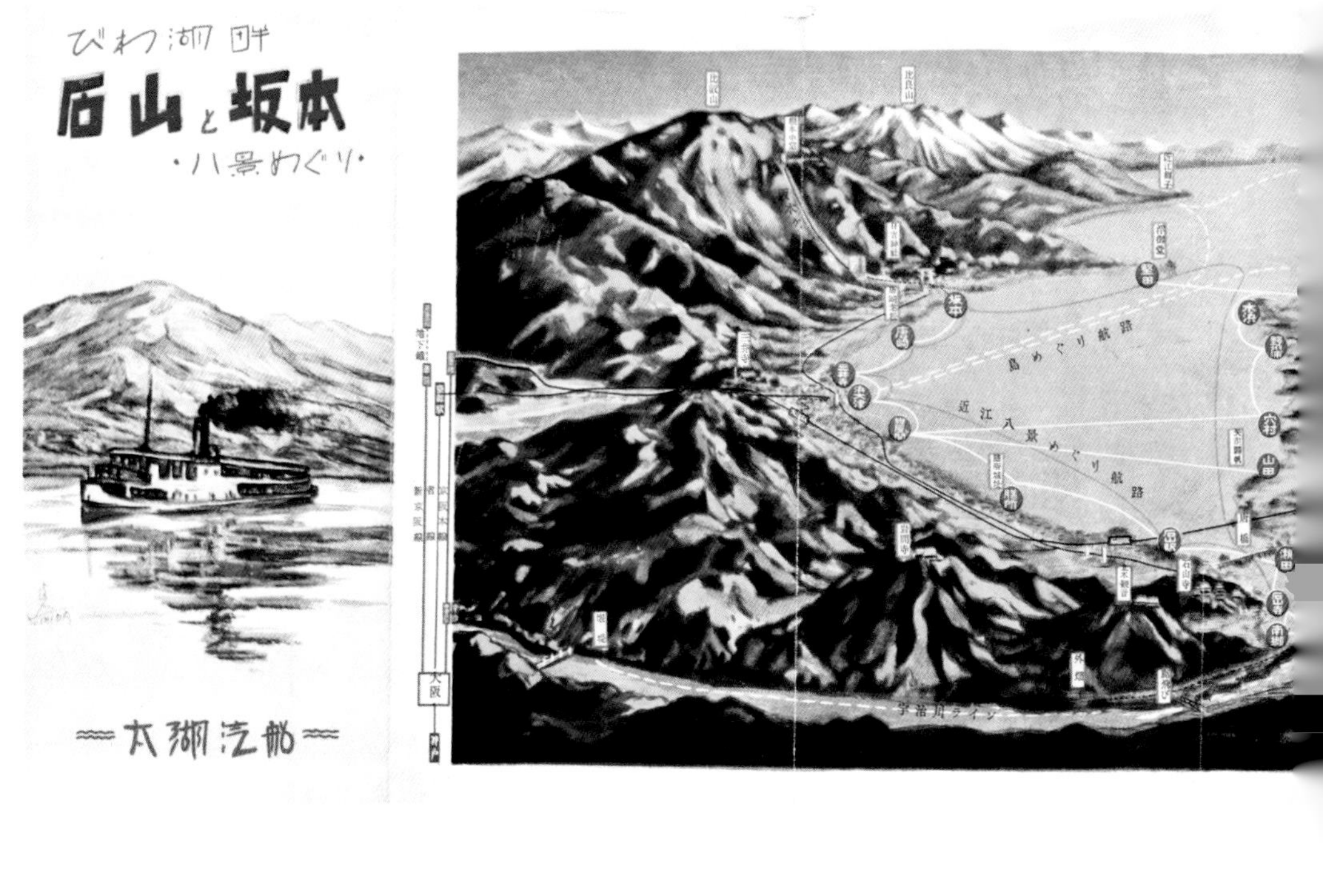

八世紀半ば東大寺開山の良弁が開いたと伝えられる石山寺は、西国第十三番札所の観音信仰の霊場である。また、「石山秋月」で知られる八景のひとつで、ツツジや紅葉の名所でもあった。当時、境内の月見台からの眺めはよく、「勢多（瀬田）夕照」（八景）で名高い優美な唐橋も見渡せた。

石山寺に参詣すると、硅灰石が露わになった境内に観音堂などの諸堂がたたずむ姿に、まさに「石山」を実感する。月見台からの眺めは木立が遮り、当時とは異なる。次いで三井寺である。

三井寺は大津市の西、長等山に壮大な伽藍を誇る。西国十四番霊場で琵琶湖を一望の下に眺め得る。境内には円満院、金堂、弁慶の鐘がある。八景の一つだ。

七世紀に大友氏の氏寺として創建された三井寺（園城寺）は、天台寺門宗総本山である。九世紀に円珍が再興し、平安時代以降、皇室・貴族・武家などの信仰を得て繁栄するが、やがて延暦寺との抗争を繰り返して今日にいたった。三井寺もまた西国第十四番札所の観音信仰の霊場である。

観音堂裏山に登ると、比叡山・比良山の山なみを背後に琵琶湖がひらけ、眼下に浜大津の町並みがひろがる。檜皮葺の金堂を中心とする広大な伽藍に静寂な空気が漂い、金堂前に「三井晩鐘」（八景）で知られる巨大な鐘楼が建つ。京都岡崎に創建され江戸初期に現在地に移った円満院は門跡寺院の格式を誇り、風雅な庭園がある。大津の由緒ある二大寺院は庶民信仰に支えられるとともに、遊覧地としての風光に恵まれていた。

（三）坂本ケーブル

昭和二年、比叡山鉄道線（坂本ケーブル）坂本―叡山中堂間が開業する。琵琶湖畔の坂本から天台宗総本山である延暦寺に向かうケーブルカーの開業は、比叡山を庶民にとって親しみやすい遊覧の山に近づけた。「比叡山遊覧のしほり」（昭和二年～、比叡山鉄道発行）〈図3〉は、表紙に山中を往くケーブルカーを描く。発行年代はないが坂本ケーブル開業後のものであろう。表題に「比叡山遊覧」とあるように、これまで近寄りがたかった清浄域に観光目的の遊覧客を誘うパンフレットである。このような案内文がある。

延暦寺は日本の宗教史庫であり関西の絶勝である。京都に遊ぶものの見おとしてならない霊域勝地である。数年以前迄は此の大比叡山の崇高と神秘と清浄とは親しく羊腸の嶮路を攀ぢる者のみの随喜であって老幼婦女にとっては唯あこがれの霊域であった、ところが近代文化の余沢は今この山にも押寄せて山麓坂本及京都の両側からケーブルが開通又山上には、最新式の空中ケーブル架設され参拝者にとっては非常に便利になった。

ケーブルカーができたため、近年比叡山に参拝する者が激増し、春秋の彼岸や法要には日に数万人の参拝客が大挙して押し寄せる、と感慨深げに記す。また延暦寺でもこれらの参拝者のために宿院を増築して希望者には宿泊させている、との記述も見える。昭和初期の観光旅行ブームにより、修行の場である比叡山の清浄域が大きく変わりつつある姿が目に浮かぶ。もちろん、ケーブルカーの魅力についても触れる。

> ケーブルは変化に富む渓谷を縫ふて敷設され車内よりの展望実に壮麗絵の如く、四季折々の眺めに特趣を副へてゐる。殊に山上の叡山中堂駅の眺望は、全く筆舌の及ぶ所でない。洋々たる琵琶湖は静かに、しかも麗かに眼下に展開してゐる。右手は滋賀の旧都を距てて粟津の青嵐、瀬田の唐橋、月の石山、左手に堅田の浮御堂、比良の暮雪等近江八景は手に取る様に見える。近代文化の喧騒を離れて此の詩趣に浸る時何人も坂本ケーブルは日本唯一の詩境であり、関西勝地の展望台であることを痛感するであらう。

ケーブルカー終点の叡山中堂駅から眺めると、琵琶湖は静かに水を湛え、うららかに広がりを見せる。また、近江八景を挙げ、都会から離れて詩的な味わいに浸るのもよい、とその魅力を説く。

この坂本ケーブルは、大阪鉄道局や名古屋鉄道局管内の主要駅をはじめ、京阪電車・太湖汽船・江若鉄道・京都電燈・叡山電鉄線と連帯運輸をおこない、遊覧参拝者の便を図っていた。

（四）大津

古くは近江大津宮が営まれ、古代から琵琶湖の湖上交通の要として繁栄した湖南の県都が大津である。琵琶湖北岸の塩津などから船積みされた北国の物資が大津に集まり、京・大坂に運ばれた。一六世紀後半の一時期、浜大津に大津城が築城されたが間もなく廃城となり、一七世紀初頭に城は市街地東方の膳所に移った。そして江戸時代の大津は、東海道の宿場、琵琶湖水運の港町として生き続けた。

大津とその周辺の様子は「大津」（昭和一〇年六月、吉田初三郎画、大津市観光課・大津観光協会発行）〈図4〉から知ることができる。表紙は硯石と筆を前に十二単を纏う女人、背後に湖上の月の絵柄で、秋月で知られる石山寺とゆかりの紫式部をイメージしたものであろう。鳥瞰図は石山寺東方の大日山付近から北西を望み、左手に三井寺、中央に石山寺を置いて大津の町並みを大きく描き、右手に長浜・伊吹山を配す。背後に比叡山や比良

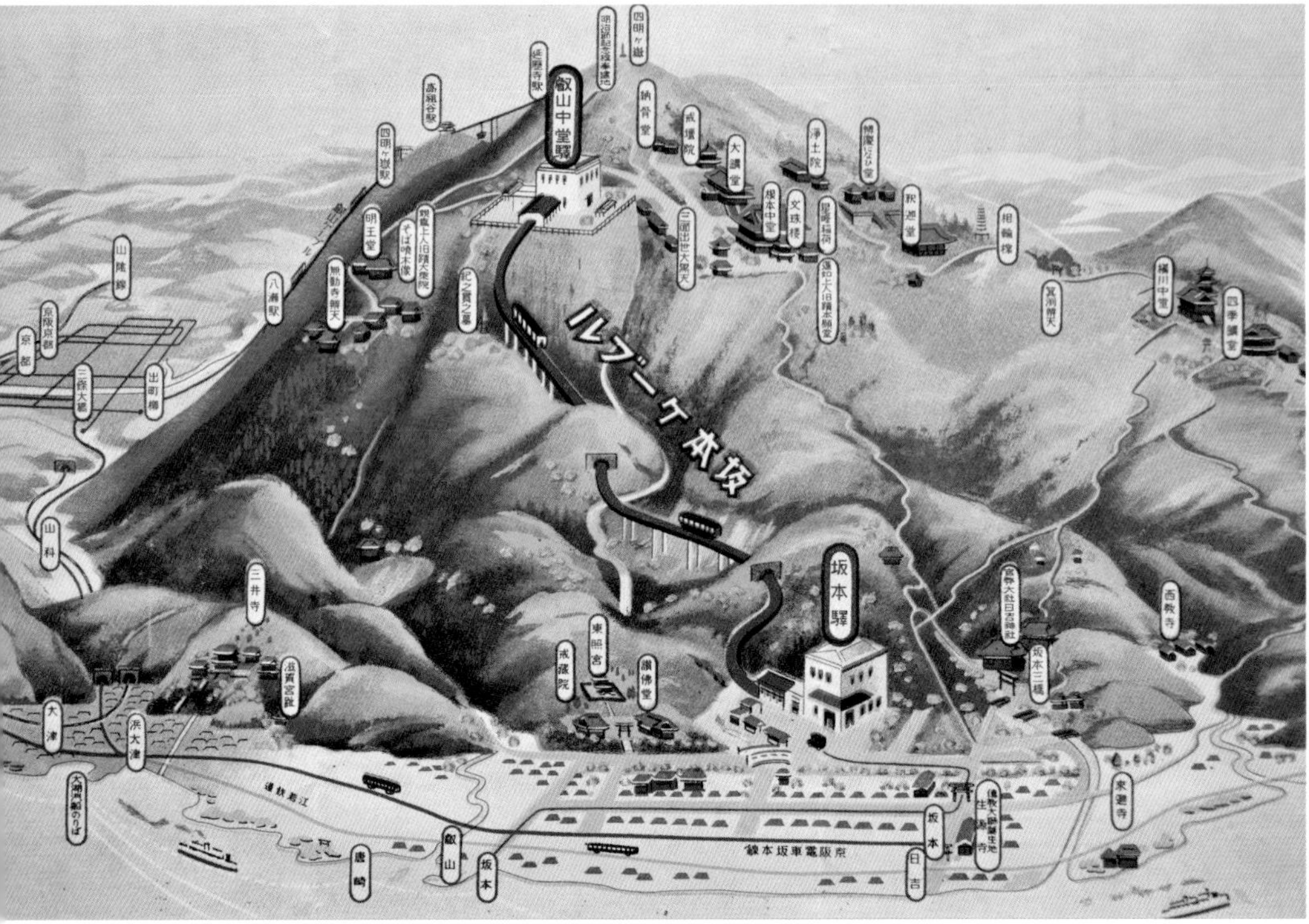

四明ヶ嶽
延暦寺駅
叡山中堂駅
高祖谷駅
四明ヶ嶽駅
納骨堂
戒壇院
大講堂
浄土院
釈迦堂
根本中堂
文殊楼
相輪樘
三面出世大黒天
横川中堂
四季講堂
山陰線
京阪京都
京都
三條大橋
出町柳
八瀬駅
明王堂
無動寺辯天
紀之貫之墓
坂本ケーブル
山科
三井寺
滋賀宮趾
大津
浜大津
大湖汽船のりば
江若鉄道
唐崎
叡山
坂本
東照宮
戒蔵院
讃佛堂
坂本駅
坂本三橋
西教寺
来迎寺
日吉
京阪電車坂本線

坂本
日吉
比良山
石山

〈図4〉上・下「大津」
（昭和10年6月、吉田初三郎画、
大津市観光課・大津観光協会）

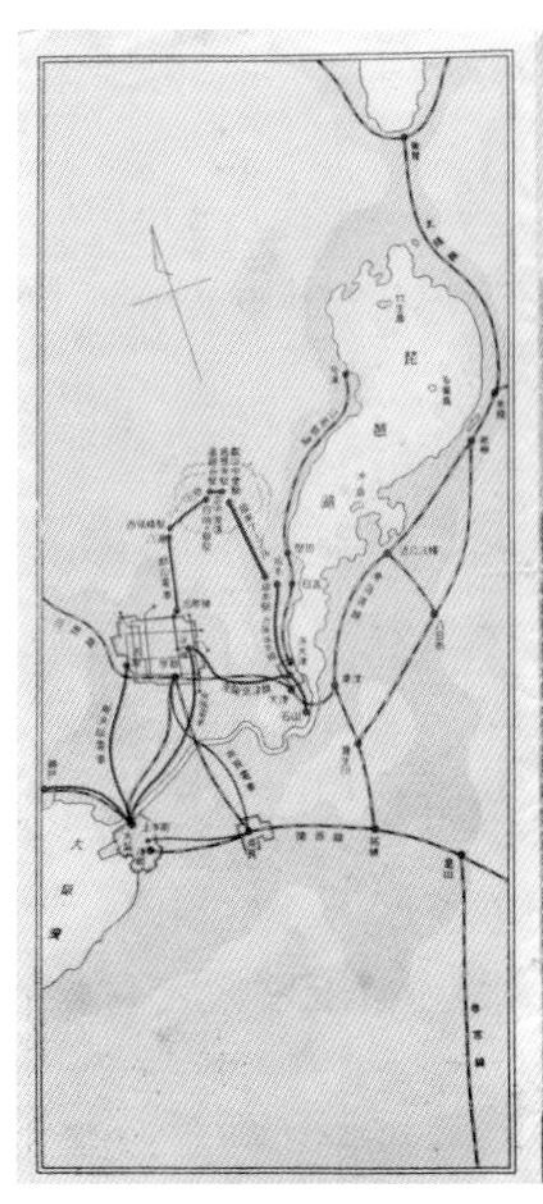

〈図3〉上・右「比叡山遊覧のしほり」
（昭和2年〜、比叡山鉄道）

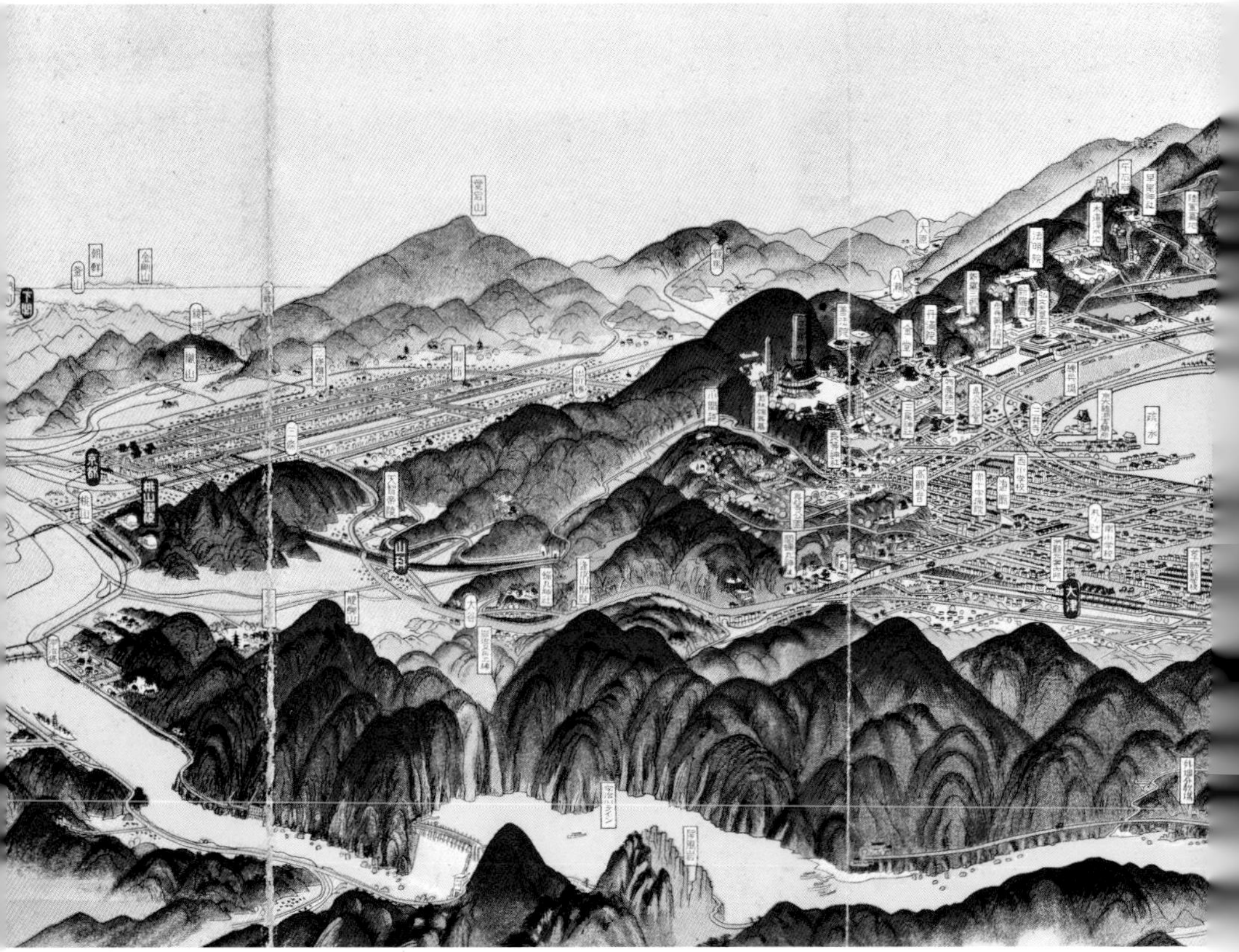

山の山並みが続き、左下に琵琶湖が瀬田川・宇治川となって流れる。赤い短冊で示す石山寺と三井寺は大津を代表する名所であることは前述した。また、粟津・瀬田・矢橋・唐崎・堅田・比良山にピンクの短冊がついているが、これらは近江八景の地である。昭和初期も引き続き近江八景が観光名所として強く意識されていたことが伝わる。

琵琶湖畔には、市街地北の柳ヶ崎と膳所に水泳場が見える。また、柳ヶ崎の南や野洲川河口の洲崎に琵琶湖特有な漁法である魞(えり)漁の仕掛けも描く。大津市街地は浜大津を中心に市役所・商工会議所・郵便局・裁判所が集まり、大津駅東に県庁・裁判所・女子師範学校がある。市街地南東部に膳所があり、湖畔の膳所城址周囲に膳所中学校・師範学校・女学校などが建つ。琵琶湖の水は瀬田から流下する。瀬田の唐橋を過ぎると川の畔に石山寺が建ち、南郷の洗堰を経て宇治川ラインとなる。これまた琵琶湖を俯瞰する見事な一枚である。「季節の大津」と題して大津市周辺での楽しみが紹介されているので抜粋する。

四月　長等公園桜の会、花に水に一年を通じて最も人出の多く賑ふは此月

五月　京都帝大ボートレース、勇壮快絶のボートレースと新緑の植木市が催される

六月　清流に沿ふた南郷、石山の湖畔の蛍狩、風流を兼ねた一日の清遊は都会人士を喜ばす

七月　柳ヶ崎膳所両水泳場開設、全国高専優勝競漕大会、魞掻(えりかき)赤野井湖岸、新堀湖岸、入道雲青波に映える時水に親しむ行楽こそ又となき慰安である

八月　全国中等学校優勝競漕大会、西部日本ヨット選手権大会、石山煙火大会、水に起き水に暮るる湖上の快漕こそ若人ならずもよき思出となる事だらう

九月　関西選手権ボート競漕大会、石山、三井寺仲秋観月会、さえ渡る仲秋の満月、そよ吹く風に湖畔の逍遥こそは湖国の持つ大きな魅力であり他に求め得ぬ趣がある

十月　南郷、石山、浅井山、藤尾の松茸狩、日本晴に友相呼ぶエコー遠く湖上に消える壮快、一日の清遊を特にお勧めする

十一月　石山、坂本、三井寺の観楓

琵琶湖を眼前に控えた大津では、ボート競漕大会やヨット選手権大会などのスポーツ行事が風物詩となっていた。また水辺の蛍狩りや琵琶湖特有の魞漁の様子も紹介する。昔の魞漁は竹の杭と竹の簾から作った魞を二月に立てて、七月頃まで漁をして鮎の産卵期に入ると魞を崩した。「魞掻」とは竹の簾で作っ

た魞のツボに落ち込んだ魚を水揚げする作業を指す。今は一一月から魞を立てており、昔と漁期がずれている。大津では水辺の楽しみを中心に取り上げてみよう。まず柳ヶ崎水泳場である。

毎年市設水泳場を開設する水の清冽なこと設備の整ってゐること水陸交通の至便なること等淡水水泳場として他にその例の無いものである、広く京阪神に知られ毎年来遊者十万人を超過する殷賑振りを示してゐる、昨年より此の地に国際観光の琵琶湖ホテルが出来てから頓に開発せられた。

京阪神から湖水浴客が押し寄せた柳ヶ崎水泳場は、戦後も高度経済成長期まで賑わっていたというが、琵琶湖の水質悪化により平成三年に閉鎖を余儀なくされた。「水が清冽」とは昔語りである。柳ヶ崎は、外国人観光客を誘致する国策によって鉄道省国際観光局の肝いりで琵琶湖ホテルが創業（昭和九年）するほどの地であった（平成一〇年浜大津に移転）。もう一つの膳所水泳場（御殿浜水泳場）は、膳所城址南の瀬田川河口近くに開設された。大津市東部の水泳場として盛んに利用されていたこの水泳場も今はなく、跡地は大津湖岸なぎさ公園（平成一〇年竣工）となった。ありし日の水辺の情景が鳥瞰図から蘇る。

石山寺から宇治川を下った南郷の洗堰も観光名所の一つであった。琵琶湖と淀川の水量調節を目的に作られた洗堰（明治三七年竣工）周辺は、キャンプ地として京阪神の人々に知れ渡るとともに、厄除け祈願で有名な立木観音も近くにあった。その下流の宇治川ラインも遊覧地として有名で、志津川ダム（大正一三年竣工、昭和三九年天ヶ瀬ダム完成により水没）の湖で舟遊びがおこなわれていた。

また、大津と京都を結ぶ山中越ドライブウエイ完成（昭和九年）により、ドライブが新たな遊びとして登場した。これは、田ノ谷峠・山中峠を越えて京都白川へ出るルートで、県道三〇号に当たる。当時、この道を家族連れで歩き、ハイキングやピクニックを楽しむ人たちがいたことも案内文にあらわれる。大津は、琵琶湖や古刹を巡るほか、キャンプ・ドライブ・ピクニック・ハイキングといった当時流行しはじめた新たな遊びができる場所を周囲に控えた地であった。

二、湖東・湖北の街

（一）城下町彦根

琵琶湖北東部には彦根・近江八幡・長浜などの個性的な街が点在するが、これらの街を取り上げてみよう。彦根は、江戸時代に彦根城が築城され、佐和山城から移り住んだ井伊家の城下

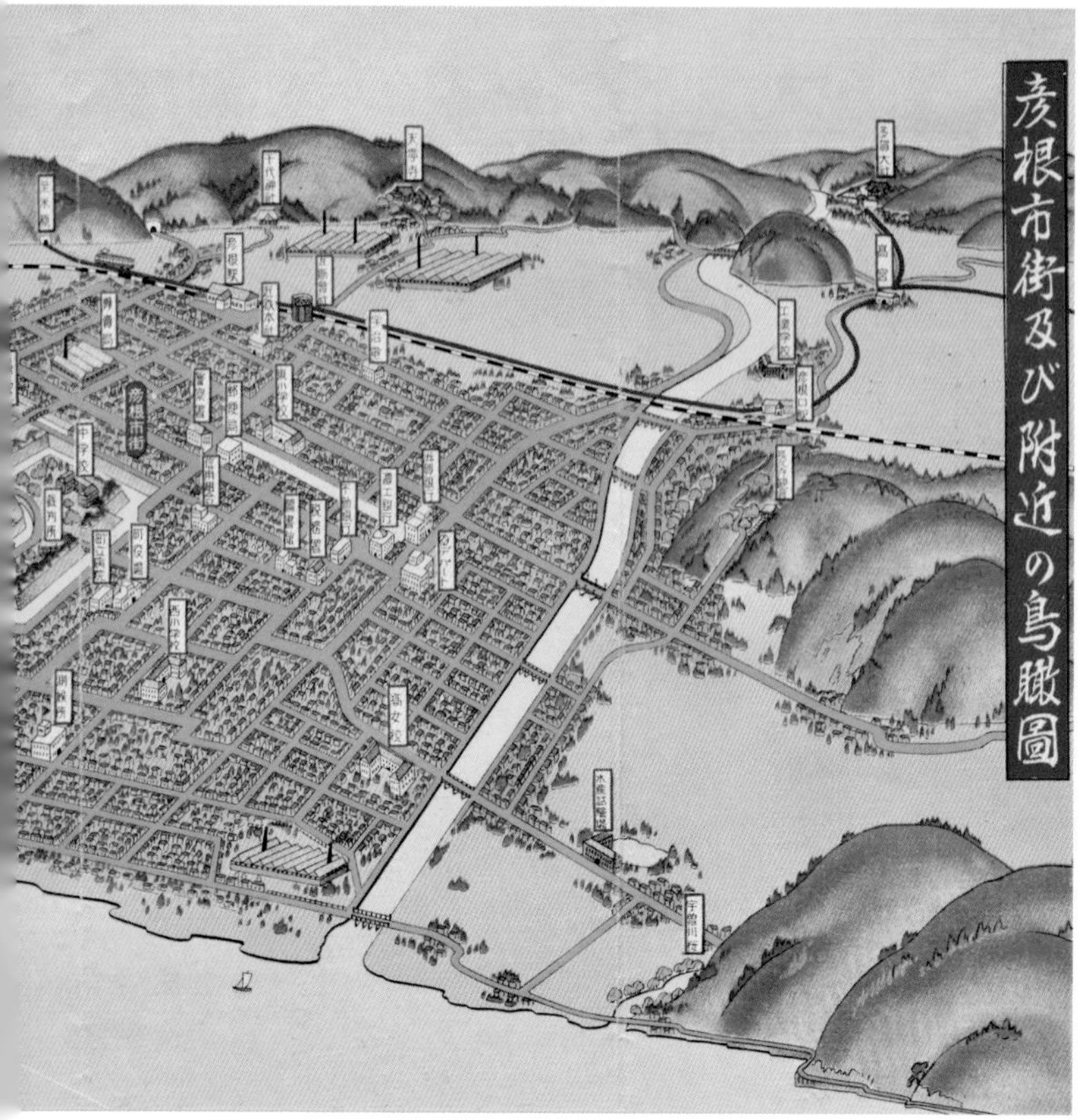

〈図5〉上2点「彦根案内」
（年代不明、彦根町役場）

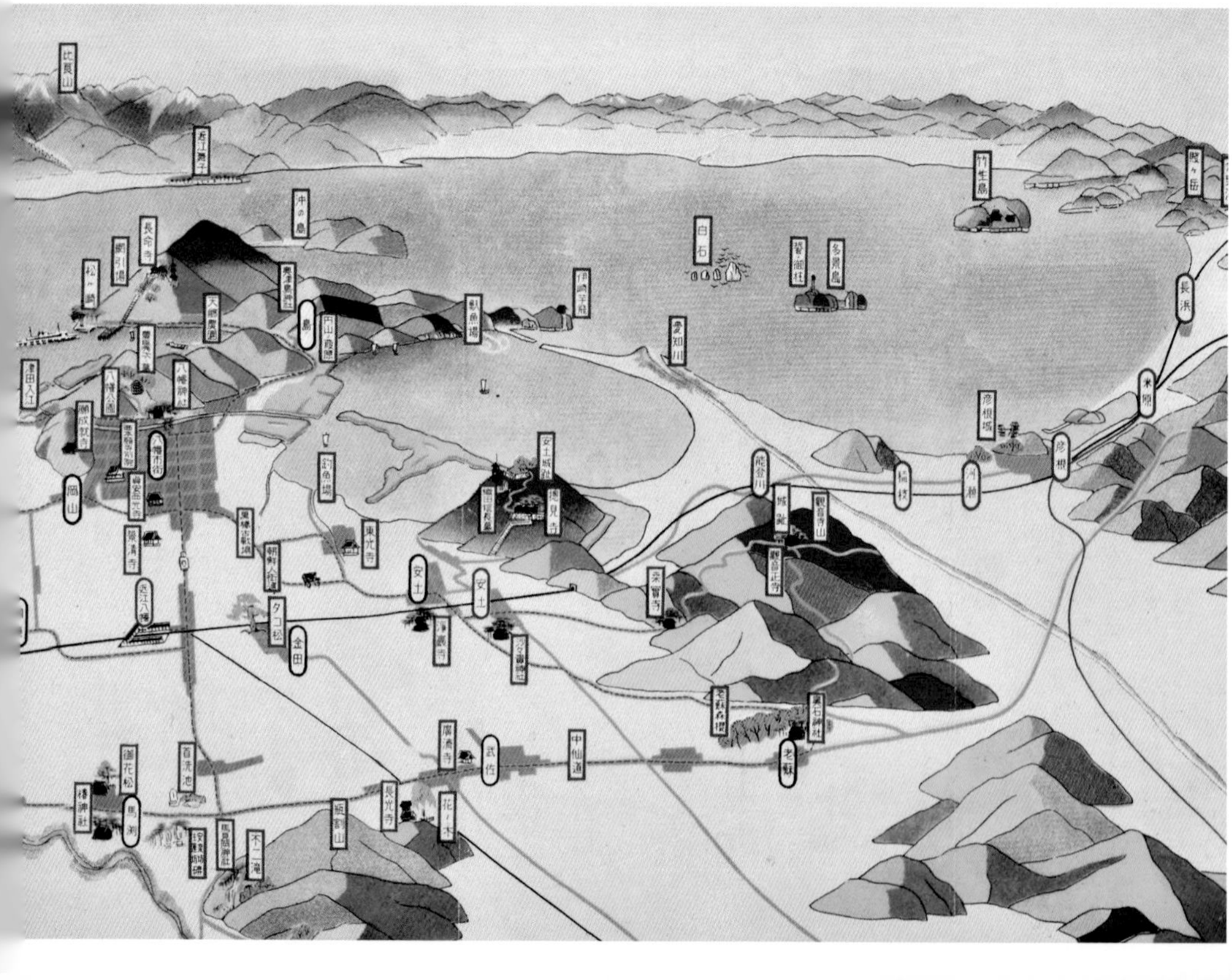

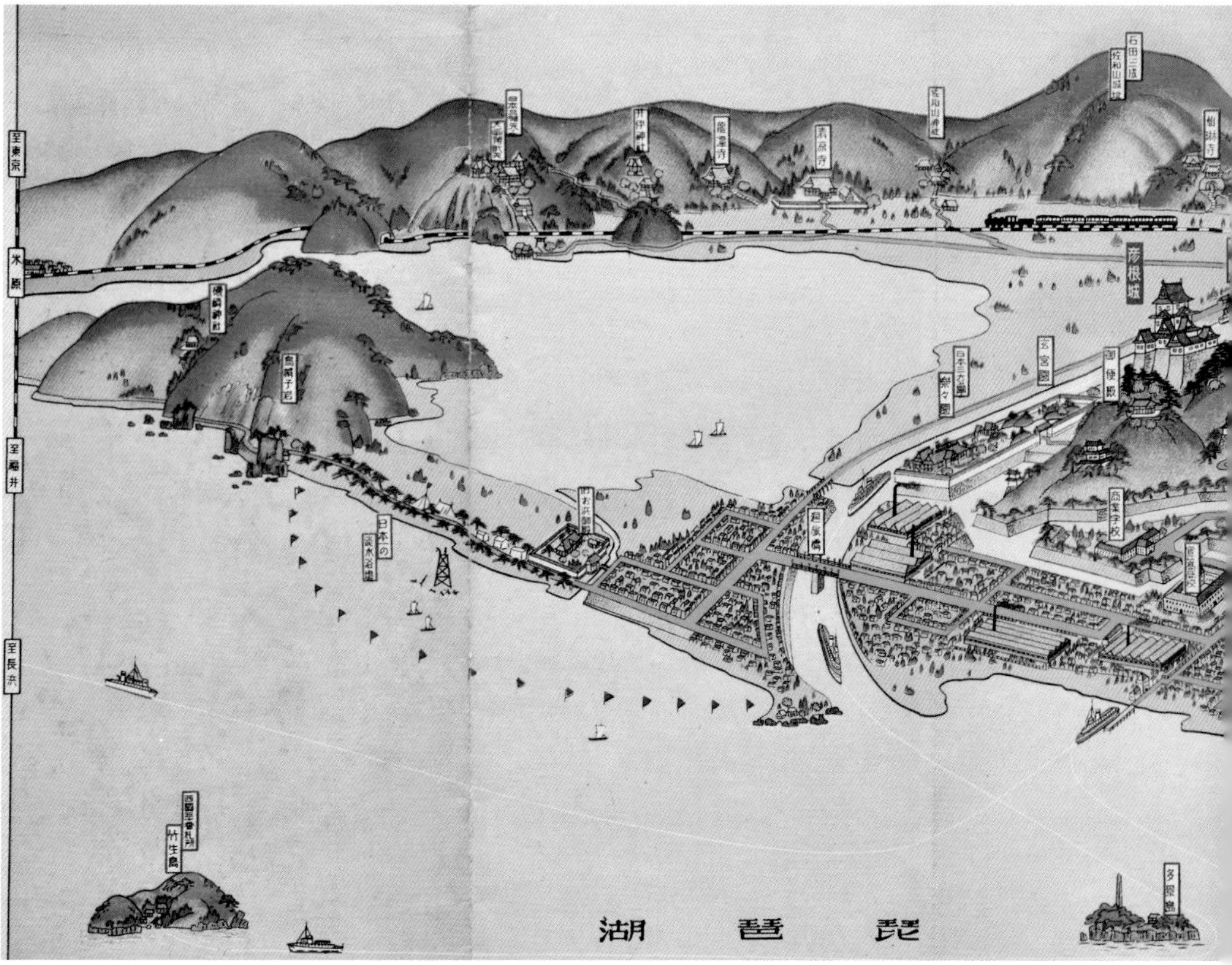

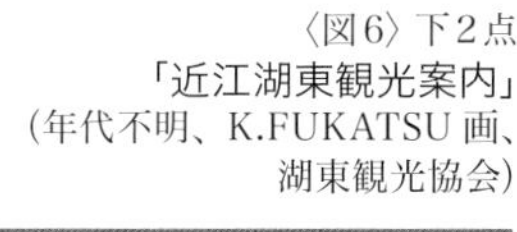

〈図6〉下2点
「近江湖東観光案内」
（年代不明、K.FUKATSU 画、
湖東観光協会）

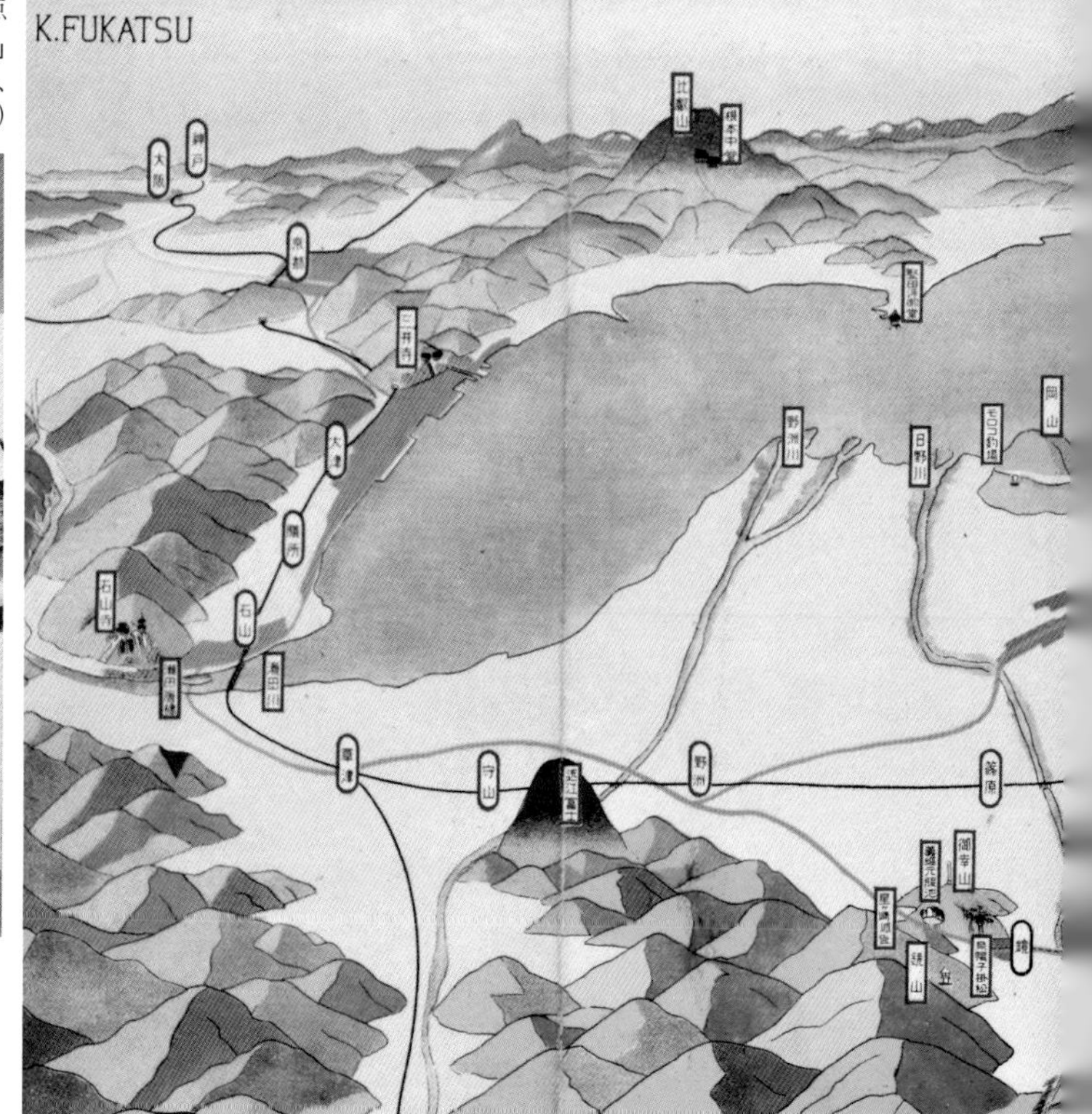

町として発達した。琵琶湖畔の彦根山（金亀山）に築かれた彦根城（国宝）は、西国の外様大名に睨みを利かせる役割を担った。

湖畔に聳える彦根城と城下町の姿は、「彦根案内」（年代不明、彦根町役場発行）〈図5〉から手に取るようにわかる。鳥瞰図は琵琶湖から東に彦根城とその城下を望み、背後に佐和山城址が見える。左手（北）に松原内湖が広がるが、この内湖は干拓により戦後まもなく消滅した（昭和二三年）。城下の右手を流れるのは芹川で、内堀と中堀に囲まれた彦根城の姿がよくわかる。江戸時代の「彦根城下総絵図」（天保七年〈一八三六〉）には、松原内湖に通じる外堀が描かれているが、鳥瞰図は琵琶湖に注ぐ内湖跡の水路と、油懸口御門から高宮口御門にかけての外堀の一部を描くに過ぎない。外堀の大半が明治以降埋め立てられた。彦根城と松原内湖跡の水路に挟まれて旧彦根藩主の庭園・玄宮園や下屋敷の楽々園がある。沖に多景島が浮かび、松原内湖の湖岸一帯は松原水泳場になっており、水辺の街の情景が伝わる。なお、松原内湖埋立地を利用して設置された滋賀県立彦根総合運動場（昭和一四年）はまだ描かれていない。「彦根名勝地誌」と題する案内文を見よう。

> 湖岸には湖東汽船の設備成り竹生島、多景島、大溝、大津、間定期航路あり交通の至便にして史蹟に富み山紫水明四時の眺望絶佳なること真に絶好の遊覧地として適せり

東海道本線彦根駅があり、草津に通じる近江鉄道の起点でもある彦根は、陸上交通に加えて湖上交通の便に恵まれた地であった。史跡も多く、清らかで美しい風景の彦根は極めてよい遊覧地である、と述べる。彦根の代表的な見所が彦根城である。

> 天主閣に攀れば大湖の展望を此処に聚むるの観あり、特に中秋の月明、晩春の残雪の壮観に至っては近畿に冠たり

彦根城に皇太子時代の大正天皇や英国のコンノート殿下が訪れて風光を観賞されたこと、公園内に井伊大老の銅像が立つことなども併せて紹介する。

天守閣に登ると、東に佐和山城址が見え、北東眼下に玄宮園・楽々園を俯瞰し、伊吹山も遠望できる。北に目を移すと琵琶湖がひらけ、まさに湖岸の水城を実感する。次いで玄宮園である。

> 内湖より水を引きて池を湛へ橋を架し泉石の布置近江八景に模せるものなり、亭屋の建造妙を極め一幅の画園の如し

松原内湖から水を引き込んだ庭園は、近江八景を手本にして作庭し、園内の建物も極めて優れており絵のようである、と称える。玄宮園は、当時、すでに公園として公開されており、園内に料亭があった。

玄宮園から仰ぎ見る天守閣の雄姿は、庭園の一景として味わ

いを添える。玄宮園に隣接して井伊直興（彦根藩四代藩主）が下屋敷として江戸初期に造成した楽々園もある。

> 槻御殿の称あり、然れ共旧態の存するは十分の一にも及ばず、書院の奥小丘山の亭を楽々と謂ひ数寄を凝し古雅掬すべきものあり、雅人の杖を曳くもの多し。

欅材で建築された御殿は規模が縮小されたものの、御書院の奥に「楽々」という数寄を凝らした建物が残っていた。風流人が多く訪れたとあるが、当時、楽々園は料理旅館を営んでいた。

現在、御書院から渡り廊下で連なる地震の間・雷の間・楽々の間などの別棟が庭園に面して建っている。この槻御殿が楽々園と呼ばれるようになったのは、楽々の間を増築した江戸後期のことで、文化一二年（一八一五）に直弼がこの御殿で誕生している。槻御殿西方の湖岸に、風光明媚な松原水泳場がある。

> 琵琶湖一の遠浅、松原海岸は淡水の遊泳場として正に日本一である、文字通りの松原海岸は延長約一里　奇勝磯崎の烏帽子岩に連り遊泳設備万端整ひ風光明眉の理想的水泳場である

「海岸」と表記するが、湖岸であろう。鳥瞰図を見ると、磯崎神社が祀られた小山から砂浜が細長く延びる。砂浜の西は琵琶湖、東は松原内湖である。小山の下に烏帽子岩があり、砂浜の一筋の道に松並木が続く。松並木の中に白いテントが見えるが、キャンプを楽しむ人たちだろうか。砂浜の一角に旧彦根藩下屋敷の「お浜御殿」が建ち、その情景から湖畔の爽やかな空気が伝わる。松原水泳場は、今も京阪神や中京からの遊泳客で賑わう。

（二）近江八幡とその周辺

琵琶湖東岸、八幡山の麓に近江八幡の町並みが発達する。天正一三年（一五八五）、豊臣秀次が八幡山城を築き、城下町としての歴史がはじまる。間もなく秀次は尾張清洲に移封となり、高野山で自害する。八幡山城に京極高次が入城したものの築城一〇年で廃城となった。その後の八幡は、近江商人が居宅を構える地として発展する。八幡や五箇荘・日野・高島を根拠地とした近江商人は、まずは行商で身を起こし、やがて関東や東北・北海道などに進出して商売を営む。そして商いが成功すると郷里から人を呼び寄せ、ともに店を盛り立て発展させた。

八幡山に登ると、琵琶湖に注ぐ八幡堀を隔てて南に、碁盤目に区画された町並みが一望できる。また、昔、琵琶湖水運で賑わった八幡堀新町浜から南に一筋に伸びる新町通りを歩くと、風格ある近江商人の居宅が続き、見越の松が町並みに風情を添える。

近江八幡とその周囲の風景は「近江湖東観光案内」（年代不明、湖東観光協会発行）〈図6〉の鳥瞰図に描かれている。水色の琵琶湖と内湖、黄色に彩色された近江平野に点在する緑の小山、集落や山影を紫に染める独特な色づかいである。画面左上にK. FUKATSUと作者と思われるサインがあるが、人物の来歴は不詳である。あいにく発行年代を知る手がかりはない。鳥瞰図は瓶割山付近から北西に琵琶湖を望む構図で、左手に大津、中央に近江八幡、やや右に安土城址、右に竹生島・賤ケ岳を配す。八幡山背後の山には西国第三十一番札所の長命寺があり、その向こうに沖島が浮かぶ。湖岸を見ると、市街地西（左）に岡山という小丘があり、その下が水茎ヶ岡水泳場となっている。長命寺山北東の伊崎には魞漁場も見える。

この鳥瞰図で注目すべきは、琵琶湖の内湖がいくつも描き込まれている点である。戦後の干拓（昭和三二年～三九年）で姿を消した琵琶湖最大の内湖である大中の湖が愛知川河口から長命寺山の東にかけて広がり、愛知川河口から延びる砂州が琵琶湖と内湖を区切る。ほかにも八幡市街地東方の西の湖、それに続く弁天内湖、伊庭内湖が安土城址の北に水を湛える。さらに岡山の南麓にも今は消滅した水茎内湖が見える。案内文を見よう。

> **名勝としては霊利長命寺湖国随一の眺望を誇る安土八角平或は画聖巨勢金剛すら筆硯を投捨てたと伝へらるる水茎ヶ岡又の名を筆捨ヶ岡と称し何れも文人墨客の旅情を慰むるに充分であり尚潮来にも比すべき水郷円山の舟遊は情緒纏綿たるものにしてこれ等変化に富んだ一日の清遊は蓋し湖東にしくものはなからう。**

近江八幡周辺には、長命寺や安土城址八角平からの眺めや、九鬼氏の城砦であった水茎ヶ岡（岡山）から望む琵琶湖や水茎内湖の風景など詩情豊かな風景が広がっていた。とりわけ水茎ヶ岡からの眺めのよさは、古い話ではあるが、大和絵の始祖とされる巨勢金剛が筆を投げ捨てたほどだという。さらに、長命寺山東の円山から内湖の水郷情緒を楽しむ舟遊びもあって、楽しみは尽きなかった。この水郷巡りは今も続いている。

近江八幡の主な見所は、八幡山城址と日牟礼八幡神社である。八幡山城址には苔むした石塁が残り、麓の日牟礼八幡神社には西村太郎右衛門奉納の絵馬がある。「安南国渡航の掛額は当時近江商人海外雄飛の俤を歴然と現わし其の雄図を雄弁に物語る好史料である」と、絵馬を紹介する。西村太郎右衛門は、江戸初期の鎖国前に安南（ベトナム）に渡り、巨利を得たという近江商人である。鎖国後の正保四年（一六四七）、太郎右衛門は「安南渡海船額」を郷里の日牟礼八幡神社に奉納するが、この絵馬をめぐり諸説があった。一つは安南から帰国したものの鎖国ゆえ上陸を認められずやむなく絵師を船に呼び寄せて活躍の姿を描かせたというもの、もう一つは日本には帰らず安南から日本の絵師に注文して描かせたという説である。太郎右衛門について「最近学会の問題になって居る」とも記すが、大正期の川島元次郎による朱印船貿易史の研究を指すのであろう。

近江八幡の景勝地として、水茎ヶ岡・松ヶ崎・沖島を挙げる。前述した水茎ヶ岡は「山紫水明、展望極めて佳良（かりょう）で、古より詩歌等に詠ぜられること頗（すこぶ）る多く」と、山上からの眺望を称え、古来、歌枕として知られた。北に琵琶湖、南に水茎内湖を控える水茎ヶ岡は、湖中に浮かぶ小島のような姿をしていたことが鳥瞰図から読み取れる。水茎内湖岸は近江八幡随一の水泳場でもあった。戦後、水茎内湖は埋め立てられ（昭和二六年）、風景は一変した。

長命寺下の湖岸に突出する岬である松ヶ崎は「巨岩は琵琶湖中に散点し怪石自ら磊落（らいらく）として布置されてあり其間老松の枝水面に垂下して真に天下の絶景である」と、その風景を愛でる。沖島は大網引き・魚釣り・舟遊びなどの好適地であった。大網の時期は四〜七月で、鯉（こい）・鮒（ふな）・鱒（ます）・ニジマスを捕った。八幡―長命寺間に定期船が出ているほか、沖島・水泳場・安土などに向けて貸切の発動機船もあり、近江八幡は水郷情緒豊かな地であった。

（三）長浜

湖北の長浜は、天正の初頭（一五七三〜）、羽柴秀吉が今浜と呼ばれていた地を長浜に改め、城を築いて城下町を整備したことが起こりという。ところが長浜城は数十年で廃城となり、その後の街は北国街道の宿場、湖上交通の港町として生き続けた。長浜の姿は「近江長浜案内」（昭和六年〜一一年、新美南果画、発行不明）〈図7〉から知ることができる。発行年代はないが、「近時彦根との間に電動車の往復ありて、連絡は甚だ便利になった」の記載から、電気式ガソリン動車の運転開始（昭和六年一一月）以降、また後述する理由から昭和一一年までのものと考えられる。発行元はないが、湖畔から伊吹山を望む表紙の下欄に白地の空欄があり、そこに長浜観光協会のスタンプが押してある。印刷は名古屋市の澤田文精社で、配布元を限定しないパンフレットとして制作したものであろう。なお空欄の枠を瓢箪と五三の桐で飾るが、長浜ゆかりの秀吉の馬印・千成瓢箪と、信長の家臣時代の家紋である。

鳥瞰図は琵琶湖から東に市街地を望み、背後に伊吹山が聳え

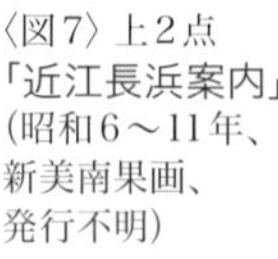

〈図7〉上2点
「近江長浜案内」
（昭和6～11年、
新美南果画、
発行不明）

〈図8〉下2点
「わかさ小浜」
（昭和8年12月、
吉田初三郎画、
小浜町役場）

南果

湖

正林庵
北川
古津
西津公園
西津小学校
若狭塗生産地
西津幼稚園
中学校
西津役場
西津海水浴場
児島
雲浜小学校
雲浜役場
裁判所
水産学校
小浜神社

る。琵琶湖は左手に湖北の葛籠尾崎、右手に大津を描き入れるもののデフォルメされており、画面に長浜市街地を大きく描く。湖岸の長浜城址は桜の多い豊公園となっている。長浜城址南（右）が長浜港で、船入に面して太湖汽船会社や、明治天皇行在所となった慶雲館が建つ。長浜城址背後（東）は長浜駅で、船入から水路が駅近くまで延びる。長浜港と長浜城址間の湖岸は水泳場である。長浜港から竹生島へ、また湖北の塩津・菅浦・今津への航路も描く。市街地は碁盤目に町割がなされて掘割を巡らすが、城下町の名残であろう。市街の東に八幡神社が鎮座し、街中に大通寺が伽藍を構える。市街地中央に長浜町役場があり、周囲に長浜信用組合をはじめ数々の金融機関が集まり、縮緬同業組合もある。案内文を見よう。

縮緬と、曳山祭で名高い長浜。琵琶湖の幅最も広い東北涯に位して、東には伊吹の高嶺を負ひ、西は浩渺たる烟波に臨みて、竹生島は近く、遥かに、奥・沖・多景の諸島比良・比叡・三上山までも眺められる。湖国の大観は独り我長浜の恣にするところである。

浜縮緬の産地として知られた長浜は、八幡神社祭礼の曳山が有名である。湖国（滋賀県）を広く見渡すには長浜が思いのままであり、湖北の中心地として商工業が発達する、と述べる。記述は曳山の出る祭礼に力を注ぐ。

毎年十月十五日挙行される八幡神社の祭典で、世に有名な曳山狂言と太刀渡式が催される。（中略）十五日早朝社前から順次に狂言を奉納して御旅所へ着く迄に途中五回。此の間沿道には桟敷を設けて見物する昔からの慣例である。これに集ふ遠近の群集は数万を数え、鉄道省では臨時列車を増発する等、実に徹宵の賑ひである。狂言は各組々の小児が演じ、その妙技を誇り合ひ衣装比べに力を入れる。

現在、四月に開催される長浜曳山祭は、昭和一一年まで秋の例祭におこなわれていたのであった（発行年代の手がかりの一つ）。早朝から狂言を奉納とあるが、曳山を所有する山組の男児が演じる「子ども歌舞伎」を指す。長浜には一三基の曳山があって、うち一二基の曳山（毎年四基ずつ巡行）において子ども歌舞伎が演じられる。残り一基は太刀を飾る曳山（毎年巡行）である。曳山前方の舞台で子供が演じる狂言は昔から有名で、祭には遠近から人々が群参し、臨時列車を増発するほどであった。

曳山は何れも楼閣造りで朱黒に塗られた柱梁には名工の彫金を配し之に五彩の帳幕を垂れたもので其の見送りの中に古渡りのゴブラン織が五枚もあるのは、世界に誇るに足るものである。

子ども歌舞伎が演じられる曳山は船型の猩々丸を除いてすべて二階建てで、一階が舞台と楽屋、二階にシャギリ（囃子）を奏でる亭を頂く。唐破風や千鳥破風を備えた曳山の屋根は御殿風の造りになっていて、まさに楼閣といった姿である。曳山の見送り幕は鳳凰山・翁山の一六世紀ベルギー製の飾毛綴（国重文）ほか中国伝来のものを含めて豪華なゴブラン織り（綴織り）が少なくなかった。華麗な曳山もさることながら、祭りの魂を子どもたちに伝えようとする長浜人の心意気もまた素晴らしい。

長浜城址と付近の湖岸一帯は人びとの集う場所であった。明治四二年、長浜城址は公園として整備された。

> 丘陵を作り泉池を穿ち、桜樹数千本を植えたが、湖水が前面にあるので自然と人工の調和もよく眺望も亦勝れている。桜は何れも成長して老木となり、四月の中頃から一帯は花の海と化し、花見客を以て塡める。

長浜城址を整備し、琵琶湖の眺望がよい新たな桜の名所が生まれたのである。公園では、夜は数万の電燈を点じて夜桜を楽しみ、昼夜ともに花見の人々が群集した。また、隣接する長浜港から夏期に納涼船が出るほか、貸しボート・屋形船・釣船などもあって、湖岸一帯は長浜の遊覧地として賑わいをみせた。長浜もまた、水辺の魅力溢れる街であった。

三、若狭湾の城下町と名勝

（一）城下町小浜

若狭湾東部の小浜湾に臨む城下町・小浜（福井県）は、古来、若狭国の中心地であり、国分寺跡・若狭彦神社・若狭姫神社などの史跡・古社寺が点在する。また、鵜の瀬の「お香水」が東大寺修二会（お水取り）に用いられるなど、奈良と深いつながりをもっていた。さらに、日本海産の鯖が若狭から近江・京都に送られる一方、この「鯖街道」を通じて都の文化の影響を早くからうけていた。城下町・港町として発展した風光明媚な小浜は、近くに景勝地の蘇洞門などもあって、一帯は若狭湾国定公園に指定（昭和三〇年）されている。

「わかさ小浜」（昭和八年一一月、吉田初三郎画、小浜町役場発行）〈図8〉は、若狭湾に臨む小浜の町並み、蘇洞門を詳細に描いた鳥瞰図が見ものである。手前に蘇洞門を置き、若狭湾から南東に街区を望む構図で、小浜の町並みが画面いっぱいに展開する。

小浜の町並みは、背後に多田ヶ嶽や後瀬山などの山並みを負い、海辺に広がる。北川と南川に挟まれた海辺の一角が小浜城址で、石垣を築いた天守台が見え、本丸一帯は小浜神社境内になっている。小舟が何艘も停泊する南川河口は、小浜漁港として利用されている。小浜城址の右手、小浜公園の岬にかけて城下の町並みが延びる。後瀬山の山麓に八幡神社が鎮座し、小浜公園にかけての山裾に寺院が点在する。町並みのほぼ中央、小浜町役場をはじめ公会堂・小浜商工会などが集まる一帯が、市街地の中心である。小浜公園付近の街はずれに小浜遊廓があり、今も弁柄格子の茶屋が忘れられたようにたたずむ。小浜城址の左手に若狭塗主産地の西津の町並みが広がる。

海岸に白鬚・鈴鹿・雲浜・西津の四つの海水浴場があり、町並みから岬を越えた先にも二つの海水浴場が見え、海辺の大半が海水浴場として利用されている。北川上流、鵜の瀬にかけての谷に若狭姫神社・若狭彦神社・神宮寺・万徳寺、山を隔てて明通寺などの古社寺が集まっているが、小浜郊外は古くからの文化が息づく地である。「遊覧探勝の栞」を見よう。まずは小浜城址である。

> 河と海とを以て要害とし宏壮の規模を示したが明治九年廃毀され、城内は大部分市街地となって、現在は天守閣址と本丸址を存するのみである。（中略）天守台は街の中央に位する絶好の展望所である。

北川・南川・海を天然の要害とした城址の姿や、若狭湾や小浜の町並みの眺めの良さは鳥瞰図から一目瞭然である。関ヶ原の戦いの後、川に挟まれた三角州に京極高次が築城した小浜城は、その後酒井家の居城となり明治を迎えた。明治初年、小浜城は大阪鎮台第一分営設置工事の際に出火・焼失し、残った天守閣も売却・撤去されて本丸跡に酒井忠勝を祀る小浜神社が建立されて今日にいたった。本丸跡にわずかに石垣と神社を残し、城郭の多くは市街地と化したのである。

小浜の見所は北川上流の史跡・古社寺が中心で、その来歴に案内文の多くを割くが、市街地の眺望地点として小浜公園・後瀬山・天ヶ城を紹介する。一例に小浜公園を取り上げよう。

> 山上から俯瞰した水陸の眺めも美しい山を降り或は埋立広場から臨海遊覧道路を行けば足下に岩礁の美を賞しながら真珠浜に達する。白砂の磯に奇岩あり怪洞あり遊覧者、浴客の興趣を唆るに充分である。（中略）公園の西南に接して小浜遊廓があり妓楼四十余戸、紅燈の下絃歌が湧く。

小浜公園は、山海の自然美を採り入れた眺めの良い公園である。岬の先に真珠・勢浜の二つの海水浴場があって、そこも遊覧客が逍遥する地であった。また、公園に接する小浜遊廓の四十余りの妓楼が妖艶な雰囲気を漂わせていた記述も目を引く。街はずれの一角は、遊興の地であった。

市街地の海岸はどこでも海水浴に適したが、白鬚・鈴鹿の二海水浴場は町営であった。ほかに雲浜・西津の浜辺もそれぞれ海水浴場として利用された。小浜の海辺は、海に沈む落陽、点々と明滅する漁火など詩情をそそるところであった。

小浜湾内には双児島・児島などの島々が浮かんでいる。老松が茂る双児島は、魚釣りや貝掘りなどに終日遊ぶ人がいた。児島は小浜市街地の眺めがよく、料亭や児島遊園地を設けて清遊する客を迎えていた。潮の香漂う若狭の小京都、その清気が画面いっぱいに広がる鳥瞰図である。

(二) 蘇洞門

約六kmにわたり断崖が続く小浜の内外海(うちとみ)半島の景勝地が蘇洞門で、国の名勝に指定(昭和九年)されている。再び「わかさ小浜」(昭和八年)を見よう。左手に久須夜ヶ岳(くすやがだけ)があり、半島先端に山稜が延びる。半島の日本海側は断崖絶壁が続き、白い岩肌が露わになっている。その白さは、花崗岩の岩肌である。断崖には海食洞や奇岩怪石が連続し、流れ落ちる滝も幾筋か見える。鳥瞰図には、「文部省指定天下名勝地蘇洞門」と赤い短冊を付すが、厳密には指定前年の図である。見所二八か所を黄色の短冊で示すが、現在の蘇洞門巡りの観光案内図の見所一九か所よりも多い。唐船島・碁石浜・夫婦亀岩・白糸の滝・百畳敷・大門・小門・吹雪の滝・千畳敷・白石黒石は、当時も今も共通する見所となっているが、いくつかの見所の名は消え去り、新たに加わったものもある。なかには獅子岩がライオン岩という風に呼び名を変えたものもある。大門・小門・大滝(白糸の滝)は、江戸期の絵図「紙本着色小浜城下蘇洞門景観図巻」にも現れ、古くからの名所であった。案内文を読もう。

奇岩怪洞相並び、直立数百尺の岩壁、底知れぬ洞窟、帆を立てて通ることの出来る洞門あり白糸、吹雲(ママ)の瀑を始め小瀑布その間を飾り、岩上には潮風に晒された老松繁茂して美を添へ、その豪壮、雄大、男性的な自然の美は筆舌や写真の尽し得る所でない。

大門・小門は背の高い洞窟で、舟が帆を立てて通ることができるほどだ、と誇る。小門の右手に流れ落ちるのが白糸の滝、大門の左手が吹雪の滝である。花崗岩の痩せ地に根を張る老松が風景に彩りを添える。

蘇洞門の遊覧時期は、四月~九月上旬頃までで、北西風で波浪の高いときを除き小浜や西津の海岸からモーターボートが出ていた。距離は市街から海上約八km、双児島をはじめ湾内の景勝を賞しつつ蘇洞門に達した。この蘇洞門巡りは、今もフィッシャーマンズワーフから遊覧船が出ており、日本海の風波に削られた断崖の絶景を楽しむことができる。

四、丹後宮津と天橋立

（一）宮津

若狭湾西部、丹後半島の根元にある城下町・宮津（京都府）は、日本海の良港として知られ、天橋立の遊覧基地として文人墨客が訪れた街でもある。一帯は、丹後天橋立大江山国定公園に指定（平成一九年）されている。

宮津を中心とする丹後地方の姿は「宮津橋立名所図絵」（大正一二年、吉田初三郎画、坂根栄正堂発行）〈図9〉に詳しい。案内文は、宮津をはじめ天橋立、大江山と元伊勢、丹後半島伊根など広域に記述が及ぶ。鳥瞰図は若狭湾から西に宮津湾を望む構図で、左半分に宮津市街地、中央に宮津湾、右上に丹後半島、右下に栗田半島・由良・舞鶴などを配す。

山に囲まれた宮津の市街地は、宮津湾に注ぐ大手川左岸を中心に発達し、右岸には宮津駅があるが人家はまばらである。河口から二つ目の橋が大手橋で、宮津駅周辺が宮津城址である。宮津港には二つの桟橋が描かれていて、一つは市街地にある橋北汽船桟橋、もう一つは市街地東はずれの今はなき新設大桟橋である。宮津港から朝鮮半島の清津（チョンジン）に向けての外国航路も描く。橋北汽船（大正七年設立）は、丹後海陸交通（昭和一九年設立）の前身となる会社の一つで、この図が描かれる一年前の大正一二年に桟橋前に社屋を新築したばかりであった。今もその木造二階建ての建物が残っている。橋北桟橋から天橋立を経て丹後半島伊根の日出（ひで）・平田・亀島などに沿岸航路が延びる。橋北汽船桟橋近くの新浜は遊廓地である。市街地地先に島崎遊園があり、街中の桜山天満宮境内は桜山遊園、秋葉神社境内が亀ヶ岡遊園となっている。案内文を見よう。

前には天然の良港をひかへ、後には翠色滴（すいしょくしたた）る大江山の連峰をめぐらし、日本三景の随一天の橋立は、近くその優美な姿を横（よこた）へて居る。（中略）湾中に一の障碍（しょうがい）なく、いかなる風波にも港内安静、まことに天成の良港である むかし、北国米を大阪に運んだ船は、必ず此所に寄港して天候を待ったもので、『縞の財布が空になる』繁昌を見たものである。

江戸時代、北前船が寄港して風待ちをした港が宮津である。「♪二度と行くまい丹後の宮津、縞の財布が空になる……」、これは、宮津節の一節である。江戸後期の天保一三年（一八四二）に港付近に置かれた新浜遊廓などでの船乗りや商人の散在の様子を唄ったものであろう。近代に入った明治二六年に宮津は特別輸出港に指定、同三二年には商港に定められ、朝鮮航路も開かれた。大正一三年、宮津線が開業して陸上交通の便も整えられ、街は賑わいをみせる。当時、宮津は約二千二百戸を数えた。

> 宮津の市街は、この港に沿うて立ち、夜間に海上から望むと、龍宮不夜の水都とも見える。停車場から新設の大道路を進み、大手橋を渡ると、すぐ本町に出る　市街商業殷賑(いんしん)、遊覧の客常に群衆し、奥丹後第一の都会である。

これは、宮津駅開業間もない頃の記述である。海上から見た宮津は不夜城の如くとは、新浜遊廓の賑わいを指すのだろうか。ほかにも、島崎遊園西の海辺に老舗旅館・清輝楼が高楼を構えており、宮津節に唄われた世界が大正期も続いていたのではないかと思わせる。遊覧客が群集というのは、鉄道開通に関係するのだろう。海辺の情景は、このようにも紹介されている。

> 宮津は、海でもつ夏の都である。天橋立の砂浜、島崎の遊園、ともに理想に近い海水浴場で、水は清く、砂は白く、天下の絶景に浸っての遊泳気分は、何とも云へぬ、それに物資は豊かに、娯楽機関はそなはり、魚は生きて料理はよし、実に日本海第一の避暑地、海水浴場といってもよい。

市街地浜辺にある島崎遊園は、夏期には町営の海水浴場が設けられた。白い砂浜が続くこの海水浴場から宮津湾が一望でき、一文字を引く天橋立の眺望もひとしおであった。市街地のやや高みを帯びた地にある桜山・亀ヶ岡両遊園はともに桜の名所で、宮津湾を俯瞰できる場所である。夏の夜、亀ヶ岡遊園では宮津踊がおこなわれ、人々が見物に訪れた。宮津の風物詩として送り盆の精霊流しの燈籠船も紹介する。

> 町内の各戸から、藁船にのせた紅燈が、海岸に運ばれる。闇の幕が静かに海をとざして来るのを待って、沖合の船から合図の花火が揚(あが)って、流星の尾を引く。忽(たちま)ち幾千の紅燈に火が点(つ)き、孤形の海岸十数町の海に浮んで来る。（中略）見る間に、海岸一帯は、幾千紅燈の火の海と化する。沖合からは盛んに花火が揚がる。爆竹の音が立つ。流された大小の紅燈は、波上を渡る軟風に送られて、次第に沖合に出る。波に揺れる火と、水に漂ふその影、海面はために紅玉を鏤(ちりば)める。海岸の人の山からは、海を壓(あっ)する観声(ママ)が立つ。

宮津の送り盆は八月一六日である。新盆の家では思い思いに意匠を凝らした燈籠船に紅い灯を吊るして流す。当時の燈籠船は「藁船にのせた紅燈」としか出ていないが、今日では賑々しく飾り付けた豪華な精霊船となっている。燈籠船流しに伴い花火もあがる。花火を打ち上げたのは鉄道開通の大正一三年からというから、これは最初の年の記録として貴重である。今日、この行事は「宮津燈籠流し花火大会」の一大イベントに成長し、多くの見物客を集める。

宮津駅
須津
成相山
スキー場
世屋山
スキー場
成相寺
鼓天山
國分寺
自動車道
傘松公園
傘松
傘松駅
ケーブルカー
府中駅
籠神社
一ノ宮
天橋立汽船
浦島神社
伊根浦
眞名井神社
江尻
阿蘇海
海水浴場
男山
大内峠
岩滝町
天の橋立駅
多宝塔
文珠
智恩寺
橋立明神
磯清水
玄妙庵
一字観
天橋立
大天橋
廻旋橋
船越しの松
岩見重太郎仇討古跡
御手植松
千貫松
宮津湾
島崎公園
公會堂
宮津駅
越浜
栗田駅
由良駅
由良川
舞鶴
綾部
大阪
城崎へ
福知山

〈図9〉上2点「宮津橋立名所図絵」
(大正13年、吉田初三郎画、坂根栄正堂)

〈図10〉下2点「日本三景天の橋立案内」
(昭和7年6月、山本三省)

宮津とともに丹後半島の伊根も取り上げる。

> 与謝湾の北端にある。亀島の小半島を以て囲んだ、円形の小湾で、前に翠緑滴る青島を浮べ、島の両端から狭い水道が通じて居る。港内水深く、天然の好錨地で、また漁港として重きをなして居る。（中略）（家屋は）湾の周囲に半ば水に浮んで立ち、床下に漁船を入れることが出来る。

すでに大正期、伊根の舟屋が注目されていたのである。伊根は山陰第一の鰤の漁場で、丹後鰤の本場であった。冬期、好漁期の毎日二回の大敷網上げは壮観である、とも記す。当時、宮津から伊根に毎日四回汽船が往復していた。

伊根湾には、日出から亀島にかけて二百数十棟の舟屋が水際に建ち並んでいる。山が海に迫るわずかな平地の山側に母屋、道を挟んで舟屋といった配置である。舟屋の一階が舟の格納場、二階が居室といった造りで、二階から釣りができそうである。干満の差が緩やかな伊根湾の風土が舟屋を発達させた。この舟屋は古くは草葺であったが、明治から昭和前半の鰤漁の好景気により瓦葺き二階建てに建て替えられていったという。

（二）天橋立

宮津湾と内海の阿蘇海を隔てる砂州が天橋立である。全長三・六kmにおよぶ砂州は、宮津湾西側の沿岸流によって運ばれた砂礫が阿蘇海の海流にぶつかり、海中に堆積して形成されたという。その景色は雪舟の「天橋立図」（国宝）に描かれるほど古くから有名で、日本三景の一つに数えられた。また、大正一一年に天橋立は国の名勝に指定された。

天橋立をより詳しく知るには「日本三景天の橋立案内」（昭和七年六月、山本三省発行）〈図10〉が参考になる。鳥瞰図は宮津湾から西に阿蘇海を望む構図で、左手に宮津市街地、中央に天橋立駅・知恩寺、右手に府中・籠神社を配す。宮津の桟橋から天橋立の廻旋橋を通って阿蘇海を籠神社前に向かう汽船も見える。

天橋立駅を降りると、阿蘇海に面して知恩寺があり、境内に文殊堂・多宝塔が建つ。廻旋橋、大天橋の二つの橋を渡ると天橋立で、付近は海水浴場になっている。松並木が続く砂州には、千貫松と呼ぶ松もある。砂州の根元に当たる旧府中村江尻にも海水浴場があり、隣接して丹後国一宮である籠神社や真名井神社が鎮座する。籠神社裏から山上に天橋立ケーブルカー（昭和二年開業）が傘松公園に延び、傘松から山上の成相寺に自動車道が通じる。籠神社からやや離れて国分寺が見える。府中という地名や国分寺の所在から、この辺りが丹後国の中心地であったことがわかる。案内文を見よう。

澄み渡る瑠璃の海、水晶を磨いたやうな白砂、それに緑したたる松を載せた一里の長橋、奇（く）しき神の業とはいへ、余りに美しい神秘の景勝でないか。古人の選んだ日本三景に何の誤りがあらう。今では此名勝が恵まれた交通機関によって、京都から三時間、大阪から四時間で親しまれる。

宮津駅開業の翌大正一四年には天橋立駅もでき、知恩寺文殊堂近くまで直接汽車で行くことができるようになった。宮津から定期船をはじめモーターボートやバスが往復していたので、この二つをつないで観光することも容易にできた。室町期の多宝塔が建つ知恩寺は、知恵を授ける文殊菩薩の庶民信仰に支えられた臨済宗の古刹で、付近に旅館や土産物屋が並んでいた。

阿蘇海が宮津湾に注ぐのが、知恩寺横の切戸（きれと）である。小天橋（大正一二年架橋）・大天橋（大正一一年架橋）が架かるまでは、切戸の渡しの渡船での移動であった。小天橋は汽船を通すために廻旋橋になっている。小天橋付近には三階建ての旅亭が隙間なく並び、遊覧地気分を漂わせていた。大天橋を渡ると天橋立の尖端となる。

あたりに浜茄子（はまなす）の花笑ひ、浜豌豆（はまえんどう）の匐（は）ふのも快い。砂はあくまで白く、磯浪は静かに汀を打ち、友呼ぶ千鳥の声さへ聞こえる。（中略）砂洲は洗ひ上げた白米のやうな細砂で、その上に青松が生ひ茂ってゐる。この美しい松木立を載せた白砂の洲が、瑠璃の海に浮んだ態は、今も空なる「天の浮橋」としか思はれぬ。

府中の江尻から突き出た砂州は、花崗岩の風化した真砂からできているから真白で、瑠璃色の海と緑の松が一筋の砂州を引き立てる。「枝ぶり面白い老松を欄干に、海面を洗ふ微風を身にあびながら、長橋を渡る気持は何ともいへぬ」と、その心地よさを語る。大橋立を渡り終えると籠神社にいたる。ここもまた知恩寺門前と同じように旅亭や土産物屋が軒を並べていた。籠神社参拝後はケーブルカーに乗って傘松に向かう。

ワイヤはすべり、車体は動き、一瞬また一瞬身は羽化上空に登る感がある。今見し鎮守の森は脚下に立ち、今踏みし長橋は次第に長く延んで碧海に浮び、遠く文殊宮津の龍宮城市に達する趣きがある。

足を踏みしめた天橋立の風景が上空に上がるにつれて変化をみせ、心浮き立つ気分である。ケーブルカー終点の傘松は、海抜一五〇mの成相山鞍部の見晴らしのよい場所である。

此所から天橋立を見下すと、松を載せた長橋、内外の海を画して一文字に伸び、（中略）美景が脚下に展開する。ここで俗に名高いのは「股覗き」で、裾をかかげて股の下から覗くと、海は空と見え、空は海と覚え一条の長橋のべふすあたり、天にも登らん心地がする。

案内文は、天橋立で有名な「股覗き」に触れる。と、同時に「名物股覗き」の写真を掲載する。天橋立の股覗きは明治三〇年代に傘松公園付近に展望所を設けた吉田皆三なる人が考案した、とされている。大正から昭和初期の絵葉書や観光パンフレットには着物姿の女性が「股覗き」する姿が見られる〈図11〉。ほかに着物の袖の下から首をかしげて天橋立を眺める「袖覗き」もあったが、こちらはいつしか廃れてしまった。袖がない洋服では絵にならないのかもしれない。

「股覗き」は、絵葉書だけでなく人形にもなって、文殊や府中の観光土産品として売り出され、ますます知られるようになった。宮津近在の農家が副業としてつくった股覗き人形（宮津人形、橋立人形）〈図11〉は、針金を芯にして布や綿などで躯体をつくり、上に縮緬の端切れの着物を着せる。その姿は、股覗きする男性の傍らではにかむ着物姿の女性、着物の裾を大胆に捲りあげて股覗きする女性などがある。この股覗き人形にはいかがわしさが目につくものもあり、それらは銃後の風俗取り締まりによって、販売が禁止されてしまった（昭和一三年一一月）。

天橋立の股覗きは、個人が生み出し、それを周りが盛り立てて一つの流行を巻き起こした行動様式といえる。今日、観光地で目にする奇異な立ち振る舞いもまた、誰かが生み出し、それが広まっていったものであろう。たとえば京都清水地主神社の「恋占い」、全国各地に生まれた「恋人の聖地」での行動様式など、いずれも同じことがいえるのではないか。

〈図11〉上「絵葉書 股覗き」（昭和10年頃）、下「股覗き人形」
（2点とも、京都府立丹後郷土資料館所蔵）

第四章　南紀と伊勢志摩

一、南紀白浜

（一）白浜温泉

山が海に迫る紀伊半島沿岸は、鉄道開通が遅れた。大正一三年二月、紀勢西線の和歌山―箕島間が開通し、その後、昭和に入って鉄道が少しずつ南に延び、紀伊半島南端の串本駅まで延伸したのは昭和一五年のことであった。同年、紀勢中線を編入して紀伊木本（現、熊野市駅）までが紀勢西線となった。南東海岸を走る紀勢東線と繋がり紀勢本線として全通したのは、戦後の昭和三四年のことである。

紀勢西線がようやく箕島まで延びた頃の光景は、「南紀州名所交通案内鳥瞰図」（大正一四年九月、吉田初三郎画、観光社発行）〈図1〉から知ることができる。この鳥瞰図は大阪から勝浦までの紀伊半島西海岸をおさめるが、「田辺白浜温泉を中心とせる紀州の交通図絵」の内題のとおり、右半分に白浜温泉を大きく描く。鳥瞰図は紀伊水道から東に紀伊半島を望む構図で、左手に大阪や和歌山、右手に白浜と海に突出する三段壁（さんだんべき）、右上に勝浦方面を配す。紀伊半島南端の串本や潮岬はなぜか強調されていない。

鳥瞰図で注目したいのは、大阪から勝浦に延びる航路である。この大阪商船紀州航路（明治三一年開設）は、大阪を出航して和歌浦・田辺に寄港して勝浦にいたる。案内文を見よう。

此地京阪よりは海路によるのが最も便利であります。大阪商船の優秀船、厦門（あもい）丸、琉球丸（八百噸（とん）級）に午後二時半大阪天保山桟橋で乗込めば其晩田辺に到着します、湯

〈図1-1〉「南紀州名所交通案内鳥瞰図」（大正14年9月、吉田初三郎画、観光社）

> 崎、白浜各温泉より専属のモーターボートが本船に横着となり僅か十八分で綱不知へ到着すると直営の自動車が客を迎へて旅館へ届けると云ふ親切ぶり……

昭和に入ると、紀州航路に牟婁丸・那智丸が就航するが、それ以前は厦門丸・琉球丸が貨客を運んでいた。田辺からモーターボートに乗り換えて綱不知に着岸し、自動車で旅館に向かう。ほかに和歌山や簑島から白浜に行く自動車の便もあった。

再び鳥瞰図に眼をやろう。左手（北）の熊野三所権現社叢の御船山から右手（南）の崎ノ湯にかけての鉛山湾沿いに白浜温泉（北側）と湯崎温泉（南側）がある。「牟婁のいでゆ」として知られた湯崎温泉が古く、大正期に開かれた新興温泉が白浜温泉である。ところが湯崎温泉は片隅に追いやられ、絵の主題は白浜温泉となっている。御船山から南に延びる砂浜は海水浴場で、白浜館や白浜土地会社が建ち、貸別荘も散在するのびやかな光景が広がる。南の浜辺に今はなき不老温泉と岩間温泉も見える。御船山から番所ノ鼻にかけての瀬戸湾に円月島（高嶋）が浮かび、番所ノ鼻に京都帝国大学臨海研究所（大正一一年設置）が建つ。そこは昭和天皇行幸（昭和四年）翌年に公開された京都大学白浜水族館の地でもある

白浜温泉は、大正七年に開発が始まり、白浜温泉自動車社長の小竹岩楠（一八八七〜一九三三）が白浜館を建設（大正一〇年）した。小竹岩楠は白浜土地会社を設立（大正八年）して白浜の観光開発を図るとともに、自動車事業にも進出した。

> 天然の美と人力の施設とを以て一面史蹟を保護し一面土地の開発を計り、既に共同温泉、家族温泉、白浜旅館を建立し、旅館の別館別荘を建築し、和歌山、田辺、御坊と自動車網を張って今や目覚しく発展せんとしておる。

この白浜館は球戯室・大弓などの娯楽設備を整え、別館にはカフェーやバーもあった。海辺の岩間温泉は共同浴場、不老泉温泉は家族温泉として利用する白浜館の付属施設であった。

> 窓を押せば渺茫たる蒼海に白帆点々とし、軒下には新装の釣生簀があって奇岩怪石の海面を画し、鯛、鰤、鰹、鯖の二尺三尺に余るものを群泳させ浴客の釣遊に供して溌溂たる熊野魚を風味させる趣向になってゐます。

海辺の浴場では生簀で釣りを楽しませるとともに、新鮮な海の幸を食膳に供し、浴客を堪能させた。

（二）白浜と湯崎温泉

昭和に入ると、白浜温泉は著しい発展を遂げた。「白浜湯崎温泉」（昭和八年一一月、吉田初三郎画、和歌山県瀬戸鉛山温泉課発行）

〈図2〉は、多くの温泉旅館やホテルなどが建ち並ぶ白浜温泉の姿を描く。この時期、紀勢西線は紀伊富田まで延伸し、白浜口駅が設置（昭和八年一二月）された。綱不知の白浜桟橋から白浜温泉や湯崎温泉に向けて明光バスの路線が延びる。明光バスは、白浜温泉を開発した小竹岩楠が昭和五年に自動車事業を独立させて創業した会社である。

〈図2-1〉「白浜湯崎温泉」（昭和8年12月、吉田初三郎画、和歌山県瀬戸鉛山温泉課）

鳥瞰図を見ると、白浜海水浴場から噴水のようなものが立ち上がっている。これは、銀沙ノ湯という海中から噴出する温泉である。また御船山山麓の海辺に磯ノ湯が見える。磯の岩間を利用した露天風呂であったが今はない。さらに、不老温泉裏山にサンドスキー場もつくられた。昭和に入ってわずかな期間に新たな施設が次々に生まれたことが見て取れる。

この鳥瞰図は、白浜温泉の南に隣接する湯崎温泉も丁寧に描く。岬の鼻を越えると湯崎温泉で、山を背にした海辺に旅館が連なり、白浜境に砿ノ湯（まぶ）、街中に浜ノ湯・元湯・屋形湯が、街はずれの岬端には崎ノ湯もある。これらに疝気湯（せんき）・阿波湯を加えて「湯崎七湯」と呼ばれていた。現存する崎ノ湯は波の打ち寄せる磯頭に天然の岩凹をなし、その中に温泉が湧く名泉として知られた。温泉街のはずれに、隆起した砂礫が波に浸食されてできた広く平らな岩場の千畳敷、断崖絶壁をなす海食崖・海食洞の三段壁があり、これらは白浜を代表する景勝地であった。

二、熊野灘沿岸の名所巡り

（一）南紀遊覧

昭和初期、鉄道が未発達な南紀への旅は、船便に頼らざるを得なかった。「紀州案内」（昭和四年八月、大阪商船発行）〈図3〉

〈図1-2〉「南紀州名所交通案内鳥瞰図」(大正14年9月、吉田初三郎画、観光社)

〈図2-2〉「白浜湯崎温泉」（昭和８年12月、吉田初三郎画、和歌山県瀬戸鉛山温泉課）

所収の「南紀遊覧図絵」は、大阪商船の航路や周辺の見所を示す。図絵には大阪―和歌浦―田辺―勝浦を結ぶ航路、勝浦―新宮間を走る鉄道、新宮から熊野川を遡って本宮や瀞峡に行くプロペラ船の航路も見える。この鉄道は、大正二年に木材輸送を主目的に開通した新宮鉄道（昭和九年紀勢中線として国有化）である。図絵に白浜温泉から潮岬にかけての紀伊水道沿岸、串本から鬼ケ城にかけての熊野灘沿岸、熊野三山などの名所を簡略化して描く。「紀州案内」の冒頭文を見よう。

海洋の大観、山川の粋美、入湯の爽快、史蹟に偲ぶ床しき情緒等々に尽きざる興趣を味はんとする人は南紀州へ御出掛けなさいませ。絵のやうな南海其処には御坊、田辺、串本、古座、勝浦、新宮等幾多の勝地と共に蟇石、橋杭岩、鬼ケ城等の怪石奇岩の名所、海洋の壮観潮岬等があります。那智の大滝は疾くより日本一として名高く更に峰巒重畳する処、山水の美を極はむる瀞峡、九里峡、古座峡の巨岩に点じ碧潭に映ずる四季とりどりの眺めは都人士の到底想像し得ざる処であります。

広大な海の景色、清らかな山川の美、温泉や史跡の味わい深さを求める人は南紀州へ来てください、と数々の名所を挙げる。社寺古跡として熊野三社や那智観音（青岸渡寺）があり、温泉は湯崎・白浜・椿・鮎川・勝浦・湯の峰・川湯などいたるところに湧出する様を述べ、四つのモデルコースを提示する。その概略（原文を適宜省略）を示す。

湯崎白浜温泉入湯（二日）　田辺に至り、直に機艇に乗換へ湯崎又は白浜温泉入湯一泊の上帰阪。

那智見物（三日）　勝浦に至り、那智神社及西国一番札所青岸渡寺参詣、那智の大滝を見物の上勝浦付近の名所を探り同地温泉に一泊翌朝乗船帰阪。

瀞探勝（三日）　勝浦に直航、直ちに新宮に行きプロペラ船によりて熊野川を遡り、瀞を探勝同日勝浦に引返し温泉に一泊して海路帰阪。

熊野巡り（四日）　勝浦に直航、瀞探勝の上本宮に廻り湯峰温泉に一泊して新宮に帰り那智観音及那智神社参詣、

〈図3-1〉「紀州案内」
（昭和4年8月、大阪商船）

那智の大滝を見物して勝浦温泉に泊り翌朝乗船帰阪。

当時、牟婁丸・那智丸が交互に毎日大阪天保山桟橋を午後二時半に出航しており、田辺に午後十時、勝浦には翌朝午前四時半に到着した。白浜温泉は一泊旅行、那智・瀞の旅は船中と勝浦温泉に一泊、熊野巡りは船中と湯の峰温泉・勝浦温泉にそれぞれ一泊する。いずれも関西方面から手頃な旅行であった。

（二）国立公園南紀巡り

南紀への船旅をより詳しく知るには、「船で南紀へ」（昭和一二年一〇月、大阪商船発行）〈図4〉が参考になる。表紙はカツオ・アワビ・ハマユウ・ミカンを図案化したもので、黒潮踊る南紀をイメージさせる。裏表紙に「南紀遊覧略図」を掲載し、航路・鉄道路線・バス路線・プロペラ船航路のほか、国立公園の範囲などを示す。当時、西海岸の鉄道は周参見（昭和一一年一〇月開業）まで延伸し、東海岸では新宮―串本（昭和一一年一二月開業）間が開通していた。鉄道未開通の周参見―串本、新宮―尾鷲間にはバスが走っていた。昭和一〇年代初期の南紀の様子がよくわかる略図である。冒頭文を見よう。

我等に親しみ深い紀州熊野。そこには史蹟があり、伝説があり、霊地があり、奇勝があり、絶景があり、詩があり、唄があり、温泉が湧く。冬知らぬ郷、夏知らぬ磯。まこと国立公園の名に背かないところ。

これは、吉野熊野国立公園指定（昭和一一年）翌年に発行されたパンフレットである。紀州熊野には何でもござるといった謳い文句ではあるが、悲しいかな鉄道はここに入っていない。

内容は、「国立公園南紀めぐり遊覧券」を利用した旅程をはじめ、串本・勝浦・那智周辺及び熊野川流域の見所を紹介する。この遊覧券は、大阪商船・南紀自動車・飛行艇会社（プロペラ船）・那智登山自動車が提携する割引のクーポン券である。「日帰り同様で瀞・那智遊覧」と題して、このような旅程案を紹介する。

夕方、大阪・神戸を出航した船は翌朝勝浦桟橋に到着。船内で朝食の後、バスで新宮に向かい速玉神社に参詣、新宮河原からプロペラ船で瀞峡を探勝して瀞ホテルで昼食を取って新宮河原に引き返し、バスで那智に向かう。那智では大滝を見て青岸渡寺と那智神社に参詣し、夕方勝浦桟橋から船に乗って、翌朝神戸・大阪に帰着。神戸でも船内朝食が提供された。宿泊の心配もない船中二泊の、まさに日帰り同様な気楽な旅である。

これに一泊を追加した二つの「南紀探勝コース」も併せて示す。一つは瀞峡を引き返した後に鬼ヶ城と新宮を見物して勝浦温泉に宿泊。翌日、那智に参詣後、勝浦温泉で昼食をとって島

〈図3-2〉「紀州案内」(昭和4年8月、大阪商船)

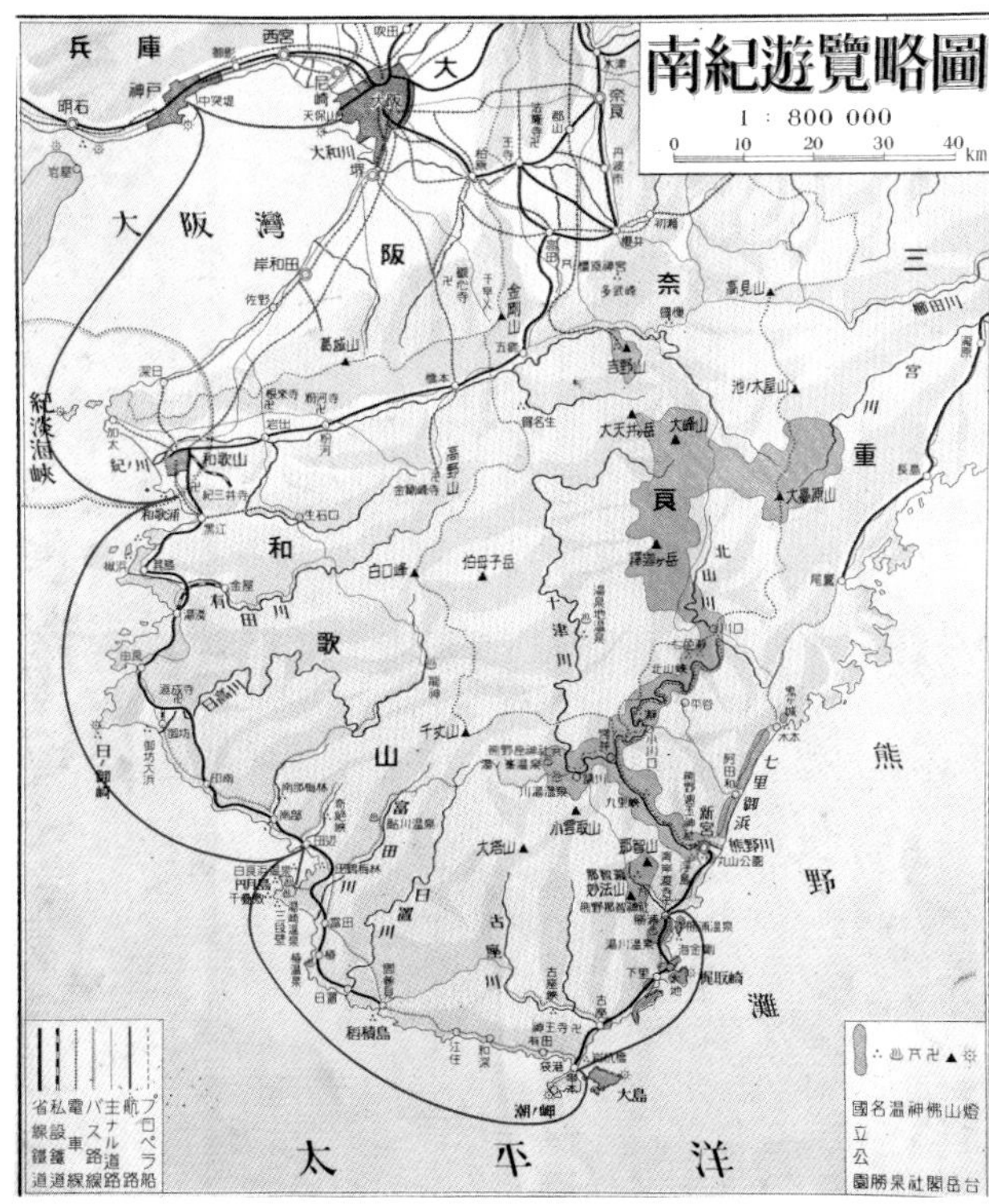

〈図4〉上・左「船で南紀へ」（昭和12年10月、大阪商船）＊

〈図5-1〉下「熊野名所遊覧案内」（大正15年、吉田初三郎画、観光社）

巡り、忘帰洞と狼煙山を見物して夕方勝浦桟橋を発つ、ゆとりの旅程である。もう一つは瀞峡から本宮に向かい、参拝後に湯の峰温泉に一泊。翌日、鬼ヶ城・新宮・那智を見物して夕方勝浦桟橋を発つ旅程である。これらにより、昭和初期の南紀の巡り方が浮かび上がる。

阪神を出航した船は早朝串本港に寄港して勝浦港に向かうが、上記旅程のほかに串本で下船して本州最南端の潮岬で太平洋に昇る日の出を拝す旅もあった。その場合、潮岬から大島を探勝し、橋杭岩などを見物して夕方の船で阪神に戻ることもできた。また、日時に余裕のある人は、古座峡や太地に足をのばして湯川温泉に一浴、勝浦付近を見物してから帰阪した。

これらを見ると、勝浦が南紀の探勝拠点になっていたことがわかる。案内文は勝浦の魅力をこのように語る。

波は絶無に恰かも山中の湖水の様に、周囲の峰巒は松の翠濃やかに数多の白帆の行き交ふさまは実に絵も及ばない眺めで「紀の松島」の称があります。湾をめぐって温泉が湧出し、太平の夢円かな南国の海風颯々たる避暑地として、冬日温暖な避寒地として遊覧と保養を兼ね備へた理想的な港であります。

勝浦港から「紀の松島」を巡る遊覧船が出ている。中ノ島、狼煙山に抱かれた穏やかな勝浦湾や、狼煙山に白波が砕け散る外海の風景も同時に味わうことができる。風光美に恵まれた勝浦は、忘帰洞をはじめ特色ある温泉があるほか、釣りや磯遊びも楽しむことができた。このような案内文が目を引く。

宿の部屋から糸をたれよく大魚を得る事が出来ますが、若し漁師を雇ふて舟を出せば一日によく三四貫を得る事も出来ませう。海女を雇ふて貝を拾はせ自ら磯に遊んで磯ものを採り、巌上に運んで酒盃を挙げるなど、超俗比類ない気分に酔ふことが出来ます。

日本有数のマグロ漁業基地として発展をとげた勝浦に、昔は海女がいたのである。船頭や海女を雇うには、各旅館で世話をしてくれた。当時は、海女が採った磯ものをその場で酒肴として味わうのどかな時代であった。

(三) 瀞峡巡り

新宮から熊野川を遡り、瀞峡を巡るのも南紀の旅の楽しみの一つであった。熊野速玉神社近くの新宮河原からプロペラ船に乗って瀞峡に向かう。「船で南紀へ」（昭和一二年）には、プロペラ船の写真とともにこのような案内文を掲載する。

沿岸各村への交通機関はプロペラ船であって、深淵に到ればニ十浬の高速で快走、急湍に到ればエンヂンを止めて竿によって下る。その流域の山紫水明を眺め説明ガールの説明をききながらの水上ドライブは爽快そのものであります。

プロペラ船とは、川船に小型飛行機のエンジンとプロペラを取り付けた船で、スクリューがないため浅瀬も航行できた。大正九年に考案されたプロペラ船は、昭和四〇年のウォータージェット船就航まで観光客や沿岸の人々に親しまれ、「説明ガール」も添乗していた。瀞峡の案内文を見よう。

> 天を摩す峻峰近く相迫って屏列対峙し、其の脚下の油を湛えた様な深潭に奇岩怪石の連なる仙境であります。暁景、夕景、雪景、殊に雨景によく、初夏は花躑躅、石楠花に新緑が交錯して渓流に映発し、盛夏は青嵐に衣袂も冷かなるを覚えます。秋に至れば黄櫨、紅楓が碧潭に影を映して、形容の辞もない絶景を呈します。

瀞峡は、和歌山・奈良・三重三県の境界が交錯する北山川の峡谷で、奥瀞・中瀞・下瀞と三十余km連続する。とりわけ深い断崖と深淵が一・八km続く下瀞が「瀞八丁」として名高い。四季折々の表情を見せる瀞八丁には、新宮河岸からプロペラ船に乗って三時間で到達した（復路は二時間半）。瀞ホテルで昼食をとって一休み、新宮に戻るまで六時間半の遊覧である。暁景や夕景を味わいたい人は瀞に一泊した。

今日の瀞峡巡りは、熊野川と北山川分岐点や下流の志古からウォータージェット船に乗る。宮井から北山川に入った船は水面を滑るように走り、瀞八丁に近づくと開け放ったスライド式屋根から絶景を楽しむ。船は田戸の河原でひと休みする。断崖を仰ぎ見ると吊橋が架かり、おそろしく古風な木造楼閣の旧瀞ホテル（大正六年創業、現在、食堂・喫茶営業）が崖縁で風雪に耐えている。「南紀めぐり遊覧券」で訪れた観光客は、新宮のプロペラ船乗り場で「瀞ホテル昼食券」を購入して昼食をとることができたというから、戦前は世に聞こえた宿であったのだろう。船は田戸から引き返す。今日の瀞峡巡りは往復約二時間（田戸で二〇分休憩）と、当時の三分の一に短縮された。

（四）熊野の風景

潮岬から新宮にかけての熊野灘沿岸一帯、そして新宮から熊野川をさかのぼった本宮や瀞峡の様子は、吉田初三郎の鳥瞰図から知ることができる。ここに二枚の鳥瞰図を例示する。一つは「熊野名所遊覧案内」（大正一五年、観光社発行）〈図5〉、もう一つは「聖地熊野三山めぐり」（昭和一五年〜、国立公園協会和歌山支部発行）〈図6〉所収の鳥瞰図である。後者は発行年代がな

〈図6-1〉上・下右「聖地熊野三山めぐり」(昭和15年～、吉田初三郎画、国立公園協会和歌山支部)

〈図7〉「那智山案内」（年代不明、汐崎管次郎）

〈図5-2〉「熊野名所遊覧案内」（大正15年、吉田初三郎画、観光社）

いが、紀伊西線が紀伊木本駅（昭和一五年八月開業）まで全通しているので、年代を推し量ることができる。

この二つの鳥瞰図はいずれも熊野灘から北西方向に紀伊半島を望み、左手に潮岬と大島、右手に新宮と鬼ヶ城を配す相似た構図である。大正期のものは新宮―勝浦間に新宮鉄道が通っているほかは、大阪商船の海上交通が中心である。ところが、鉄道が敷設された昭和期のものは航路が消え去っている。昭和一三年一一月に大阪商船紀州航路は休止、ほどなく日中戦争の影響と紀勢西線敷設により廃止のやむなきにいたった。なお、この航路で活躍した船はいずれも徴傭された（昭和一三年牟婁丸、昭和一八年那智丸）。

名所の記載は昭和期の鳥瞰図がより詳しいので、こちらに目をやろう。串本から潮岬に向けて砂嘴が延び、海上に橋杭岩が点々と並ぶ。潮岬の隣に浮かぶ大島にはトルコ軍艦遭難慰霊碑が立つ。古座川を遡ると古座川峡があり、太地では鯨の山見があった燈明崎（とうみょうざき）と梶取岬（かんどりざき）が熊野灘に突き出す。

湖畔の湯川温泉を過ぎると勝浦で、狼煙山の断崖が勝浦港を取巻き、湾内に紀ノ松島が浮かぶ。狼煙山の断崖や小島を含めた付近一帯から湯煙が立ち上がるが、これらが勝浦温泉である。勝浦の隣は那智で、やや奥まったところに妙法山が聳え、那智の滝・熊野那智神社・青岸渡寺が見える。

さらに進むと熊野川河口に新宮の街が開け、河口に熊野大橋（昭和一〇年架橋）が架かる。大正期、河口に橋はなかった。千穂ヶ峰を背負って熊野速玉神社が鎮座し、隣あう山の上に神倉神社

〈図6-2〉「聖地熊野三山めぐり」（昭和15年〜、吉田初三郎画、国立公園協会和歌山支部）

がある。大正期の絵は巨大な岩の前に鳥居が建つだけであるが、昭和期の絵には社殿が見られる。この巨岩は、ゴトビキ岩（ヒキガエルの方言）という自然崇拝の磐座（いわくら）信仰を伝える。

新宮から熊野川を遡ると、宮井で北山川と十津川に分かれる。北山川に入ると、前述した奇岩が屹立する瀞峡である。十津川を遡ると山中に熊野坐神社が鎮座し、付近に湯の峰温泉と川湯温泉がある。そこは、熊野詣の人々が目指した本宮である。なお、本宮の旧社地大斎原（おおゆのはら）は十津川大水害（明治二二年）にあったので、上四社の社殿が現在地に遷座した。

これら鳥瞰図に描かれた地を訪ね歩くと、熊野は心に染み入る風景が多いことに改めて気づく。とりわけ、長い石段を這い上って神倉神社に詣で、御神体のゴトビキ岩を目にしたときの感動はひとしおである。神々しいなかにもどこか笑いを誘う磐座は、自然崇拝に根差す熊野信仰の根源を思わせる。振り返ると眼下に真青な熊野灘が果てしなく広がり、新宮の家並みが陽光に輝いている。

熊野三山を巡る熊野詣は歴史上重要な位置を占めていたが、案内文に見る熊野三山の記述は淡々としている。平安末期の浄土信仰の高まりに呼応して、上皇や貴族が熊野詣をおこなうようになり、庶民もまた熊野を目指し「蟻の熊野詣」と喩えられるほど大勢の人が熊野に出かけたのである。

やがて庶民信仰に根差す寺社の前に門前町が発達するが、熊野三山では那智山に那智黒飴などを商う古風な門前町が残る。「那智山案内」（年代不明、汐崎管次郎発行）〈図7〉には、山中に人家が並ぶ門前町の姿が描かれているので参考までに示そう。

この歴史ある熊野詣は、江戸後期からしだいに衰えてゆく。庶民を熊野へ誘う修験者などの活動を紀州藩が取り締まったのが理由である。また、明治初期の神仏分離、あるいは神社合祀政策（明治三九年）によって九十九王子を巡りつつ往く昔ながらの熊野詣は衰退し、いつしか参詣路は「古道」になってしまった。

紀勢本線全通後、南紀を巡る観光旅行が一時期もてはやされたが、その人気は長続きすることはなかった。ところが、熊野三山や熊野古道が吉野・高野山とともに「紀伊山地の霊場と参詣道」として世界遺産に登録（平成一六年）されると、熊野とともに南紀が再び脚光を浴びるようになったのである。

三、高野山

（一）高野道

平安時代の九世紀初頭、空海が嵯峨天皇から下賜され、真言密教の道場として開いた地が高野山である。紀ノ川南の高野山

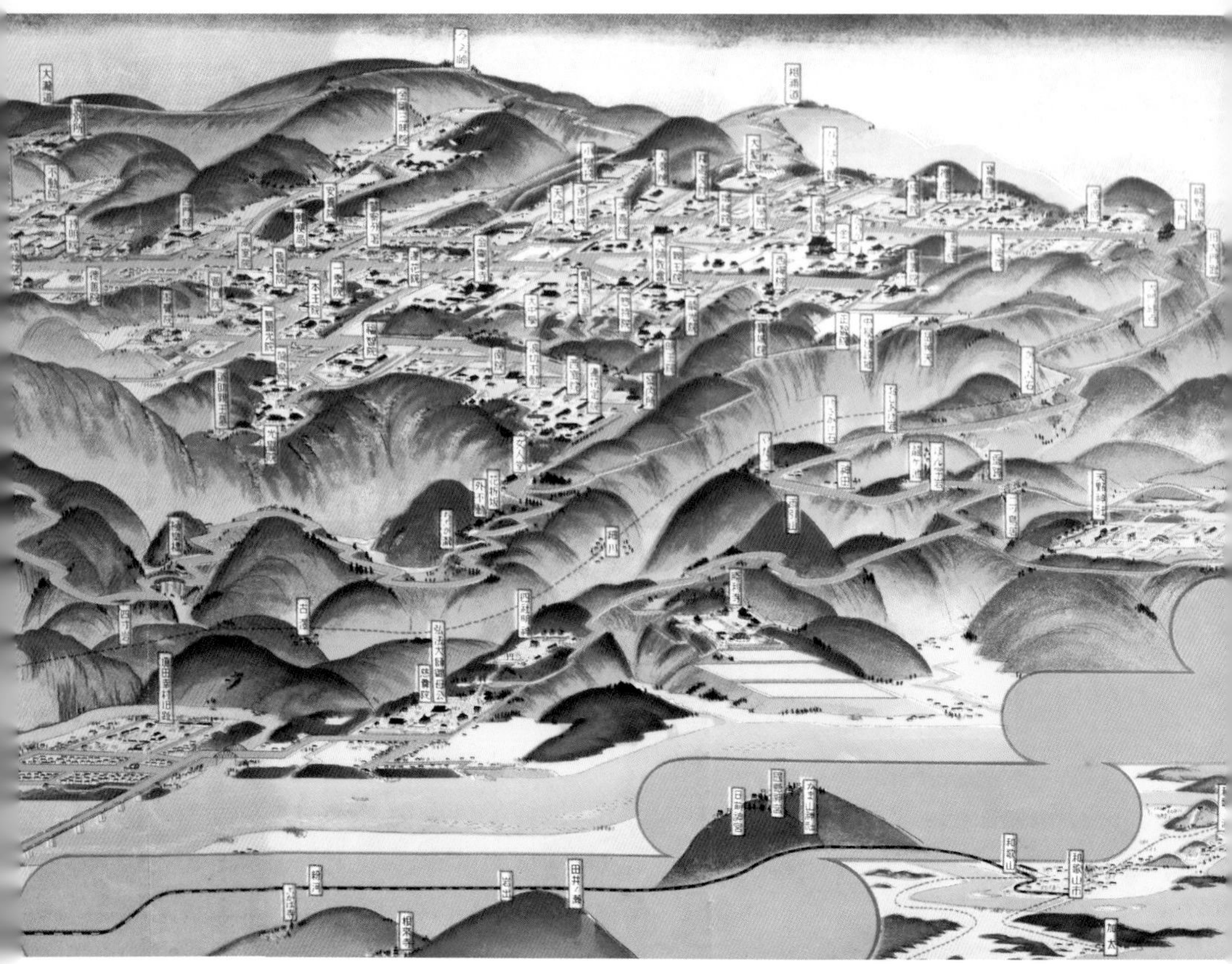

〈図8〉上・右「参詣要覧高野山名所図絵」
（大正11年1月、吉田初三郎画、金剛峰寺事務所）

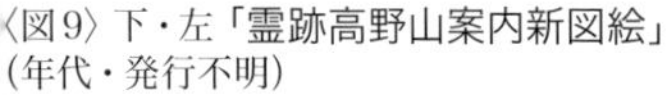
〈図9〉下・左「霊跡高野山案内新図絵」
（年代・発行不明）

最新高野山圖

には標高約八〇〇mの山上の盆地に金剛峯寺と支院一一七か寺が並び立つ一大宗教集落が形づくられ、支院の約半数が宿坊を兼ねる。転軸山・楊柳山・摩尼山など八つの峰々に囲まれた自然豊かな地は、高野龍神国定公園（昭和四二年指定）の一部である。また、金剛峯寺山内一山をはじめ、丹生都比売神社・慈尊院・丹生官省符神社・町石道などの高野参詣道といった世界遺産構成資産も所在する。山上は西の大門地区から東の奥院地区にかけて伽藍・本山・徳川霊台・金剛三昧院の六地区があり、いずれも国の史跡に指定されている。

高野山の姿は「参詣要覧高野山名所図絵」（大正一一年一月、吉田初三郎画、金剛峰寺事務所発行）〈図8〉で知ることができる。同時期に「高野電車沿線名所図絵」（大正一一年一月、吉田初三郎画、大阪高野鉄道）が発行されるが、案内文は異なるものの同一の鳥瞰図である。その後、昭和九年の弘法大師一千百年記念遠忌に際し、「高野山図絵」が高野山仏具名産品商業組合から発行され、ここにも三郎描く鳥瞰図を掲載する。

大正四年、高野登山鉄道（同年大阪高野鉄道と改称、大正一一年南海鉄道に合併）が大阪汐見橋から橋本まで開通し、大正一四年には高野山駅（のち高野下駅に改称）が開業して、高野登山自動車が登山バスの運行を開始する。昭和期に入ると、高野山電気鉄道（大正一四年設立）が極楽橋まで延び（昭和四年）、翌年には極楽橋から山上までケーブルカーが開通し、参拝が便利になった。「参詣要覧高野山名所図絵」（大正一一年）は、交通の便が開けようとする時期の高野山を描き、参詣の手引きとしたものである。

鳥瞰図は紀ノ川から北に高野山を望む構図で、左手に奥ノ院、右手に大門を配す。北の紀ノ川方面から高野山に向けて三つの参詣路を描く。一つは橋本駅から学文路・河根を経た道、もう一つは高野口駅から九度山・椎出を経た道であり、これらは神谷で合流し、極楽橋を渡り、花折坂を登って女人堂から山内へ入る。三つ目は高野口駅から慈尊院・四社明神（丹生官省符神社）・天野神社（丹生都比売神社）を経て大門へいたる道である。学文路からの道が京大坂道、慈尊院から大門にいたるのが町石道である。また、南方から紀伊山地の山坂を越えて高野山に行く大峯道・十津川道（小辺路）・相ノ浦道・龍神道（有田龍神道）もかすかに示す。さらに、紀ノ川方面から登る黒河道（当時廃道）を加えた七つの道が高野山に通じており、これらを「高野七口」といった。案内文を見よう。

> 交通は今、関西線高野口駅を最も便利として居る。高野口よりの登山は三里十八町にして九度山椎出を経て神谷に

> 出づる新道である、又橋本駅よりは四里十八町にして学文路、河根を経て神谷に出づる旧道あり、河根までは俥(くるま)が通るが夫(それ)から先は駕(かご)である。

当時は高野七口のうち、関西線高野口駅（明治三四年開業）から九度山・椎出を経て高野山に向かう新道がもっとも便利で、椎出まで自動車の便があった。ほどなく延びる電車の計画路線を椎出・古沢・細川・大門と描くが、電車は大門ではなく極楽橋へと向かうこととなった。橋本駅から学文路を経る旧道は河根まで人力車があったが、新道に比べて一里ほど距離が長かった。慈尊院を経由する道は、次のように記す。

> 九度山町から右に岐(わか)れて慈尊院に出づれば高野山の正門即ち大門に達する、昔の参詣本道がある。千年来の古跡を尋ねて山路の春の長閑(のどか)さに静かな歩みを運ぶのも床(ゆか)しい事の一つであらう。所謂(いわゆる)一足三礼の行幸路にして俗に一名町石道と云ふて居る、……

この町石道こそ高野山参詣の本道で、歴代天皇もこの道をたどったのである。町石道には一町（一〇九ｍ）ごとに石の卒塔(そと)婆(ば)「町石」が立つが、このような説明がある。

> 慈尊院より大塔(だいとう)まで一町毎に一本即ち百八十本を建つ、又大塔より奥の院まで三十七本にて総数二百十七基。建治三年の建立にして御施主には、後嵯峨天皇を始め奉り鎌倉北条家其他公卿武将の寄進に係り最も顕著なる史蹟である。

鎌倉時代の建治三年（一二七七）に奉納された町石は、時の執権北条氏や、北条氏に擁立された後嵯峨天皇などが寄進しており、当時、すでに高野山の重要な史跡となっていた。

この町石道沿いに、世界遺産に登録された慈尊院・丹生官省符神社・丹生都比売神社がある。慈尊院は、高野山麓の参詣の要所に一山の庶務を司る政所として設置された寺院である。また、四国善通寺から訪れた空海の母が女人禁制の高野山に立ち入ることができずにこの政所にとどまり、空海が母に会うために頻繁に町石道を行き来したという話が有名である。慈尊院に隣接する丹生官省符神社は、高野山の領有する官省符荘の鎮守神として重要視された神社である。丹生都比売神社は、丹生都比女大神・高野御子大神など四神を祀る格式高い紀州一の宮である。

高野山開創について、空海が二匹の犬を連れた猟師に大和・紀伊国境まで案内され、そこから山の民に導かれて高野山に入ったという伝説がある。その猟師は狩場明神（高野御子大神）、山の民は丹生明神（丹生都比売大神）であったという『今昔物語』の話がよく知られている。このように丹生都比売神社は高野山と深いつながりを持っており、町石道をたどった参詣者は、この神社にお参りするのが古くからの慣わしであった。

（二）大門から一の橋へ

再び鳥瞰図を見よう。盆地の西端に聳え立つ大門から奥の院入口にあたる一の橋にかけて一筋の道が延びる。そこから枝分かれする谷を含めて、金剛峯寺をはじめ数多の支院が並び建つ姿は、まさに巨大な宗教集落といった感を覚える。大門から左手（東）に向かって進むと、甍を聳える金堂が目に入るが、ここが高野山の核心部にあたる壇上伽藍である。金堂横の高野山の象徴ともいうべき根本大塔は、天保四年（一八三三）の火災後、当時はまだ再建されていなかった。さらに進むと金剛峯寺が建つが、ここは本山詣の檀信徒などが足を運ぶところである。

金剛峯寺の手前（北）に波切不動を本尊とする南院があり、その裏山に宝形の建物二棟が並ぶ。これは徳川家霊台で、徳川家ゆかりの大徳院（明治初年に廃寺）境内に建立されたが、なぜかその名は示されていない。南院の谷を遡った峠に女人堂が建つ。当時、椎出からの新道が女人堂に達していた。女人堂を下ったところに宿坊などの世話をする案内所が建っているので、ここが、多くの人が利用する高野山への入口であったことが読み取れる。大通りに戻って、警察分署や郵便局を過ぎ、谷を奥（南）に進むと金剛三昧院となる。再び大通りに戻って奥の院方向に行くと一の橋に到達する。ここで触れたのはごく一部に過ぎず、山内には数多の寺院が群集している。まず大門の案内文を見よう。

> 巍然として高大なる、実に天下の壮観にして目を驚かすばかりである、此処より西を望めば群山低く脚下に在り、遥かに淡阿の海山は皆集まりて眸中に入る、風光最も賞すべし、……

宝永二年（一七〇五）再建の大構えの大門が目を引くのは、今も同じである。この大門の地に立ち西を望むと、高野山が雲上に開けた宗教集落という感を深くする。参拝の順序として、まず伽藍を拝すべきであろう、と勧める。

金堂を中心とする壇上伽藍は、不動堂・三昧堂・大会堂・愛染堂・根本大塔・御影堂・準胝堂・西塔・御社・孔雀堂・六角経堂に触れる。万延元年（一八六〇）落成の金堂の記述である。

> 装飾華麗ならずといへども、結構善美を尽し、其高雅精巧なる建築は天下に比ひなしと云ふ。

高雅精巧な金堂は、国家にかかわる大法要が厳修される高野山の中心的な建物であったが、昭和元年に焼失し、昭和七年に再建された。高野山は度重なる大火に見舞われているため、古い建物は意外に少なく、壇上伽藍にある不動堂（鎌倉後期）、および金剛三昧院にわずかに古建築をとどめるに過ぎない。次いで金剛峯寺の記述を紹介する。

　金剛峰寺の名は大師が一山に対して付けられた名称であるが今の金剛峰寺は明治の初年元の青巌寺を以て管長住寺に充てられたもので爾来総本山として真言宗一般寺院を管轄して居るのである、……

総本山である金剛峯寺に参詣すると、文久三年（一八六三）再建の檜皮葺の主殿が大ぶりな構えを見せる。当時、密教の研究や祈禱に専念する学侶方を統轄する青巌寺として再建された建物を明治元年に金剛峯寺に改めたもので、以来、高野山真言宗管長が就く座主の住持するところになった。江戸期まで、寺院経営や諸堂の管理をする行人方を統轄する興山寺が青巌寺に隣接していた。明治に入り青巌寺・興山寺を合併して改号したのが、今日の金剛峯寺である。なお、高野山には学侶方・行人方のほかに勧進を中心とする聖方があったが、明治初年にこの三派を統合する大改革がおこなわれ、今日の姿に整えられた。

　本通りから谷あいに入った金剛三昧院の取扱いは大きくないが、多宝塔をこのように紹介する。

　貞応二年尼将軍政子の建立に係る、塔前経蔵あり、同時代の建立にして等しく特別保護建造物なり。

　金剛三昧院は、建暦元年（一二一一）、源頼朝の菩提を弔うために北条政子の発願により禅定院として建立された寺を、承久元年（一二一九）に金剛三昧院と改めたものである。貞応二年（一二二三）にこの多宝塔が建立された。本尊に頼朝の念持仏という愛染明王を祀る金剛三昧院は、空海が高野山を開いた約四百年後に創建され、当初、三宗兼学（密・禅・律）の禅宗寺院であった。高野山の歴史からするといわば新興勢力であったが、鎌倉幕府と高野山を結ぶ役割をはたしていた。金剛三昧院、またその後の徳川家霊台にみるよう、高野山はその時々の権力との関係を保ちつつ法灯を受け継ぎ、勢力を保持し続けていった。

（三）一の橋から奥の院へ

高野山の寺院群が途切れたあたり、奥の院に向けて一の橋が架かる。これより中之橋を経て奥の院にいたる参道が延びる。御廟手前に頌徳殿（休憩所）・護摩堂・御供所（御廟の供物調整所）が建ち、御廟橋を渡ると、楊柳山・摩尼山の山懐に抱かれて弘法大師の御廟が鎮座する。杉木立の参道両側には、おびただしい数の石造供養塔が立ち並ぶ。その様子は、「霊跡高野山案内新図絵」（年代、発行元不明）〈図9〉などからうかがうことができる。再び「参詣要覧高野山名所図絵」の案内文を見よう。

> 奥の院までは十八町道の左右には公家武家を始め、諸名士の石塔幾千万、一種の墓共進会の観をなして居る、

「幾千万」と表現するが、その数約二十万基ともいう。いずれも遺髪や肉体の一部を埋葬した上に建立した石塔であるという。ここでいう「共進会」とは、明治期に殖産興業政策として各地で開催された品評会を指すが、面白い喩えである。その共進会のような姿を、このように描写する。

> 豊臣家のもあり、明智光秀のもあり、曽我兄弟のもあり、浅野内匠頭長矩のもあり、熊谷蓮生坊が建てた平の敦盛のものもあり、契沖阿闍梨のもある、島津家で建てた朝鮮陣弔霊の碑は小さいけれど、世に名高き誉を止め……

記述は延々と続く。一見、無節操に思われがちであるが、敵味方なしに供養する、それがこの石塔群の特徴であろう。ここで紹介されている「朝鮮陣弔霊の碑」は、文禄・慶長の役戦死者の霊を敵味方の別なく供養するために島津義弘・忠恒が慶長四年（一五九九）に建立したものであるが、その心映えに敬意を表したい。

数多の石塔が並び立つ高野山は、祖霊と死霊の籠る霊場である。古代末期から納骨の霊場と知られた高野山は、戦乱の世には野辺の白骨や遺骸を笈にいれて高野に運び届ける聖が活躍をした。また近世には「日本総菩提所」として宗派を超えた納骨がおこなわれるようになる。奥の院参道に林立する全国各地の大名の五輪塔は、それを物語る光景であろう。その供養塔造立は今も続き、名だたる企業の墓所はもとより、駆除を余儀なくされたシロアリの霊まで祀られている。そのように万物の霊が鎮まる地としての高野山の性格が今に受け継がれているのである。

参詣人は奥の院手前の頌徳殿で一休みし、玉川畔に七尊が安置された水向所で先祖供養の水を手向け、玉川に架る御廟橋を渡って弘法大師の御廟に参詣する。

> 外廓には清冽なる玉水が環流し、幽邃寂莫の絶境、高潔清浄の霊地である、（中略）数十万の参詣人、皆、此御廟を拝せんが為めに登山す霊験千古猶新たなり。

御供所で水卒塔婆を求め、亡き人の冥福を祈る卒塔婆供養をおこなう参詣者は、今も跡を断たない。高野山には、全国の末寺の檀信徒が参拝に訪れるとともに、四国八十八か所を巡り終えた人が宗派問わず御廟に眠るお大師さまにお礼参りに行く慣わしもある。神秘感漂う幽邃な地を訪れて心を清めて新しい生命を吹き込む、それこそが高野山参詣の旅の真髄であろう。

四、伊勢志摩

（一）お伊勢参り

我が国の寺社参詣の代表例として、お伊勢参りを挙げることに異論はないであろう。江戸時代のお蔭参りや抜け参りの習俗をはじめ、人生儀礼の一つとしてお伊勢参りをおこなっていた土地もあった。お伊勢参りでは、村の代表者が何人か連れだって出かける代参講の仕組みが発達し、これに加わることによって一生に一度は神宮にお参りをすることができた。

お参りの人々は、道中、沿道の人たちから心温まる「施行」を受けつつ旅を続けた。施行とは、茶の湯や握り飯などの施しをいい、疲れた人を無料で駕籠に乗せる施行もあった。その庶民の助け合いの姿は、「御蔭群参之図」（文政一三年〈一八三〇〉、神宮徴古館）に生き生きと描かれている。お伊勢参りの人々は、土地の人々の情けにすがり、交流しつつ伊勢へ足を進めたのである。お国が違っても、そこには同じ人間が暮らしている、そんな連帯感にも似た感情が旅によって醸成されたに違いない。このような信仰の旅のほかに、お伊勢参りを口実に遊覧の旅に出かけるものも少なくなかった、と思われる。沿道の名所を記した『伊勢参宮名所図絵』（寛政九年〈一七九七〉）の刊行は、多くの人々を伊勢遊覧に誘ったことであろう。

伊勢に向かう道は、いく筋かあった。東から東海道をたどる人は、熱田の宮の渡しから船に乗って桑名に上陸し、四日市の日永追分を経て参宮北街道を南下した。近江方面からは、東海道鈴鹿峠を越えて関宿から一身田を経て津に向かう街道があった。また関西方面からは、奈良から青山峠を越える初瀬街道、榛原（宇陀市）から石割峠を越える参宮中街道、鷲家（吉野村）から高見峠を越える参宮南街道などが通じていた。さらに、三河や知多半島の海辺の村からは、海路を利用して神社港などに上陸して参詣することもみられた。

陸路をたどったお伊勢参りの人々は、いずれも宮川を渡って山田の街にはいる。宮川では柳の渡し（川端）や桜の渡し（小俣）が参宮客に利用されており、御師の手代が参宮客を渡し場に出迎えた。お伊勢参りが盛んになったのは、神宮に所属する御師が全国の旦那場に神宮の大麻を配って信仰を広め、地方の人々に参宮を勧めたことによる、といわれている。参宮客は、村にやって来るなじみの御師の館に宿泊をし、その夜は太々神楽を奉納し、お祓いを受けて身を清める。翌朝、御師の家から案内人がついて、外宮、内宮の順で参拝するのが慣わしであった。参拝が済むと朝熊山に登り、二見を見物する人々も少なくなかった。

明治四年の御師制度廃止に伴い、これまで御師がおこなっていた大麻や暦の配布、神楽奏上などを神宮が受け継ぐようになり、江戸時代のお伊勢参りの姿も少しずつ変わっていった。

大きく変わったのは、徒歩によるお伊勢参りから、鉄道利用となったことであろう。明治二六年に参宮鉄道の津—宮川間が開業し、宮川—山田間が延伸（明治三〇年）、さらに山田—鳥羽間が延伸全通した（明治四四年）。これに加えて、昭和に入ると大軌が参宮急行電鉄を設立し、伊勢方面に電車が延び、宇治山田駅が開業する（昭和六年）。昭和七年一月一日には、大阪の上本町と宇治山田間を二時間一分で結ぶ直通特急電車の運行が開始され、大阪から日帰りのお伊勢参りすら可能になった。

（二）旅行案内書に見る参宮

昭和初期のお伊勢参りは、どのようにおこなわれていたのであろうか。その姿を旅行案内書から見ていこう。お伊勢参りの日程案が次のように出ている。

第一日　参宮線山田駅下車外宮、内宮に参拝して後電車とケーブルにより朝熊岳に登り、山上に一泊するか、または下山の後二見浦、若くは鳥羽泊。　第二日　鳥羽名勝見物、島めぐりをなす。また志摩電鉄によりて賢島に至り真珠湾の海女の作業を見るのも面白い。途中には神宮の別宮伊雑宮（いざわのみや）がある。（『日本案内記』中部篇、昭和六年）

外宮と内宮に参拝し、その後に朝熊山に登り、二見浦を見物するのは、昔からの慣わしを引き継いでいる。鳥羽の名勝見物や島巡りをコースに加え、さらに志摩まで足をのばして海女の作業を見ることもコースに加えている。「真珠湾」とは、英虞（あご）湾（わん）のことであろう。交通の発達は、お伊勢参りに加えた名勝地巡りを、わずか一泊二日の旅程で可能にしたのである。

同書には、伊勢での廻覧順路を「駅—外宮—古市—間ノ山—内宮—徴古館—農業館—二見浦」と示す。山田駅から約半kmで外宮境内に入る。一の鳥居と二の鳥居を経て、外玉垣南御門前で参拝する。その後、別宮の多賀宮・土宮・風宮にも参詣する。廻覧順序にある古市・間ノ山（あいのやま）は、昔の参宮街道沿いの精進落としの場所として知られたが、すでに外宮から内宮まで自動車や電車の便もあったので素通りできた。五十鈴川の宇治橋を渡ると、内宮の神域である。一の鳥居を経て、かつて御師の館が並んでいた神苑を往き、五十鈴川の清流で手を洗い、口を漱（すす）ぎ心身を清める。そして二の鳥居を潜り、板垣南御門前で参拝し、別宮の荒祭宮・風日宮にも参る。

お伊勢参りに名勝地巡りを加えた遊覧旅行は、すでに大正期に確立されていたことを旅行案内書から読み取ることができる。たとえば、『旅程と費用概算』（大正一五年版）には、東京・大阪を起点とする「伊勢参宮」の三つの旅程が掲載されている。

　東京からの二コースは、ともに五日間（往復車中泊、伊勢志摩に二泊）の旅程である。一つは、朝、東京を出発し、二日目に外宮に参拝し、倉田山・徴古館・農業館などを見学して山田に宿泊。三日目は内宮に参拝後に朝熊山に登り、二見ヶ浦に宿泊。四日目は二見ヶ浦夫婦岩からの日の出を拝み、鳥羽に足をのばして日和山や樋ノ山遊園地からの眺望を楽しむ。また、島巡りをおこない、海女の真珠採りなども見物し、夜行列車に乗って五日目の朝東京に戻る旅程である。備考欄に「伊勢音頭ハ一回金五円以上」と出ていることから、旅館の座敷で昔ながらの遊芸を楽しむ客もいたのであろう。

　東京発のもう一つは、風光明媚な蒲郡に降り立ち、三河湾を参宮汽船で鳥羽に渡り、島巡りをしたついでにお伊勢参りをする旅程である。参宮汽船は、大正一〇年に設立された会社で、蒲郡—宮崎—篠島—師崎—豊浜—二見—鳥羽を約四時間かけて一日一航海していた。意外なコースに思われるかもしれないが、当時、名古屋—山田間が鉄道利用で三時間半～四時間半かかっていたので、船も意外に便利であった。いずれも見学先に農業館があらわれるが、庶民の参宮の目的に新たな農業知識を得ることがあった慣習を引き継ぐものであろう。

　大阪発は一泊二日の旅で、当時、山田まで五時間を要した。その日に外宮と内宮を参拝して、二見浦まで行って宿泊。山田駅前から外宮と内宮を経て二見にいたる廻遊電車があった。翌日、二見浦で夫婦岩の日の出を拝み、鳥羽まで足をのばして島巡りをしてから鳥羽を発って大阪へ戻る旅程である。これは、昔のお伊勢参りのように、外宮や内宮の門前に宿泊をすることもなく、風光明媚な二見浦で一夜を過ごす小旅行と捉えてよいであろう。

（三）伊勢参宮御名所図絵

　吉田初三郎描く伊勢の鳥瞰図として「伊勢参宮御名所図絵」（昭和五年一月、宇治山田市商工会議所発行）〈図10〉、「参宮急行名所図絵」（昭和六年頃、参宮急行電鉄発行）〈図11〉などが知られる。「伊勢参宮御名所図絵」は、外宮から内宮にかけての様子を詳細に描く。一方、「参宮急行名所図絵」は、大阪上本町から宇治山田へ延びる参宮急行電鉄沿線を描くが、五十鈴川河口の大湊、神社港から望む内宮・外宮付近の風景もまた見応えがある。この図絵には年代がないが、宇治山田駅開業（昭和六年三月）以後、特急開通（昭和七年一月）以前のものと見られている。

ここでは、より詳細な「伊勢参宮御名所図絵」を取り上げよう。鳥瞰図は西を望む構図で、右手に宮川、外宮と山田の町並み、左手に五十鈴川、内宮を配置する。外宮から内宮へ参宮街道が古市を経て通じる。外宮は、高倉山を背後に緑に包まれた神域が広がる。その中心が豊受大神宮で、高倉山の麓に土宮・多賀宮・風宮の別宮が並ぶ。

勢田川を渡り南東にしばらく行くと、鼓ヶ岳の山続きの裾に古市の町並みが見える。図絵には大安、麻吉など七軒の旅館を書き込むが、歓楽街として栄えた名残であろう。古市の手前の倉田山公園一帯に倭姫宮・徴古館・農業館・神宮皇学館などが建ち並ぶ。倉田山を経て外宮前と内宮前を結ぶ広い道路が見えるが、これは明治四三年開通の御幸道路、すなわち天皇の参詣路としてつくられた道である。この道路に翌年から乗合自動車が通い、外宮と内宮との連絡が便利になった。

猿田彦神社を過ぎると宇治の町並みであるが、山田ほど市街地は広がっていない。内宮前に延びる門前の「おはらいまち」が町並みの中心である。五十鈴川の宇治橋を渡ると内宮で、皇大神宮が鎮座し、背後に神路山が見える。鳥瞰図左端に、わずかながら朝熊山と二見浦も書き入れる。いずれも、お伊勢参りに欠かせない場所である。朝熊山には楠部から平岩まで電車が通じ、平岩から山頂にケーブルカーが見える。

外宮と内宮の中間にある古市の案内文を見よう。古市は茶屋女を置いて休憩所としたのが年を追って繁栄し、享保年間（一七一六〜三六）頃から一大遊廓となったところである。

> 街の両側に堂々たる大旅館や青楼が軒を連ねて、所謂「伊勢音頭恋妬刃（ママ）」―福岡貢大活躍の舞台面をしてゐます彼の有名な「伊勢音頭」（手踊）は、備前屋、杉本屋等で見る事が出来るので、何れも結構壮麗、昔の儘の画面を今日に伝へてゐるもの。何かこう古めかしい匂ひのする錦絵の世界へ魅き入れられるやうな味があります。

古市には備前屋・杉本屋・油屋などの妓楼があった。「伊勢音頭恋寝刃」は、寛政八年（一七九六）年に遊女お紺と町医者貢が引き起こした「油屋騒動」―九人斬り切傷事件―を題材とした芝居として名高い。この騒動は、お伊勢参りの人を通じて全国に知れ渡り、早くも五二日目には大坂で上演され大当たりし、その後、津々浦々の村芝居にまで取り入れられるほどであった、という。情報伝達において旅人の役割がことのほか大きいことがわかる。油屋は明治二一年に妓楼を廃止して旅館業に変わるが、昭和初期の旅行案内書には油屋の名も掲載されている。

伊勢音頭もまた、津々浦々で盆踊りなどに取り入れられているが、これも旅人が運んだ芸能の一つであろう。伊勢音頭を妓楼の舞台芸として最初に演じたのは備前屋といわれ、その様子は錦絵などで知られる。備前屋は大正四年に妓楼を廃業しているが、本パンフレットの案内文にあるように、杉本屋とともに伊勢音頭の舞台芸を見せる店として昭和初期も存続していたようである。備前屋が祀っていた芸事上達の守護神である弁財天や、踊りを絵付けした徳利が伊勢古市参宮街道資料館に残されている。

「伊勢参り　大神宮にも　ちょっと寄り」

こんな古川柳があるように、古市は参宮客の遊び心をくすぐる場所であった。しかし、一世を風靡した一大遊廓も、昭和一四年に備前屋と杉本屋が焼失し、昭和二〇年の空襲で油屋も灰燼に帰した。以後、麻吉旅館が昔ながらの高楼を伝えるのみで、ほかはごくありふれた、しもた屋の町並みに変わってしまった。その、在りし日の古市の情景を彷彿とさせる鳥瞰図ではないか。

（四）二見浦

お伊勢参りの人々が申し合わせたように足をのばすのが二見浦であった。二見浦を象徴する夫婦岩は、広重の「伊勢名所二見ヶ浦の図」をはじめ多くの浮世絵や、伊勢参宮絵馬に描き込まれた名所である。五十鈴川河口の三角州の海辺に発達した二見は、参詣者が海で身を清める垢離場（こりば）としての性格をもっていた。明治三八年に海岸沿いに新道が開通し、山田―二見間に電車が全通すると、海辺に旅館街が形成された。また、明治四四年に参宮線の山田―鳥羽間全通により二見浦駅が開業し、お伊勢参りの宿泊地として知られるようになった。また、戦前は修学旅行生の受け入れ先として旅館街は大いに賑わいをみせた、という。

「二見遊覧御案内」（昭和七～一二年頃、朝日館発行）〈図12〉から、街の様子を見ていこう。発行元の朝日館は、二見の老舗旅館（現存）である。鳥瞰図は伊勢湾から南を望む構図で、右手に外宮、中央奥に内宮、その手前に二見の街、左手に鳥羽を配す。町並

〈図12-1〉「二見遊覧御案内」（昭和7-12年頃、朝日館）

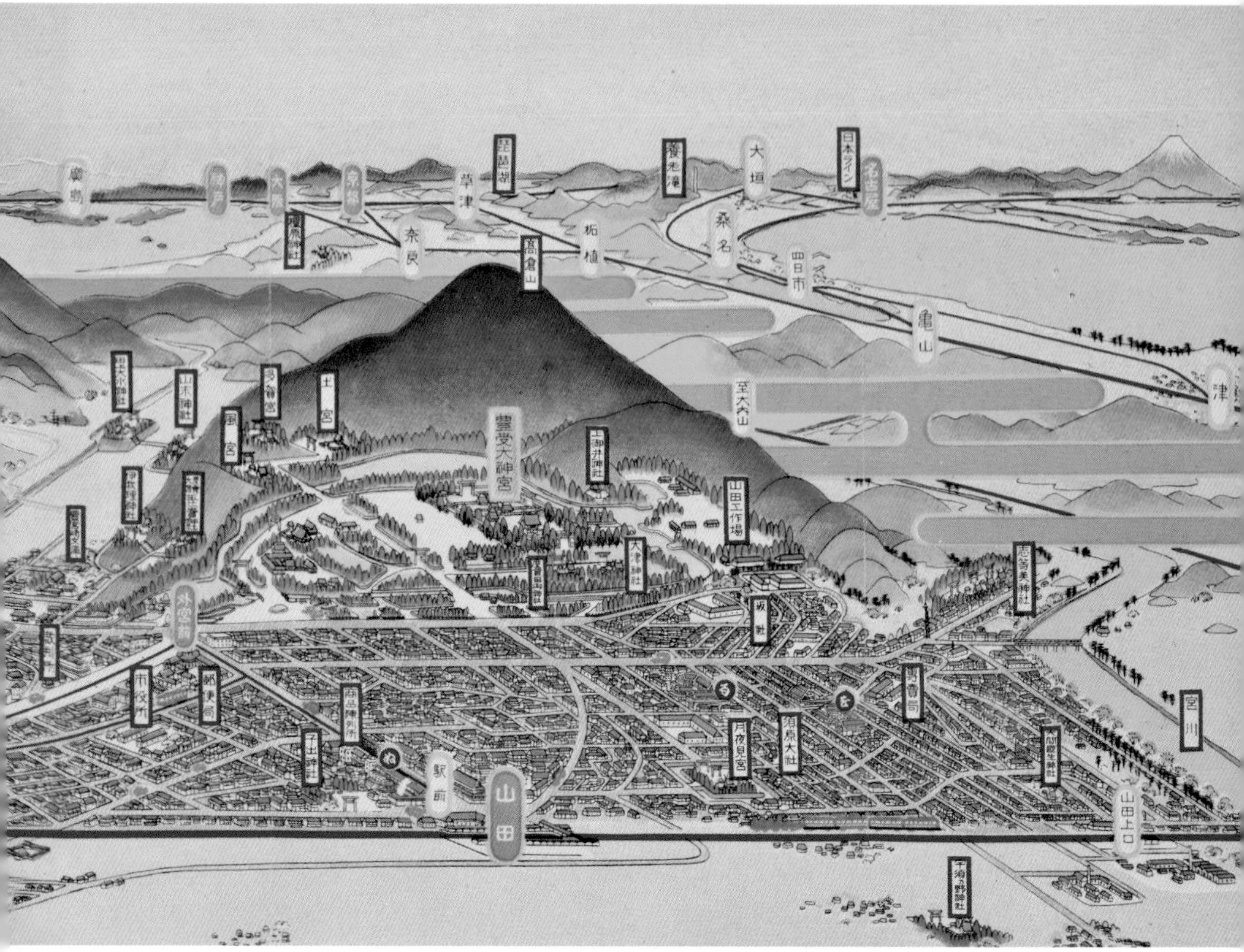

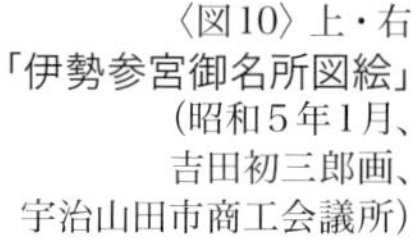

〈図10〉上・右
「伊勢参宮御名所図絵」
（昭和5年1月、
吉田初三郎画、
宇治山田市商工会議所）

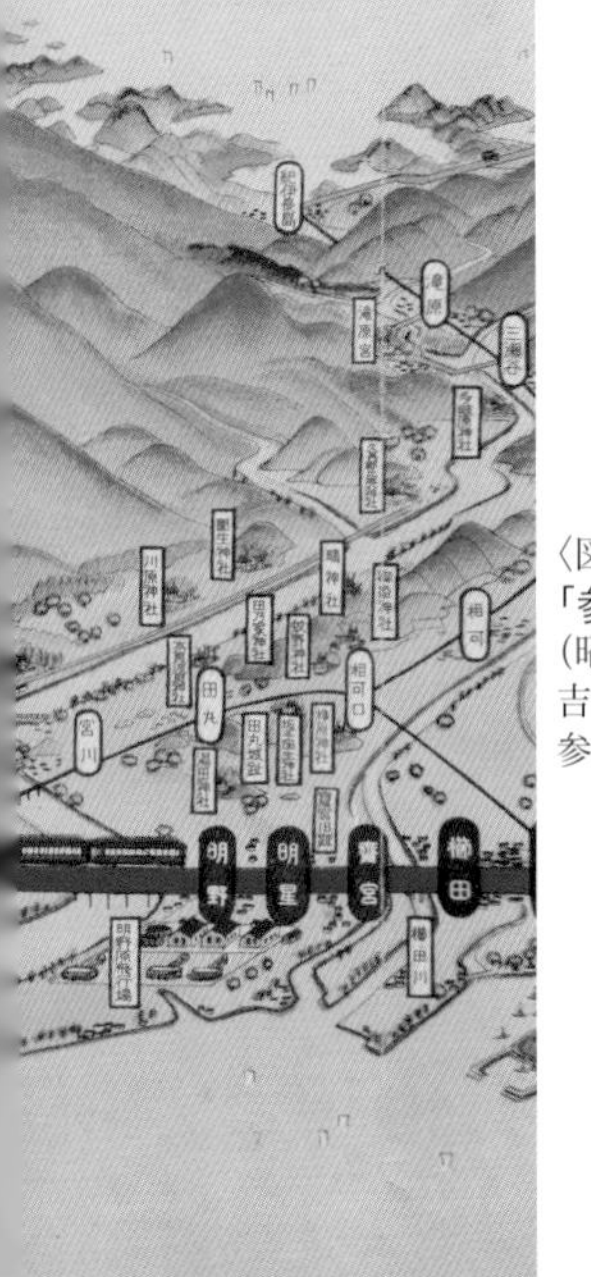

〈図11〉下・左
「参宮急行名所図絵」
（昭和6年頃、
吉田初三郎画、
参宮急行電鉄）

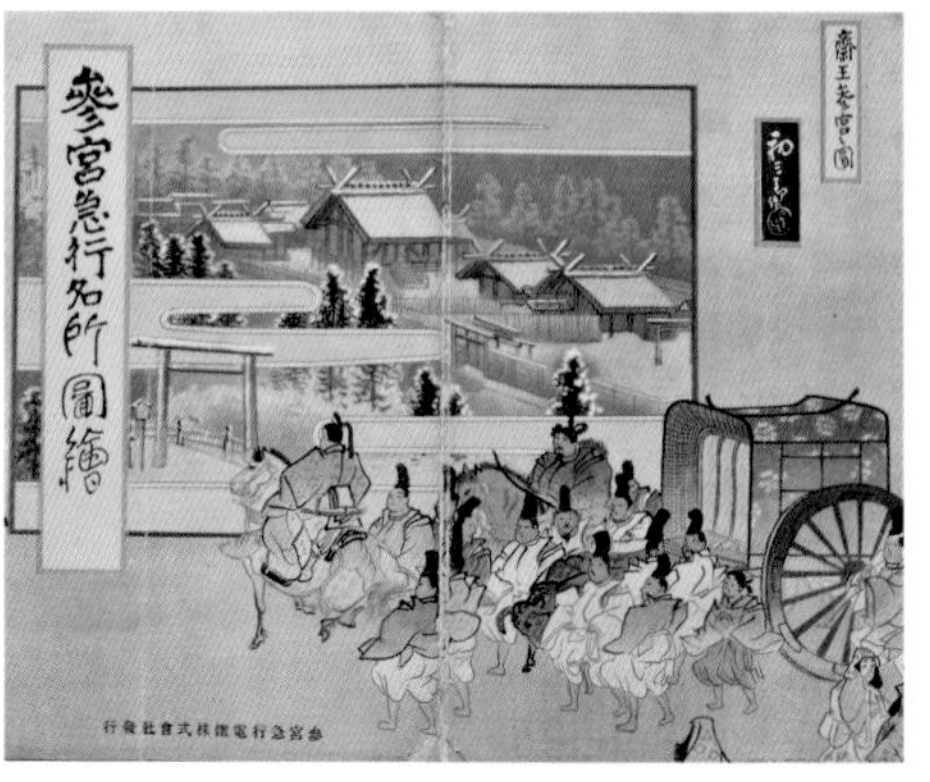

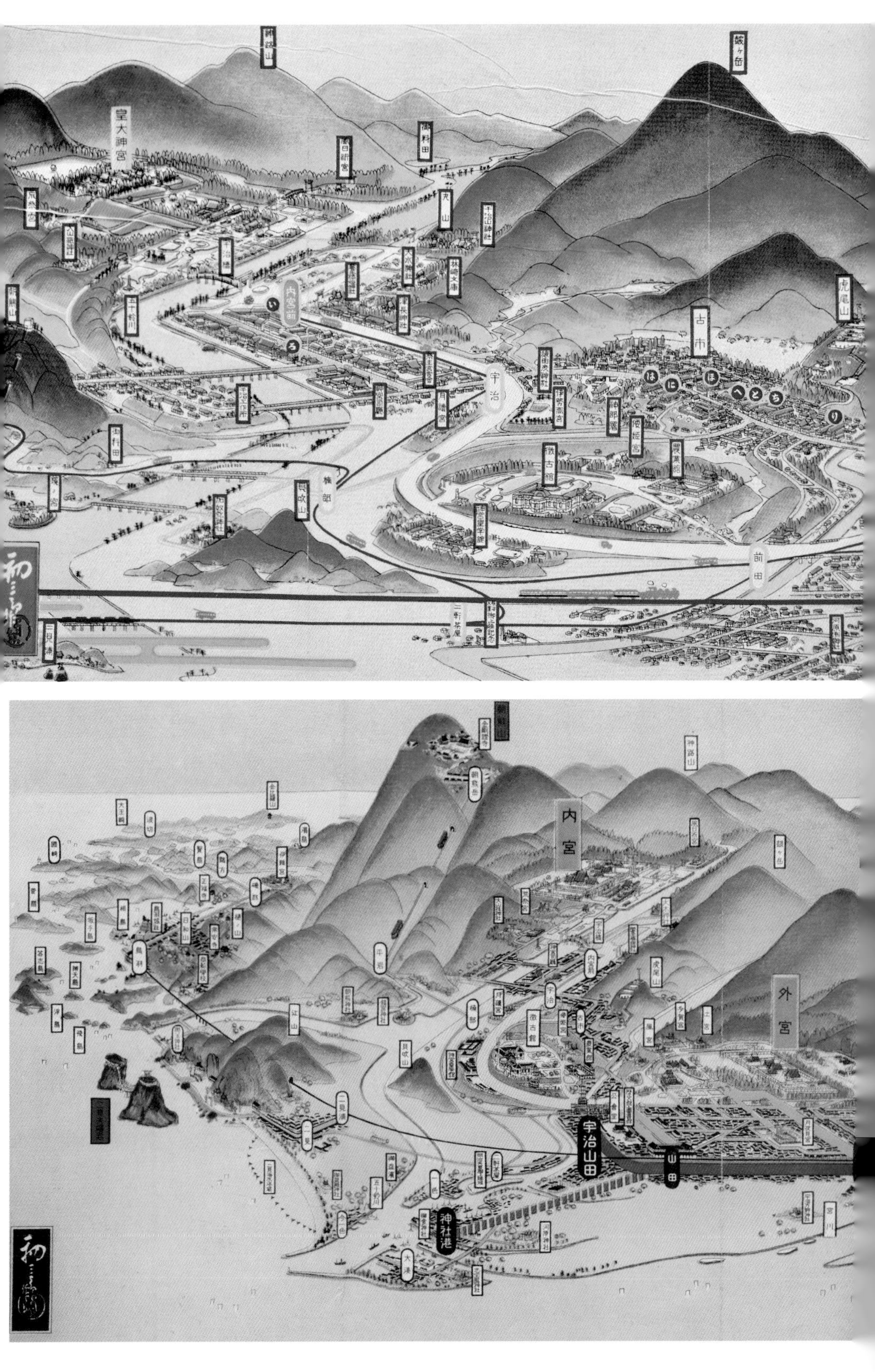

神路山
鼓ヶ岳
皇大神宮
御料田
丸山
荒祭宮
宇治神社
宇治橋
林崎文庫
津長神社
五十鈴川
内宮前
い
ろ
は
に
ほ
へ
と
ち
り
古市
虎尾山
宇治
徴古館
前田
二軒茶屋
初三郎
内宮
外宮
鼓ヶ岳
神路山
虎尾山
宇治山田
山田
神社港
大湊
宮川

み左手には興玉神社が鎮座し、海中に注連縄をかけた夫婦岩がある。夫婦岩付近に獅子岩・屏風岩・烏帽子岩も描き入れる。町並み右手に神宮の塩を調整する御塩殿も建つ。町並み背後には音無山があり、索道が通じる。また、音無山背後に朝熊山があり、山頂に金剛證寺が伽藍を構え、平岩からケーブルカーが通じる。煙を吐く参宮線が二見浦駅に向かい、山田から二見駅に向けて一両編成の電車が走る。このパンフレットは発行年がないが、音無山索道（昭和七年開業）や、山田―二見間の電車が「合同電鉄の経営」（〜昭和一二年）と案内文に見えることから、発行年を推定できる。二見浦の案内文を見よう。

> 長汀曲浦は松青く砂白く、伊勢湾の静波を隔てて遥かに、尾三の翠微に対し風景の絶佳なること言語に絶す、沿海一帯は遠浅にして海底は美しき白砂なれば海水浴場として好適であり、又浪静かなる春夏秋の頃には船を浮べて一日の釣遊びも一興に御座います、……

五十鈴川の下流、今一色の岬から立石崎にいたる白砂青松の海岸美を称えるとともに、海水浴にふさわしい、とも述べる。二見浦海水浴場は、明治一五年開設のいたって古い歴史をもっている。当初の海水浴は、潮湯治としての療養目的が中心で、潮湯治の宿として旅館がつくられた。夏季には、三河湾の蒲郡や、知多半島の新舞子などに向けて遊覧飛行もおこなわれていた。二見浦は、どこか懐かしさが漂う町並みである。

（五）鳥羽

伊勢湾と太平洋を分かつ志摩半島北東端に位置する鳥羽は風光明媚な地で、戦後最初の国立公園・伊勢志摩国立公園に指定（昭和二一年）された。明治四四年、参宮線山田―鳥羽間延伸により、お伊勢参りの人々が足をのばす地となったことを前述した。また、昭和四年、志摩電気鉄道（志摩電鉄、三重交通を経て昭和四〇年近鉄）が鳥羽から賢島方面に延びると、その起点として街は賑わいを見せる。

「鳥羽のながめ」（昭和一一年一一月、寿山画、山田接心堂発行）〈図13〉を見よう。著者・発行者は山田鎗之助なる人で、発行元の山田接心堂は東京三田に所在した。鳥瞰図は陸地から東に鳥羽湾を見下ろす構図で、鳥羽の市街地と鳥羽湾に浮かぶ島々の姿を描く。遠景に知多半島・三河湾・渥美半島・富士山が見え、三河湾の蒲郡に航路が延びる。市街地背後に日和山、樋ノ山の山並みが連なり、海辺の小山は鳥羽城址である。日和山の山並みが海に落ち込むわずかな平地に鳥羽駅があり、駅付近の桟橋が船の発着所である。鳥羽駅北の佐田浜は海水浴場として利用されている。城址の北に鳥羽造船所、南に魚市場が見える。鳥羽湾には坂手島、答志島、菅島など大小の島々が浮かぶ。

所収の「鳥羽市街地図」を見よう。鳥羽駅から日和山の山並みに沿って、岩崎、本町の町並みが谷奥に延び、樋ノ山山麓に本町に並行して旧鳥羽藩主九鬼家菩提寺の常安寺に向かう大里町がある。樋ノ山と鳥羽城址に囲まれて錦町があり、それより南の海辺に中之郷町と尾之郷町が延びる。鳥羽駅周辺の岩崎に遊覧船会社があり、付近に旅館七軒、土産物店二軒が集まる。旅館は樋ノ山山頂にもあり、日和山にも土産物店が店を構える。この市街地図から、観光地の色彩を帯びた鳥羽の姿が見て取れる。

案内文には、日和山が名所の一つに挙がる。鳥羽は、江戸時代、上方と江戸を結ぶ廻船が寄港する港町で、船頭が天候を見定める山が日和山であった。そこには、文政五年（一八二二）、摂津灘廻船中が奉納した方位石が残されており、見所になっていた。

港町としての性格は昭和初期も続いており、鳥羽港には紀州大阪方面と名古屋を結ぶ大阪商船が寄港し、蒲郡との間に参宮汽船が発着（毎日一便）していたことが案内文に見える。また、近海巡行船が志摩地方の浦々を結んでいた（毎日三便）。その航路は、鳥羽─長岡（相差）─安乗─甲賀─片田─波切─和具─浜島である。志摩電鉄開通以前、志摩地方への交通は鳥羽から海路が利用されていたのである。さらに答志島・坂手島桃取・神島・菅島の島嶼部や、鳥羽付近の石鏡・今浦・本浦に向けても渡航便が出ていた（毎日数回）。

案内文には「四季清遊の栞」と題して、次のことが出ている。

> 陽春風暖かき日巡航船を傭ひて小浜養魚場蜑婦の作業等を一覧し桃取の弁天、浦の権現等の奇勝を探ぐるも亦一日の清遊に適す。
>
> 盛夏の候沿海の岩頭を渡りて海産物の標本を採取するも亦一興あり海藻としてはフノリ、ヒジキ、ホンダハラ、其他十一種類あり動物としてはウニ、ナマコ、クラゲ、其他八種を容易に採取し得べく……
>
> 初夏より初冬に至るの候小廻船を傭ひて沿岸数町を出づればキス、ベラ、鰺、其他七種の魚は時季に応じて容易に漁獲するを得べし特に十月中旬より十二月初旬迄は当地有名のカイズ釣り実に盛なり、

鳥羽は、海の遊びに満ちた地であったことがわかる。港内巡遊船が岩崎桟橋から随時出発し、東廻・西廻・南廻・菅島大廻・弁天廻と客の求めに応じていた。その他、一見の価値あるものとして、海女の作業の見物を挙げる。鳥羽付近では菅島、志摩方面では国崎・相差・和具において海女漁が盛んで、鳥羽沿岸

〈図12-2〉左「二見遊覧御案内」
(昭和7~12年頃、朝日館)

〈図13〉上右・下「鳥羽のながめ」(昭和2年12月、寿山画、山田接心堂)

朝熊岳
金剛證寺
東ノ院
神路山
内宮
五十鈴川
内宮前
富士山
中間
朝熊山
堅田神社
二見浦駅
朝日館支店
朝日館別館
朝日館
興玉神社
天ノ岩戸
汐合
汐合橋
荘村
御塩殿
夫婦岩
獅子岩
屏風岩
烏帽子岩
海水浴場
伊勢海
鈴鹿山 
二子山
伊吹山
白山
木曽御嶽
立山
駒ケ岳
浅間山
秋葉山
桑名
四日市
白子
津
名古屋
知多半島
山田
二見浦
飛島
浮島
牛島
桃取村
無線電話
弁天島
平島
日向島
日和山
佐田浦
鳥羽駅
賀多神社

では客の求めに応じてその作業を観覧に供す、とも記す。鳥羽の土産物としてアワビ粕漬・カイヅ（クロダイ）溜漬・エビ・アワビ・サザエ・味付けワカメなどの海産物のほか、真珠・貝細工を紹介する。

志摩半島の北東端に位置し、リアス式海岸が広がる鳥羽は城下町として発達し、志摩半島の政治・経済・文化の中心地であった。周囲に多くの島嶼や浦々を控えた風光明媚な土地柄が、やがて観光都市鳥羽を形づくるのであろう。その萌芽を、このパンフレットが物語っているように思われる。

第五章　名古屋とその周辺

一、名古屋

（一）名古屋の名所

必ずしも魅力溢れる観光地と見られていない名古屋ではあるが、昔、どのような場所が名所として捉えられていたのであろうか。明治後期と昭和初期の観光案内書を比較してみよう。『鉄道作業局線路案内』（明治三八年）に名古屋駅周辺の名所一二か所が記載されている。また鉄道省編纂の『日本案内記』中部篇（昭和六年）では名所二四か所と回覧順序を例示する。

明治期の名古屋駅周辺の名所一二か所のうち有名なものは、名古屋城・大須観音・七ツ寺・東西の本願寺・若宮八幡宮・東照宮であろう。その他なじみのない五か所（中村・聖徳寺・政秀寺・五百羅漢堂・愛知博物館）も紹介されているので言い添える。中村は豊臣秀吉及び加藤清正の生誕地であり、常泉寺（秀吉生誕地）・妙行寺（清正生誕地）がその跡地である。聖徳寺（天白区）は織田信長と斎藤道三が会合した寺であるが、会合当時の聖徳寺は現在地ではなく冨田村（現、一宮市）にあった。政秀寺は織田信長が平手政秀の菩提を弔うために建立した寺で、政秀は信長の奇行を諌めた人として知られる。五百羅漢堂は黄檗宗大龍寺内のお堂であるが、大正期に千種区に移転した。愛知博物館は明治一一年に物産陳列館として創設され、明治四〇年に建物を取り壊してその後は愛知県商品陳列館となった。明治期の名古屋の名所として歴史的人物ゆかりの地を多く挙げているのが特徴である。なお、熱田神宮は熱田駅周辺の名所として取り上げている。

これを昭和初期の観光案内書と比べてみよう。引き続き取り上げるものは、名古屋城・大須観音・七ツ寺・東西の本願寺・東照宮・中村公園の七か所で、他は削除された。併せて名古屋を巡る回覧順序を次のように提示する。

名古屋駅―中村公園―名古屋城―十一屋―覚王山（かくおうざん）―八事（やごと）遊園地―鶴舞（つるま）公園―松坂屋―大須観音―本派本願寺別院

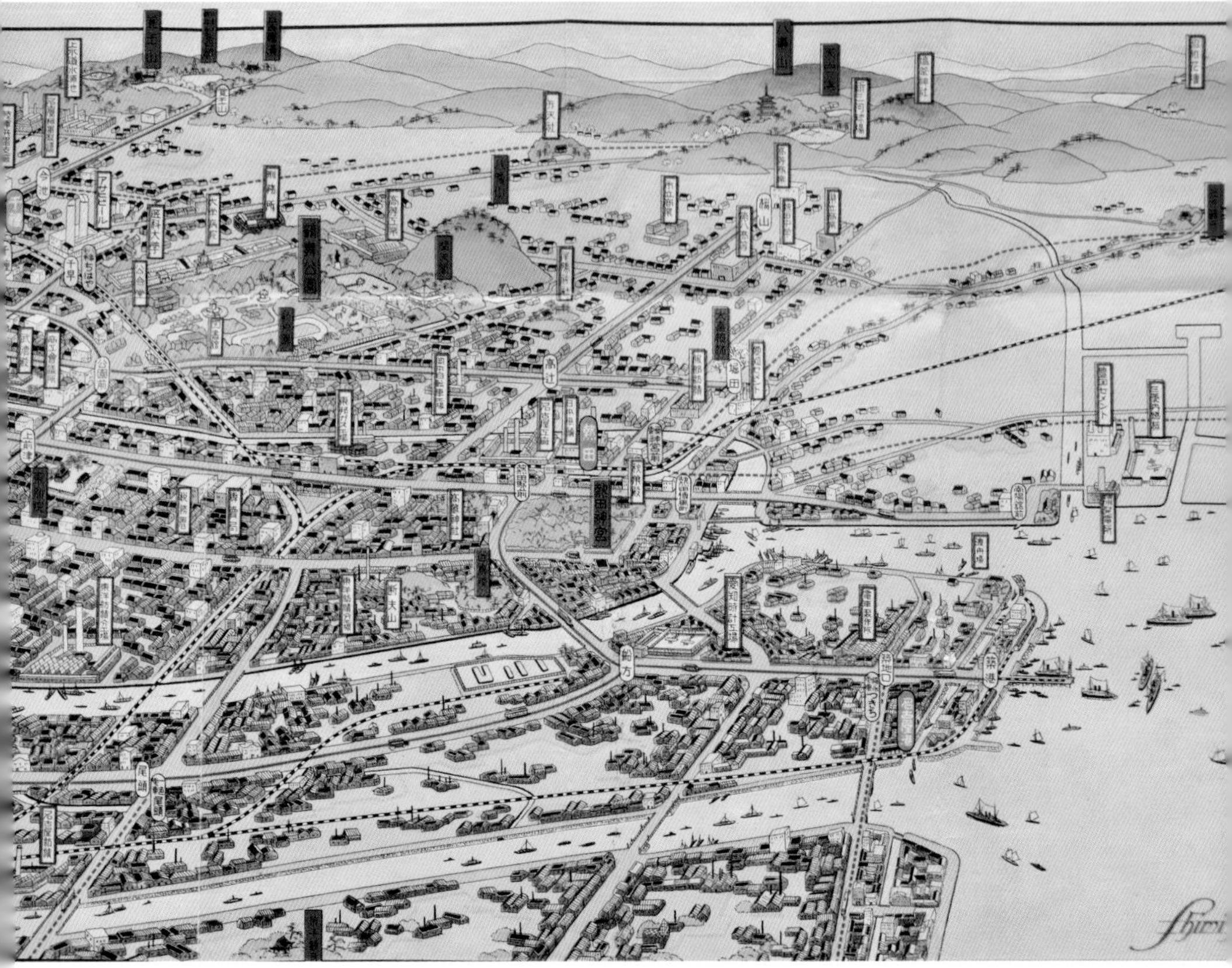

〈図1〉上・下右「大名古屋市鳥瞰図附名所案内」（昭和6年4月、Shimizu画、名所図会刊行会）

〈図3〉「名古屋」（昭和12年〜、名古屋市役所）

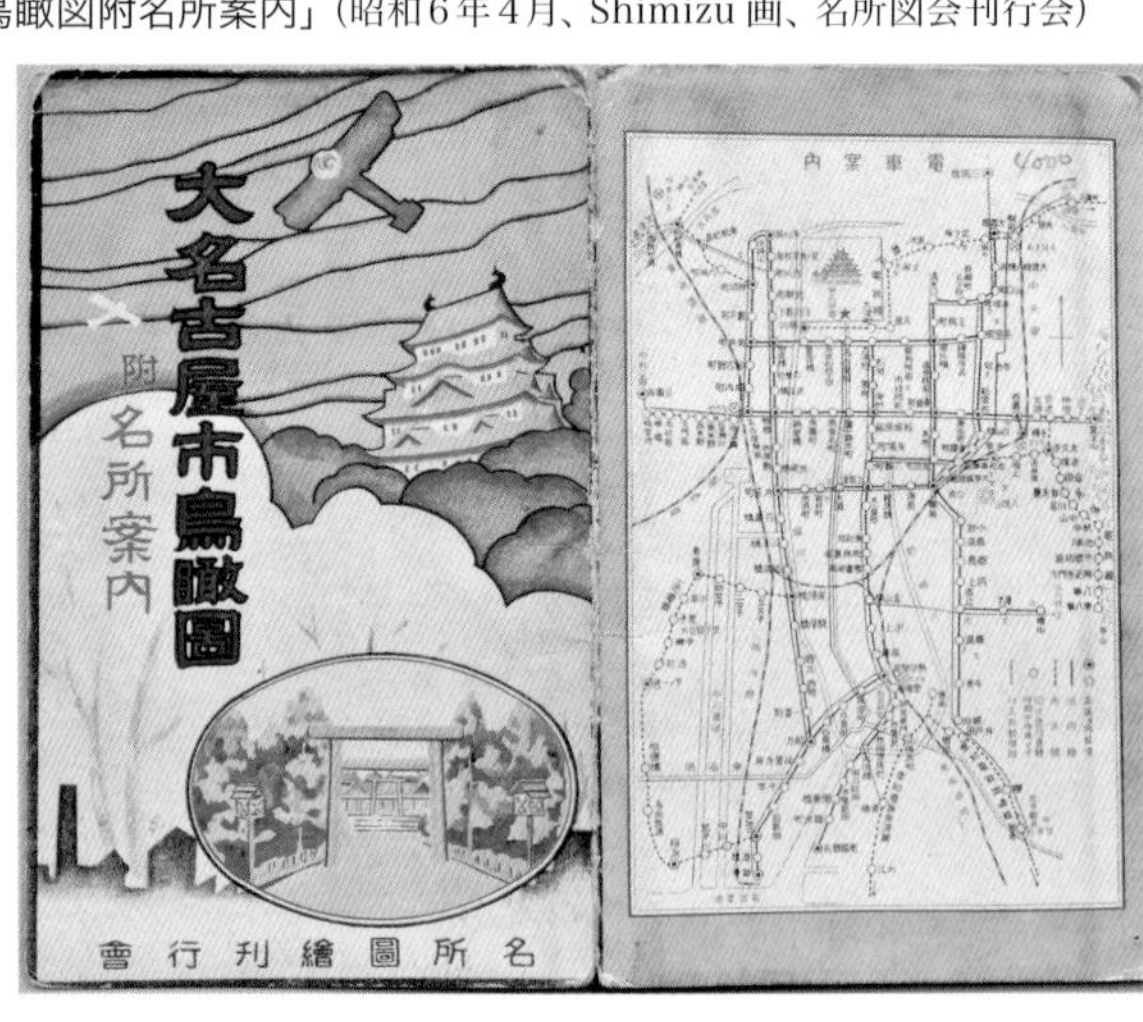

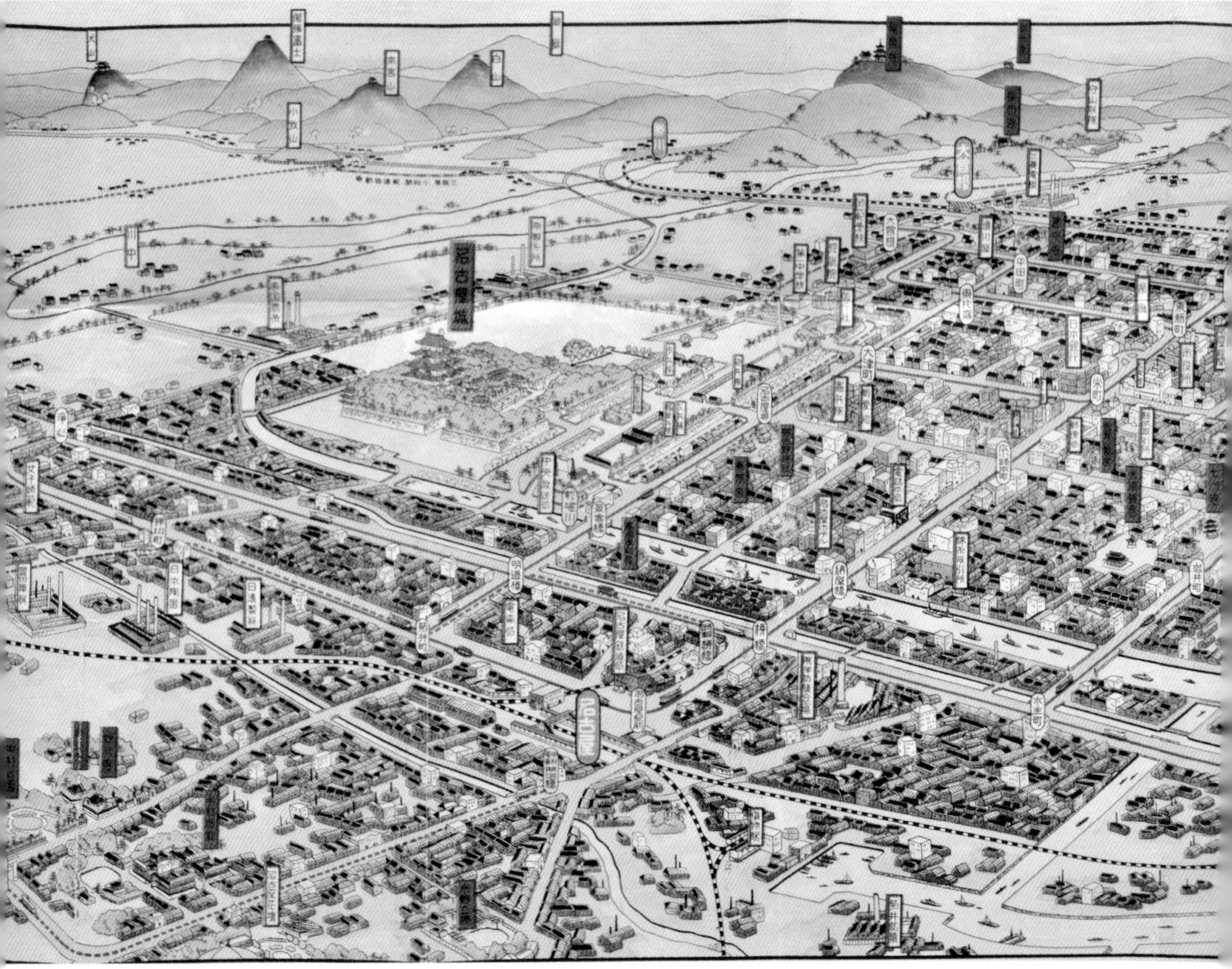

〈図4〉「八勝館御案内」(年代不明、吉田初三郎画、八勝館)

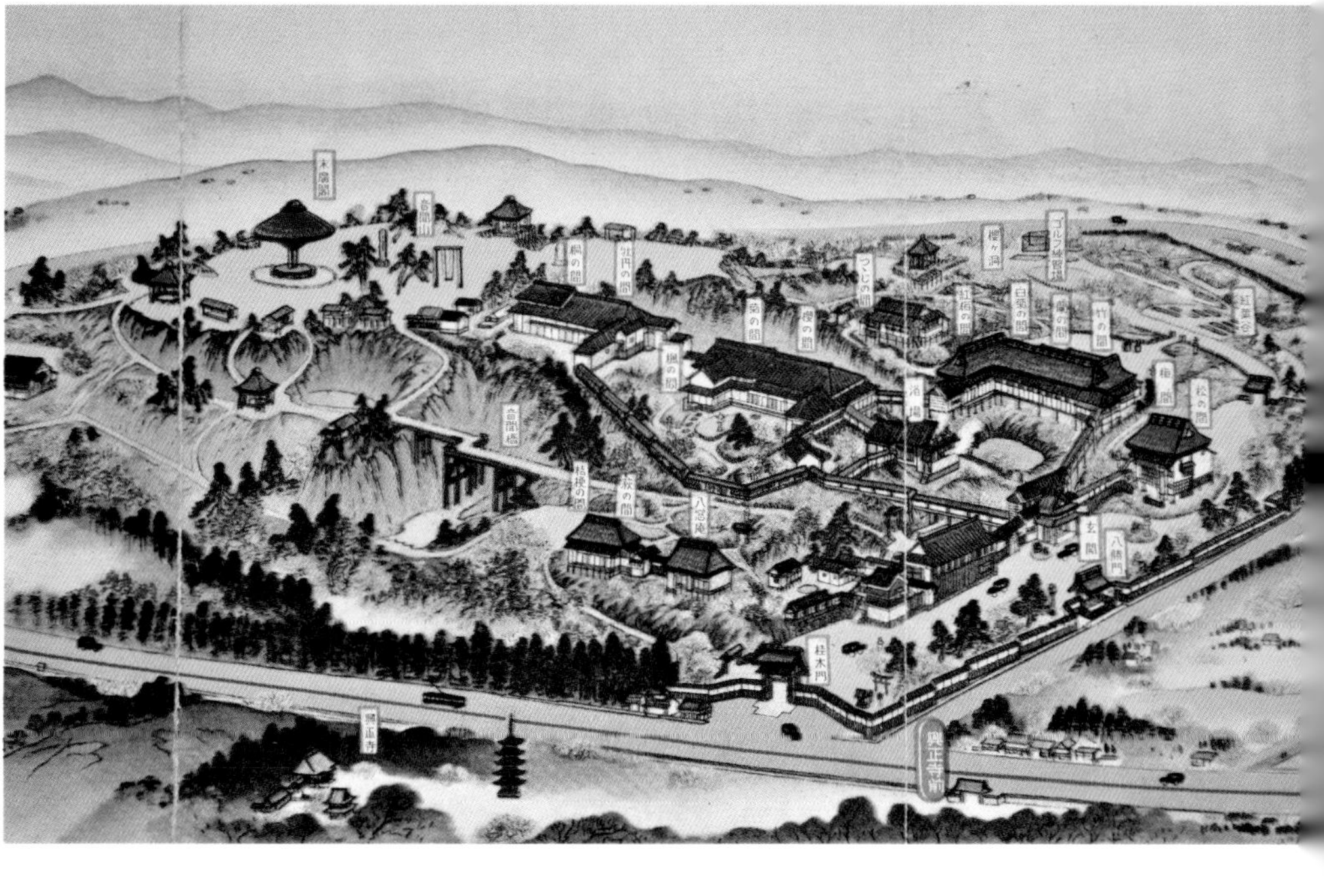

—大谷派本願寺別院—熱田神宮—名古屋港—熱田駅（『日本案内記』中部篇、昭和六年）

これは、昭和初期の名古屋見物のモデルコースと考えてよいであろう。名古屋城をはじめ、大須観音・東西の本願寺・熱田神宮、秀吉や清正ゆかりの中村公園を見物するほか、次の見所が新たに加わった。それは、明治四二年に名古屋市最初の公園として設置された鶴舞公園、明治後期から大正期にかけて郊外の覚王山に伽藍が整備された日暹寺（にっせんじ）（現、日泰寺）、明治四〇年代に愛知馬車鉄道敷設に伴い郊外に設置された八事遊園地である。さらに、松坂屋・十一屋（旧丸栄）といった名古屋を代表する百貨店も見物先に組み込まれる。明治期の寺社を中心とする名所巡りに加え、郊外の遊覧地や街中の百貨店にも訪れる、それが昭和初期の観光スタイルであった。

（二）図絵に見る名古屋

昭和初期発行の名古屋の観光パンフレット三種類を見比べてみよう。それは、「大名古屋市鳥瞰図附名所案内」（昭和六年四月、Shimizu 画、名所図会刊行会発行）〈図1〉、「観光の名古屋市とその付近」（昭和八年三月、吉田初三郎画、名古屋勧業協会発行）〈図2〉、「名古屋」（昭和一一年～、名古屋市役所発行）〈図3〉である。

三種類のパンフレットが共通して取り上げるのは、名古屋城・熱田神宮・東西の本願寺別院・若宮八幡宮・東照宮・中村公園（豊国神社）・大須観音・七ツ寺・建中寺といった寺社や、鶴舞公園・八事山・覚王山の遊覧地であり、これらが昭和初期の名古屋を代表する観光名所、と見て差し支えないだろう。まず、「大名古屋市鳥瞰図附名所案内」（昭和六年）〈図1〉を開こう。

鳥瞰図は東を望む構図で、左手に名古屋城・名古屋駅・中村公園、右手に熱田神宮・名古屋港を配置し、中央に名古屋の町並みが広がり、街中を堀川と中川運河が流れる。名古屋は尾張徳川家の城下町であり、城下の町割を基に発達した姿が見て取れる。描かれた名古屋城は、第二次大戦焼失前の姿である。名古屋城前の二の丸に師団司令部が置かれ、周囲に偕行社（かいこうしゃ）・歩兵隊・砲兵隊・工兵隊・輜重（しちょう）兵隊がある。また、市街地化した三の丸には憲兵隊が置かれ、東照宮・那古野（なごや）神社が鎮座する。

なお、那古野は平安末期の荘園名に表れる古い地名で、かつて那古野（なごや）村（明治二一年名古屋市に編入）があり、現在も那古野（なごの）の地名が受け継がれている。

名古屋城の右上（東）には徳川邸や建中寺がある。名古屋城の東方は武家地であったが、ここも市街地化している。徳川邸は二代藩主光友の隠居所であったが、この図が描かれた昭和六年に名古屋市に寄贈され、翌年に徳川園として公開された。建中寺（浄土宗）は、尾張徳川家の菩提寺である。

名古屋城東方の武家地であった白壁町・主計町・橦木町を歩くと、塀や門構えの閑静な住宅地が広がっている。

町並みは名古屋城の右下（南）にひらけ、整然と碁盤目に区画されている。そこは城下の町人町のあったところで、納屋橋から新栄町にかけての広小路に日本銀行・市役所・郵便局・電話本局などが建ち並ぶ。広小路は、万治三年（一六九〇）の大火後に幅一五間の道幅に拡張した名古屋の目抜き通りである。広小路など主要な通りには市電が東西に張り巡らされている。

この碁盤目の城下町の町割は、久屋大通公園に建つ名古屋テレビ塔に登ると一望できる。

広小路の南、本町通りに沿って若宮八幡宮・大須観音・七ツ寺・東別院・西別院といった名古屋を代表する寺社が並ぶ。江戸期、付近一帯は寺社地であり、その姿が受け継がれている。

本町通りを南に進むと熱田神宮となり、付近に白鳥陵や断夫山古墳がある。昭和初期、名古屋と熱田はすでに町並み続きになっている。熱田町が名古屋市に合併したのは明治四〇年であり、それ以前はそれぞれ独立した街区であった。

東の街はずれに鶴舞公園があり、市電が公園前に通じる。公園内に動物園・図書館・公会堂が設置されており、鶴舞公園を象徴するレトロな奏楽堂や噴水塔も描く。公園周辺は大学病院・医科大学・高等工業などが並ぶ文京地帯である。鶴舞公園については後述しよう。

西の街はずれに中村公園があり、明治橋から中村電気軌道（昭和一一年名古屋市電）が通じる。中村公園に隣接して常泉寺（秀吉生誕地）・妙行寺（清正生誕地）・中村遊廓などが見られる。南の名古屋港（明治四〇年開港）は埠頭が整備され、堀川や中川運河に小舟が行き交う姿を描く。

ここで注目したいのは、郊外の姿である。広小路を走る市電が、千種を経て覚王山に到達する。覚王山では日暹寺・征清記念碑・五百羅漢を描く。千早から八事に向かって八事電車として親しまれた尾張電気軌道（昭和一二年名古屋市電）が延びる。八事には尾張徳川家祈願所であった興正寺の五重塔が聳え、野球場や当時景勝地として知られた天白渓もある。

西の濃尾平野方面には、柳橋から押切町・枇杷島を経て犬山・小牧・津島方面に名岐鉄道（昭和一〇年名鉄）が延びる。南西部には尾頭から下ノ一色方面に下之一色電車軌道（一色電車、昭和一二年名古屋市電）が通じ、沿線に荒子観音がある。東に目を移すと、景雲橋付近の堀川から瀬戸方面に瀬戸電気鉄道（瀬戸電、

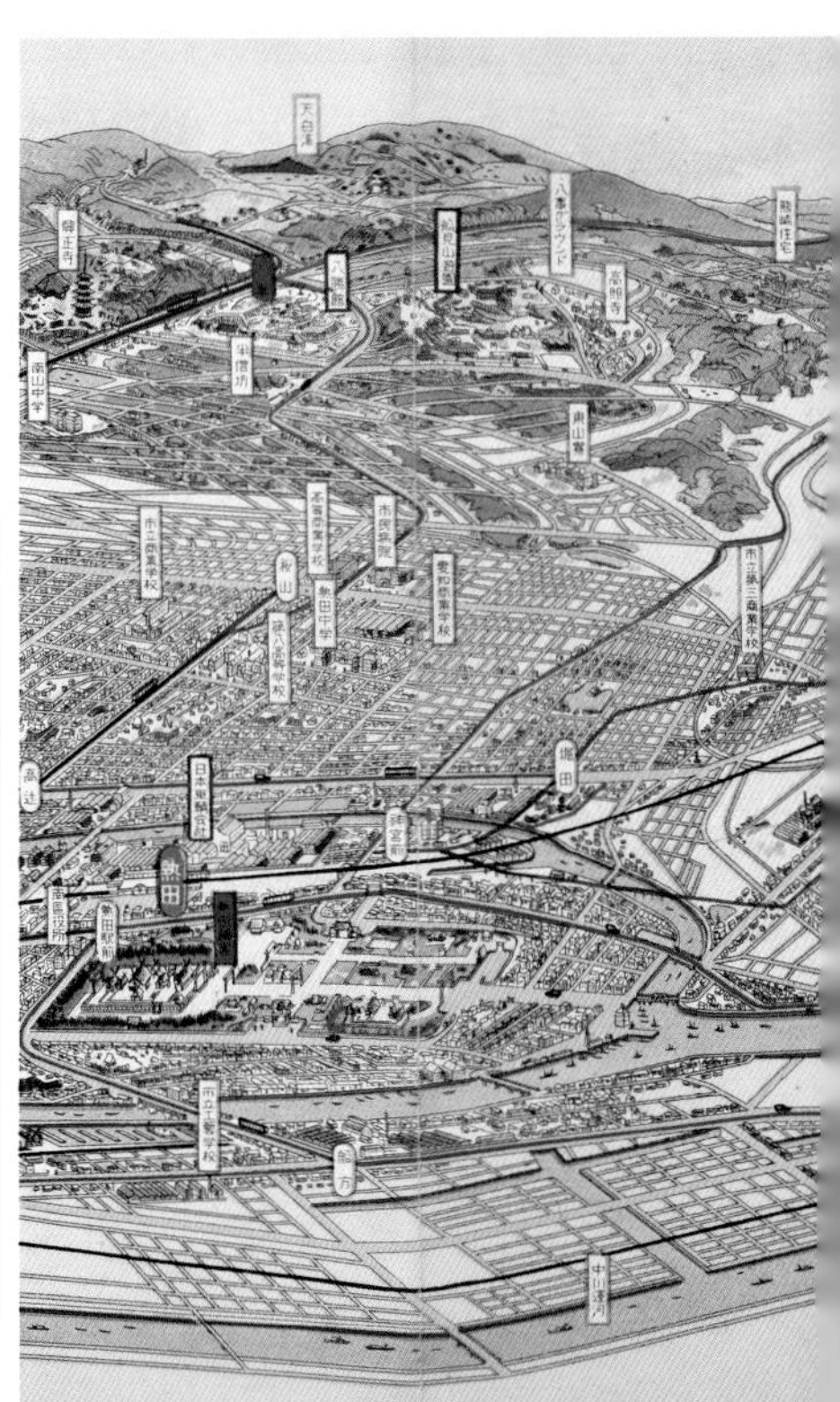

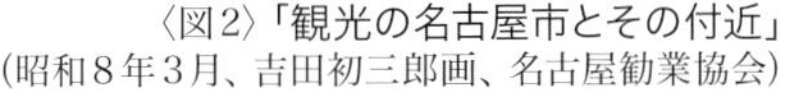
〈図2〉「観光の名古屋市とその付近」
(昭和8年3月、吉田初三郎画、名古屋勧業協会)

昭和一四年に名鉄と合併）が走り、沿線に長母寺・龍泉寺・定光寺が見える。南東の三河方面には熱田から笠寺を経て愛知電気鉄道（愛電、昭和一〇年名鉄）岡崎線が、南の知多方面にもやはり熱田から愛電常滑線が延びる。これらの鉄道沿線についても後述しよう。

郊外に鉄道が張り巡らされることで、市街地辺縁部や郊外に遊覧地が生まれていった姿が鳥瞰図から読み取れる。

（三）鶴舞公園・八事・覚王山

「観光の名古屋市とその付近」（昭和八年三月、吉田初三郎画、名古屋勧業協会発行）〈図2〉は、名古屋郊外の遊覧地の姿をより詳しく描く。鳥瞰図は同様に東を望む構図で、左手に名古屋城、右手に熱田神宮を配置し、名古屋市街地の西に庄内川と木曾川が流れ、木曾川のライン下りも見える。名古屋港を取り囲む伊勢湾に知多半島や志摩半島が突き出し、三河湾も視野に入れた巨視的な図である。ここでは名古屋辺縁部であった鶴舞公園、郊外の八事と覚王山に焦点を当てよう。

まず鶴舞公園である。市電の公園前停留所から正門を潜って正面に進むと噴水塔があり、ここが洋式庭園の中心となる。噴水塔左手は公会堂、右手が図書館、背後に奏楽堂が見える。図書館の傍らに小さな池があるが、今はなき鯱ヶ池である。図書館の隣はグラウンドで、その脇に小さな動物園がある。奏楽堂背後の大きな池は手前が胡蝶ヶ池、後が亀ヶ池である。池の畔に美術館が建つが、鶴舞公園は文化・スポーツの場としての性格を強めていった姿が見て取れる。公園設置当時に名古屋辺縁部であった御器所（ごきそ）周囲が住宅地に化す姿も図から読み取れる。

明治四二年、名古屋市最初の公園として設置された鶴舞公園は、新堀川改修工事の残土をつかって御器所村の田地を埋立てて造成された。翌四三年、第一〇回関西府県連合共進会が鶴舞公園で開催され、この時に噴水塔と奏楽堂が建設された。噴水塔は地下鉄工事で撤去されたが、昭和五二年に復元された。また室戸台風（昭和九年）の被害を受けた奏楽堂は新築されたが、平成九年に当初の姿に復元された。この装飾豊かな二つの明治建築が開園当時の鶴舞公園の雰囲気を伝える。

昭和初期に流行したスクラッチタイル張りアーチ窓の公会堂は、戦時中に防空部隊の司令部、戦後は米軍に接収され娯楽・厚生施設になったが、今なお現役の公会堂として利用されている。大正二年に亀ヶ池畔に設置された図書館は、大正一二年に大正天皇の御大典記念として鯱ヶ池畔の現在地に移転し、今は新たな建物に変わった。図書館傍らの鯱ヶ池は埋立てられた。

次いで八事を見よう。名古屋から八事に市電が通じ、線路の左手（北）に興正寺五重塔が聳える。右手に八勝館（料理旅館）が大きな屋敷を構え、船見山遊園・高照寺と続く。八事は、名古屋近郊の行楽地であった。高照寺南の山から裏山の善光寺にかけての一帯では、ツツジの花が咲く頃になると、名古屋の人々が酒肴を携えて春遊びを楽しんだ、という。尾張電気軌道（八事電車）の千早―興正寺前開業（明治四五年）とほぼ同時期に八事遊園地が開かれ、昭和初年、船見山遊園も開設され、行楽地として親しまれた。

興正寺門前の老舗料亭・八勝館の姿は、「八勝館御案内」（年代不明、吉田初三郎画、八勝館発行）〈図4〉に詳しい。鳥瞰図を見ると、電車通りに桂木門、西に八勝門を構え、玄関を入ると茅葺と瓦葺の三つの建物に回廊が巡らされている。この主要な建物のほかにも茅葺の小庵や四阿（あずまや）が広大な敷地の中に点在し、庭園を巡る小径がつく。八勝館は、もとは柴田孫助（名古屋の材木商）が数寄を凝らして造り上げた別荘であったが、名古屋で共進会が開催（明治四三年）されるにあたり、知事・市長の勧めにより料亭旅館を開業したという由来がパンフレットに記されている。鳥瞰図の姿とは様変わりしているものの、八勝館は今も同じ場所で営業を続けている。

興正寺の東に位置する天白渓については、「天白渓行十銭乗合自動車開通と土地追加分譲案内」（昭和三年一一月、天白渓保勝会発行）〈図5〉が参考になる。鳥瞰図を見ると、蓬莱山という丘陵の下に二つの池があり、人々がボート遊びに興じ、一角はプールとして利用されている。池の近くに滝があって滝見茶屋や食堂もある。二つの池に挟まれた三角屋根の二階屋は、屋根に「演」と書いた旗を掲げ、幟も立つ。案内文に「最近この天白渓遊園内の温泉も開始……」とあるから、温泉の演芸場だろうか。鳥瞰図は小さな谷間に夢のような楽園があったことを彷彿とさせる。

この隠れ里のような渓谷に出現した天白渓は、昭和七年の集中豪雨により甚大な被害を受け、周囲の開発も立ち切れになった。そしていつしか、その存在すら忘れ去られてしまった。名城大学薬学部裏の谷が「天白渓」と呼ばれた楽園跡である。

市街地から興正寺にいたる市電の左右に緑豊かな住宅地が開けるが、大正後期から昭和初期に八事耕地整理組合・八事土地区画整理組合・南山耕地整理組合により区画された住宅地である。八事から東は人家もまばらで、のどかな丘陵が広がる。

八事の左手（北）は覚王山で、電車が今池を経由して通じる。市電の覚王山停留所から日暹寺に向けて参道が延びる。本堂

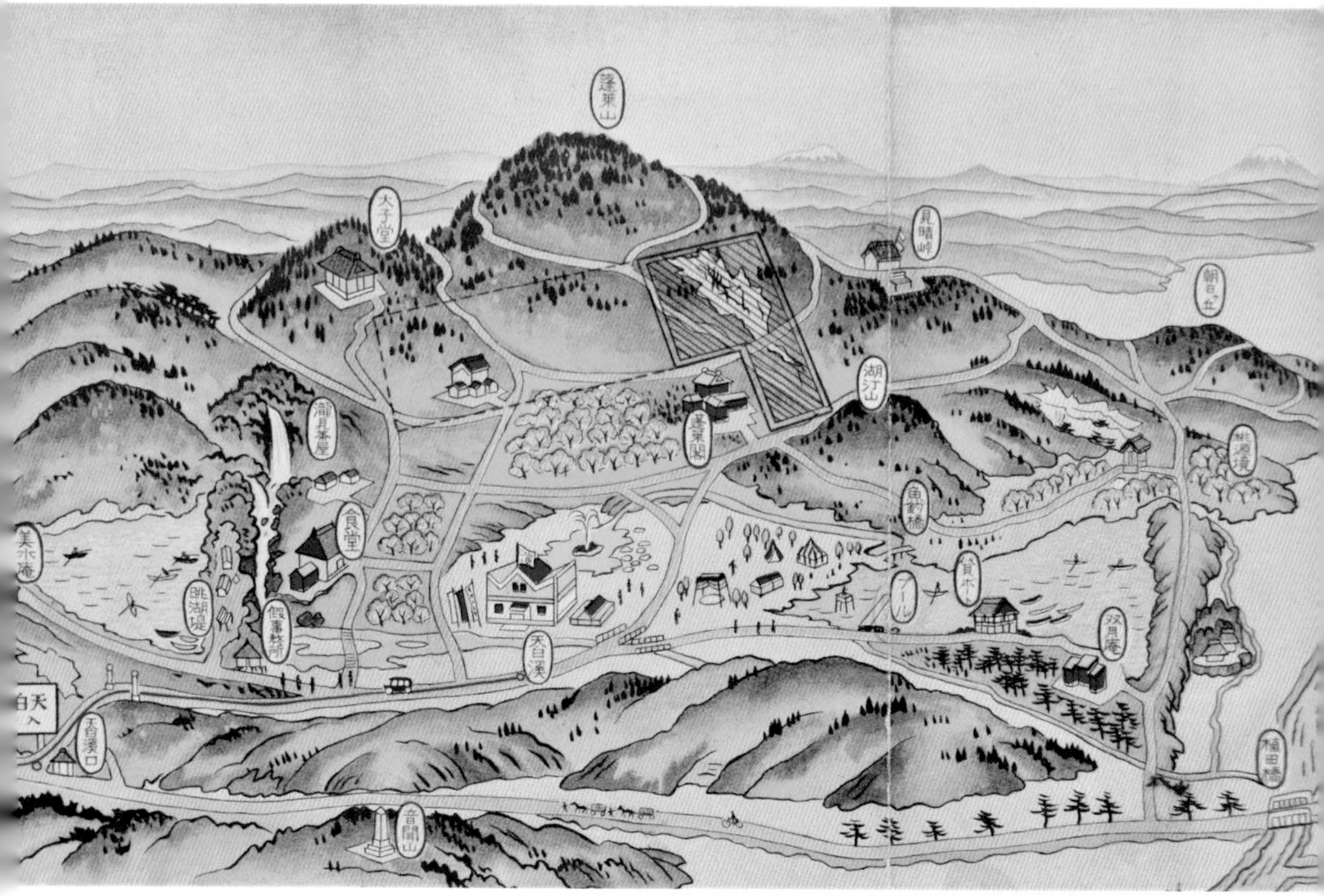
蓬莱山
太子堂
見晴峠
湖汀山
蓬莱閣
食堂
美水庵
眺湖堤
天白渓
亀釣橋
プール
双月庵
天白渓口
音聞山
植田橋

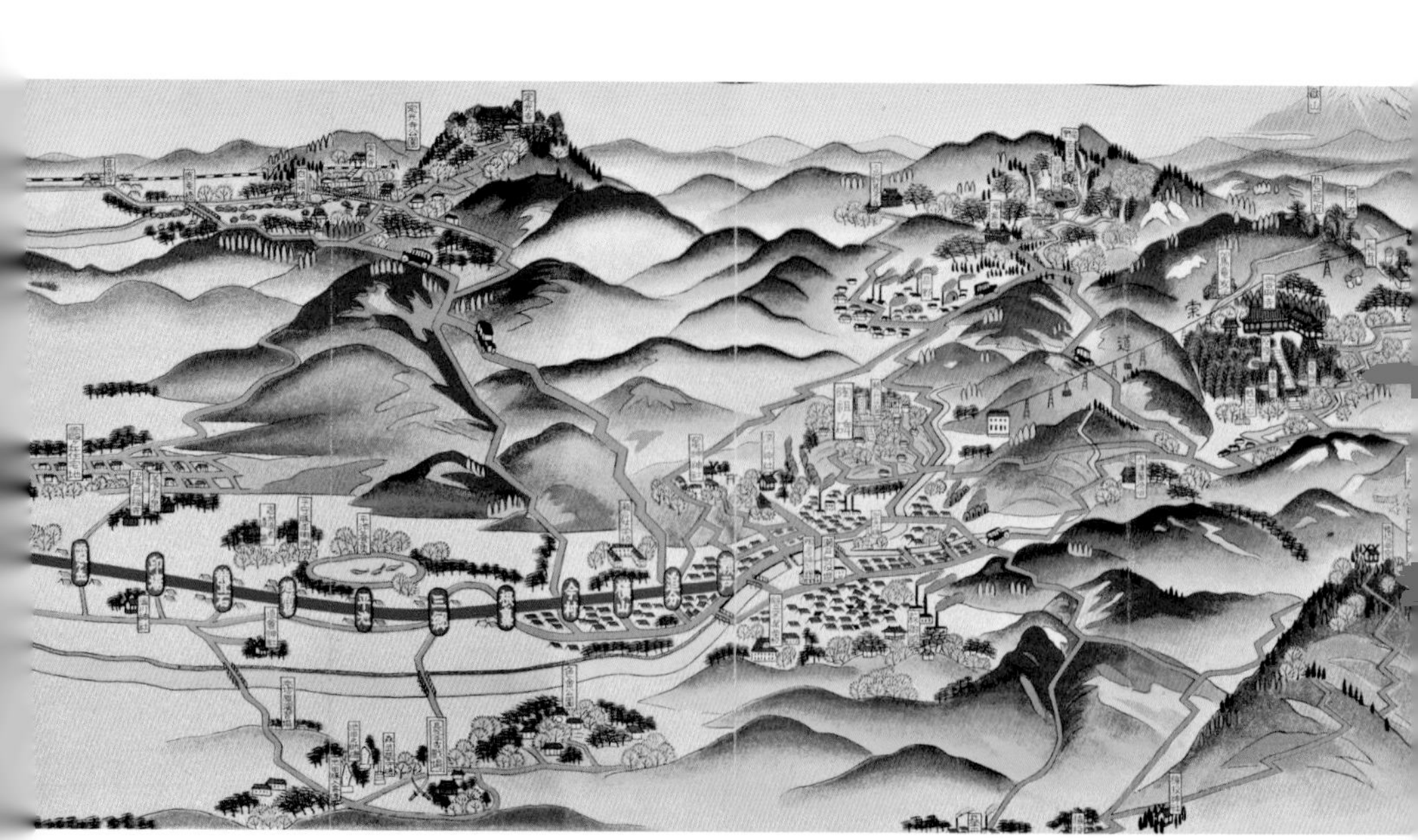

〈図5〉右2点「天白渓行十銭乗合自動車開通と土地追加分譲案内」（昭和3年11月、天白渓保勝会）

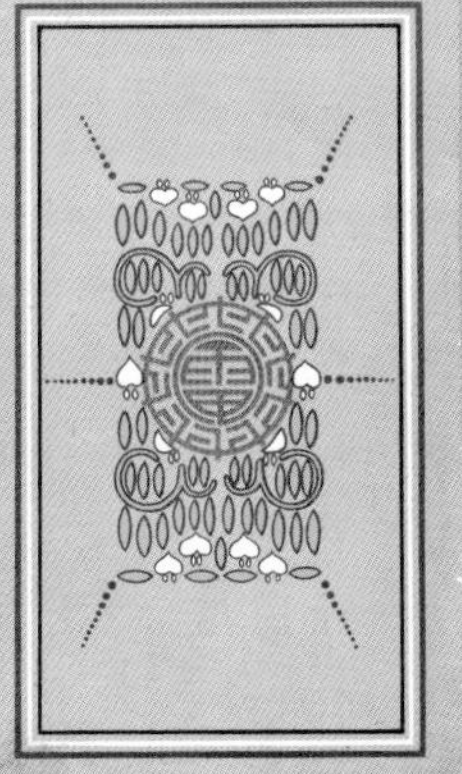

〈図6〉左・下「瀬戸電鉄沿線案内」（年代不明、新美南果画、瀬戸電気鉄道）

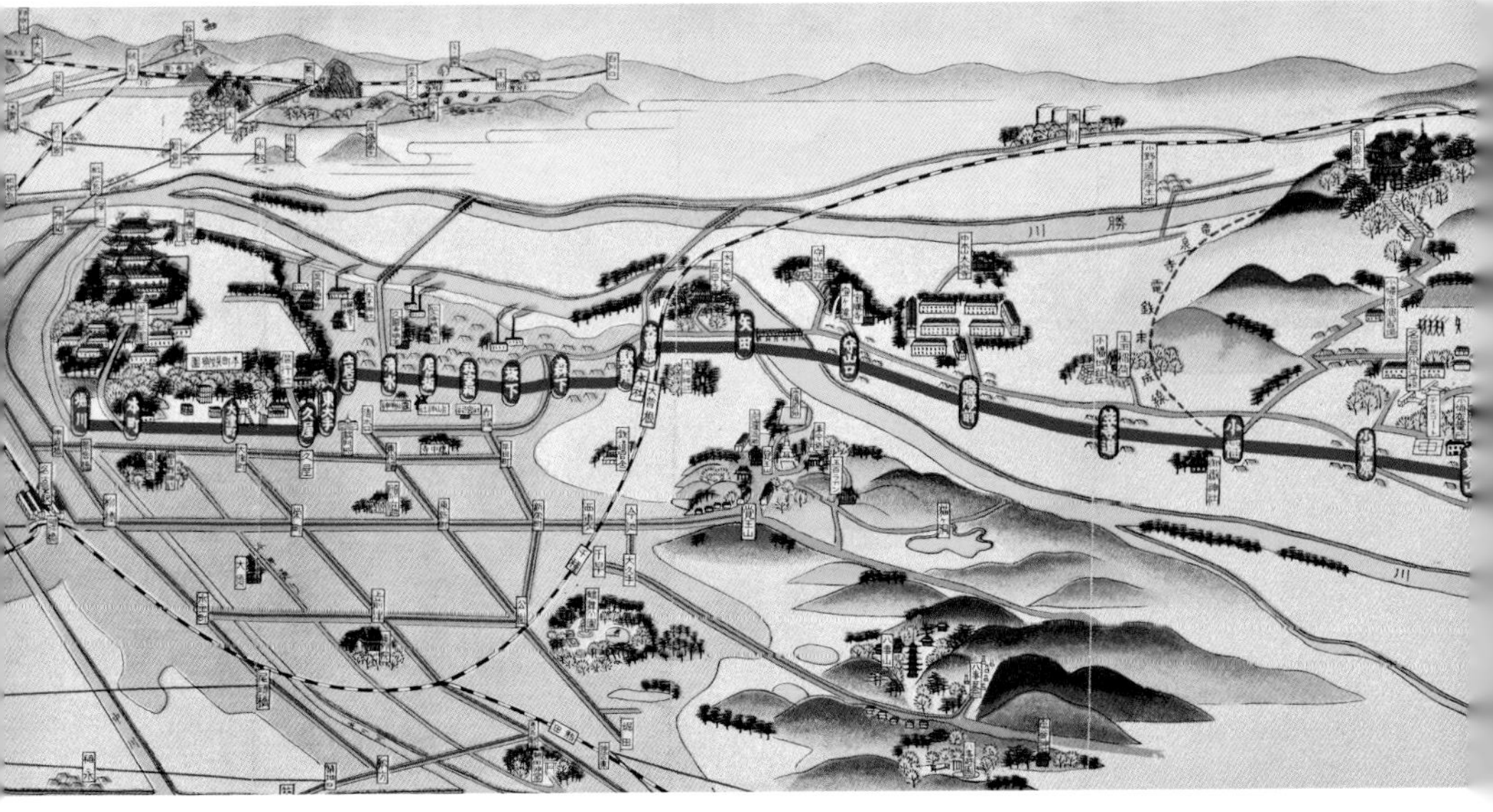

奥にタイ国から贈られた仏舎利を安置する奉安塔が見える。日暹寺の右上（東）に五百羅漢を祀る寺院（大龍寺）があり、左下（西）に向陽館（料亭）が建つ。また、参道右手方向（東）に塔屋を戴く昭和塾堂も見える。覚王山以東は農村地帯である。

市電の終点に位置した名古屋東部の八事や覚王山には大寺院があり、名だたる料理旅館や料亭が店を構え、付近に見物場所を控えた遊覧地であったことが鳥瞰図から読み取れる。

（四）東山公園・徳川園

「名古屋」（昭和一二年～、名古屋市役所発行）〈図3〉は、表紙に焼失前の名古屋城天守閣の写真を載せた観光パンフレットである。発行年代は記載されていないが、昭和一二年に新築された名古屋駅が名所として出ているため、それ以降の発行である。名古屋駅をこのように紹介する。

名古屋市陸の玄関である。本駅地階には商店街を設置する外大浴場、理髪店等の設備あり。駅の中央を東西に通ずるコンコースは従来にない設備として、近代式建築美を誇り得るものである。降車口に名古屋市観光案内所があって、旅客の便宜を図って居る。

濃尾地震（明治二五年）後に再建された二代目駅舎に代わり、北に二〇〇m移転して新築されたこの三代目駅舎は、鉄筋コンクリート造り地上五階・地下一階の国内最大級であった。街の東西をつなぐコンコース、地下商店街や大浴場を備えた近代建築は名古屋名所の一つとして親しまれ、平成五年まで使用されていた。次いで、東山公園と徳川園を見よう。

昭和一〇年四月、東山公園が開園する。東山公園のある田代町唐山（からやま）一帯は、当時、名古屋の郊外に位置した風光明媚な景勝地であった。昭和一二年二月、市電の覚王山—東山公園間が延伸し、名古屋からの交通の便が整えられた。同年三月三日に東山植物園が開園、ほぼ同時期の三月二四日に鶴舞公園にあった市立名古屋動物園が移転して東山動物園と改称して開園した。植物園について次のように記す。

公園中央広場に建坪四百六十五坪の温室を設け之（これ）を中心としてその周囲に二十三区の植物分科園を設置し、児童園、ドライブウエイ等を設けて居る。

植物園開園に先立つ昭和一一年に完成した温室（国重文）は、現存する日本最古の温室である。躯体を鉄骨で組み、巨大なガラスのドームで覆うこの近代的構築物は、人々の目を引いたであろう。開園当初の植物園内には、児童園のほか薬用植物園・竹林園・牡丹園・椿園などがあった。動物園にも触れる。

本園は其の面積の広大なると其の設計の最新工法なるを誇りとし、無柵式放養場を設置して動物自然の状態を見せる等東洋一の称がある。

動物園の施設は画期的なもので、ライオンとシロクマの放養場にドイツの動物園が開発した無柵式放養場を取り入れた。動物の生態を見せるやり方が人目を引いたのであろう。開園翌月の入園者は、一ヶ月間で四六万余人を数えた。当初、年間一〇〇万人の入園者を見込んでいたというので、目標の半分をわずかひと月で達成するほどの人気であった。市電は連日満員になり、電車に乗り切れない人が続出した。珍しい動物を一目見ようと歩いて動物園を目指す人も少なくなかった、という。

徳川園と徳川美術館にも触れよう。まず徳川園である。

建物は大玄関表書院、奥書院並に洋館より成り、外に清流軒と称する別亭がある。庭園と共に風格気品に富み、庭石は名古屋城二の丸のものを、譲受けたものである。

徳川園は、尾張藩二代藩主徳川光友が隠居所・大曾根屋敷に移り住んだことを起源とする大名屋敷である。光友没後は尾張藩の家老に譲られ、明治期に再び尾張徳川家のものとなった。昭和六年、徳川義親（一九代当主）から邸宅と庭園が名古屋市に寄贈され、翌年、「徳川園」として公開され、名古屋の新名所に加わった。この案内文に見える大玄関表書院・奥書院・洋館・清流軒は、戦災でことごとく焼失した。現存する黒門・脇長屋・蘇山荘は案内文に見当らない。蘇山荘は、名古屋汎太平洋平和博覧会（昭和一二年）に迎賓館として建築したものを、博覧会終了後徳川園に移築（同年）したものである。本パンフレット発行時にはまだ移築されていなかったのであろう。徳川美術館も記す。

藩祖義直公以来伝来せる多数の什宝美術品及歴史上珍重すべきものを保存展覧の為め美術館を建設、経営維持に必要な基金を添へ徳川家から財団法人黎明会に寄付せられたもので昭和十年十月開館された。

昭和六年一二月、尾張徳川家に伝わる什宝・書籍を保管公開するために財団法人尾張黎明会（後に黎明会と改称）が設立され、昭和一〇年に徳川美術館が開館した。案内文に、「所蔵品は御宸筆類、甲冑、刀剣、古今の名器、古筆、絵巻等七千点」と記す。現在、総収蔵点数は増えて一万三千件にのぼり、源氏物語絵巻をはじめ国宝九件、重要文化財五九件を含む収蔵品は、名古屋を代表する文化的観光資源になっている。昭和一〇年代初期、東山公園とともに徳川園・徳川美術館が公開・開館したことは、名古屋の魅力を高める上で大いに役立った。

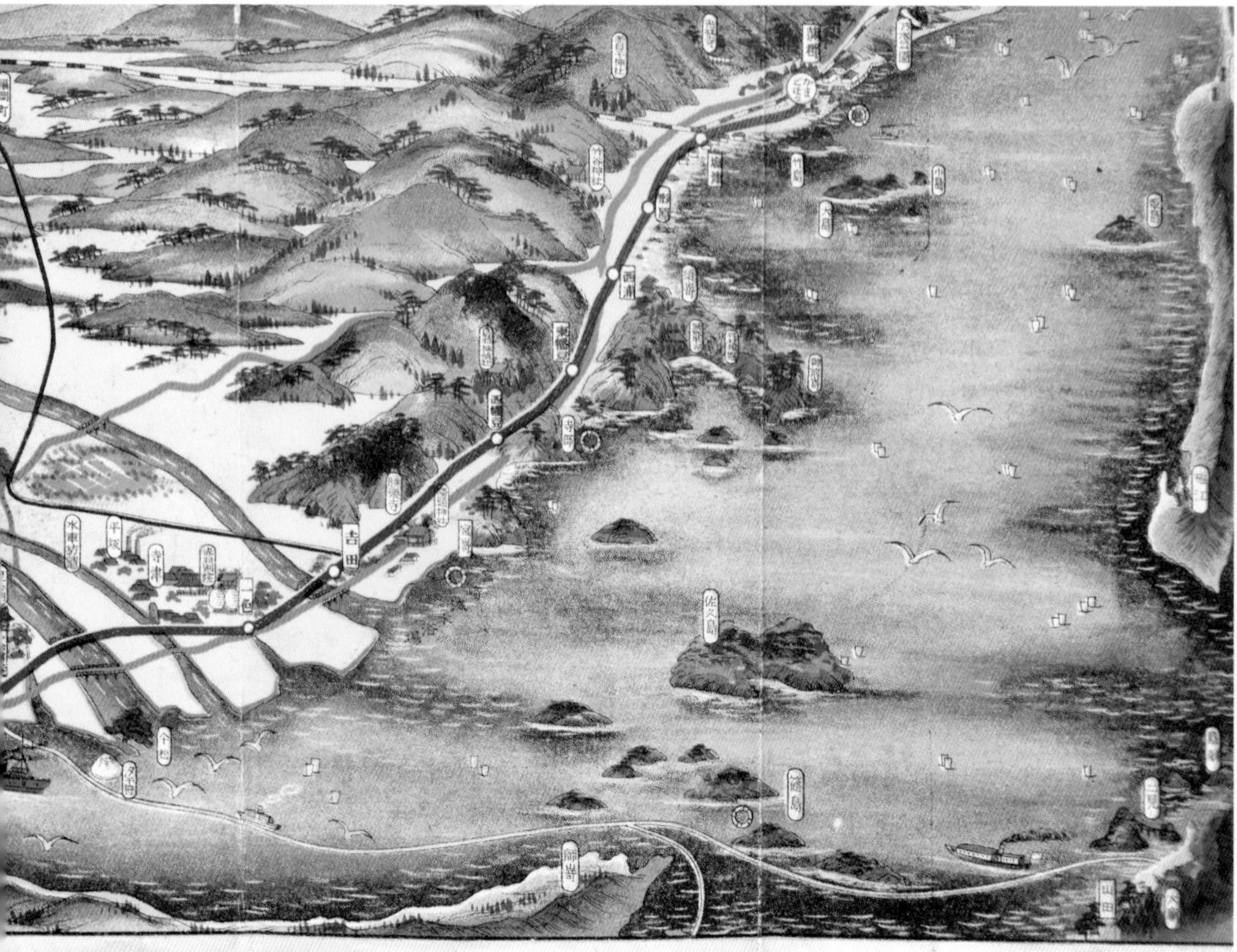

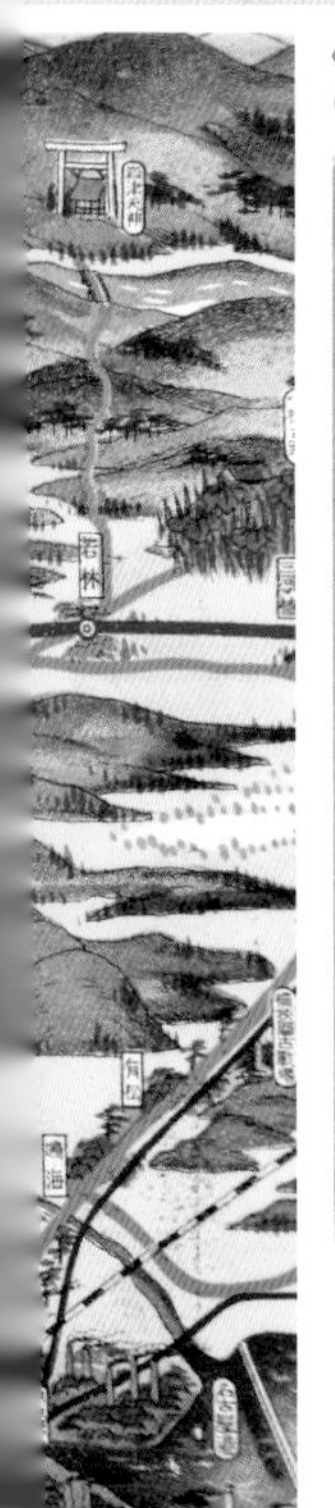

〈図7〉「自然に恵まれたる三河鉄道名勝図絵」
（大正13年7月、新美南果画、三河鉄道）

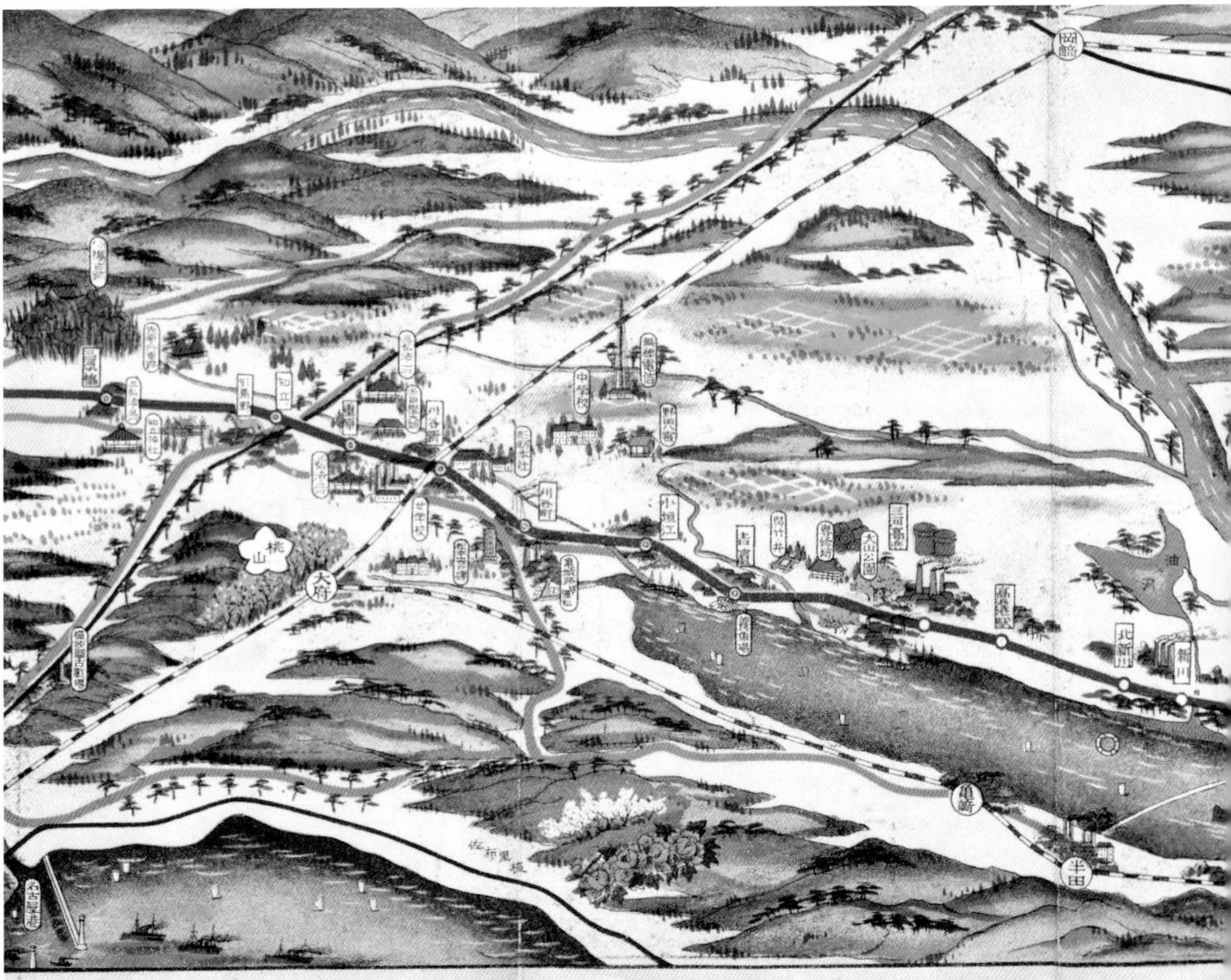

至下関方面

名古屋

二、名古屋の郊外電車とその沿線

（一）瀬戸電沿線

名古屋と焼き物の街・瀬戸を結ぶ電車が瀬戸電（昭和一四年名鉄瀬戸線）である。明治三八年に瀬戸自動鉄道として矢田―瀬戸間、翌三九年には大曾根―矢田間も開業して瀬戸電となり、大正四年に堀川駅ができて全通した。当初、焼き物を搬出する貨物路線という性格を持って敷設された瀬戸電ではあるが、時代の流行か沿線の名所案内を発行する。

「瀬戸電鉄沿線案内」（年代不明、新美南果画、瀬戸電気鉄道発行）〈図6〉は、沿線の名所を知る上で参考になる。鳥瞰図作者の新美南果は、当時、澤田文精社図案部主任であり、印刷は澤田文精社名所図絵ポスター専門印刷部が担当した。発行年代はないが、営業路線延長を「十三哩一分」と記すので、哩表記（昭和五年以前）時代のものであろう。

鳥瞰図は南から北を望む構図で、左手に名古屋城、右手に瀬戸を配置し、矢田川に沿って延びる沿線を描く。起点堀川駅から名古屋城の外堀を東に行き、土居下から名古屋東部の市街地を大曾根へ向かう。中央線への連絡駅である大曾根以東は、のどかな田園地帯となる。矢田川手前の木ヶ崎に長母寺があり、矢田川を越えると小幡から龍泉寺に道が続く。東に進むと三郷となり、ここから矢田川を越えて南の長久手古戦場や色金公園へ道が通じる。三郷の東は今村で、北の定光寺へ山越えの道が延びる。終点の瀬戸は川の両側に人家が集まり、窯場の煙突から煙が上がる光景を描く。街を望む丘の上に瀬戸公園や竈神神社があり、山裾に深川神社が鎮座する。瀬戸郊外の赤津に雲興寺、品野には岩屋堂がある。以上が沿線の主要な見所である。

案内文を見よう。まず堀川駅である。

　名古屋城御園門下ニアリ当社ノ起点ニシテ堀川ノ舟揖ニヨリテ海陸貨物ノ接続駅ナリ

堀川は、江戸初期、名古屋城築城の資材運搬を目的として福島正則が開削した運河で、伊勢湾に注ぐ。堀川駅は堀川を通じて瀬戸焼を舟運で搬出するための積み替え駅であった。沿線最初の名所が矢田川沿いの木ヶ崎・長母寺である。

　昔ハ矢田川ノ中ニ包マレタル一孤島ニテ（中略）名古屋付近第一ノ勝地ニテ四季来リ遊ブ者多シ

矢田川堤の長母寺は昔は川中の孤島にあって、名古屋付近第一の景観美を誇り、遊覧客が多かった。長母寺は、鎌倉時代に『沙石集』編纂で名高い無住国師が止住した寺で、無住国師の木像を安置する。また、毎年土用入りに「足洗い」行事がおこなわれた。足洗いは、しもやけ・ひび・あかぎれによく効くと評判で、前夜から人々が参集して賑わう習俗を紹介する。矢田川を渡った守山には、馬頭観音を祀る龍泉寺がある。

> 境内ハ眺望佳絶尾張ノ金城ヨリ小牧山等ト握手シ勝川ハ山麓ヲ流レ山紫水明ヲ以テ其名高ク市外近接ノ勝地トシテハ是ニ継グ可キモノナキ天与ノ風致ニ富ミ……

金城とは、名古屋城の異名である。甚目寺・荒子・笠寺とともに尾張四観音の一つとして知られる龍泉寺もまた、山や川の風景の美しいことで知られた。龍泉寺は開運厄除に霊験新たかで、節分には参詣者が絶え間なく、瀬戸電は徹夜運転するほどであった。また、初観音・初午・お花講・月参りなど、折々に多くの人々が参詣した。

三郷駅から南へ一里（約四km）ほど行くと、長久手古戦場がある。沿線からやや離れているが、鳥瞰図に森武蔵守長可（美濃金山城主）ノ碑・池田紀伊守之助（岐阜城主）ノ碑・池田勝入信輝（大垣城主）ノ碑と、戦死した豊臣方の武将の石碑や、徳川家康陣地となった色金公園を示す。長久手古戦場は国の史跡指定（昭和一四年）以前から注目されていた。

今村駅から北に一里行くと、定光寺がある。建武三年（一三三六）創建の定光寺には、中世の建築様式の仏殿（明応二年（一四九三）建立・国重文）が建ち、徳川義直の霊廟が有名である。

> 徳川初代義直卿ノ御霊屋ト殉死者ノ墳墓アリ且山中ノ十勝ハ幽邃閑雅ノ仙境ナリ

仏殿の裏山にある霊廟は、明人の陳元贇が設計したと伝える。築地塀に囲まれた霊廟は、龍の門・焼香殿・唐門・墳墓を直線上に配置する建築様式で、中国風の装飾が随所に見られる。定光寺は、俗界を離れた物静かな地である。

いよいよ瀬戸の街である。街中では、瀬戸公園や竈神遊園などを取り上げるが、瀬戸公園を例示しよう。

> 山上陶祖加藤春慶翁ノ碑アリ眺望佳絶竹露庵アリ風塵以外ノ一仙境ナリ

加藤春慶（藤四郎）は、瀬戸焼の元祖とされる鎌倉前期の陶工である。瀬戸では平安中期の窯も発掘されており、元祖というのはあくまでも伝説的な話であろう。幕末の慶応三年（一八六七）藤四郎の伝記を刻んだ六角陶碑が建立されるが、瀬戸焼の由緒を気にかける時代になったのであろう。その後、明治四三年に「春慶翁七百年祭」が挙行され、六角陶碑周辺が整備されて瀬戸公園（現、陶祖公園）がつくられた。明治一九年に名古屋から移築された茶室・竹露庵も現存する。

瀬戸郊外の赤津や品野の見所にも触れる。赤津の雲興寺は盗難除けのお札が有名であり、付近の滝は夏の涼を求めるだけで

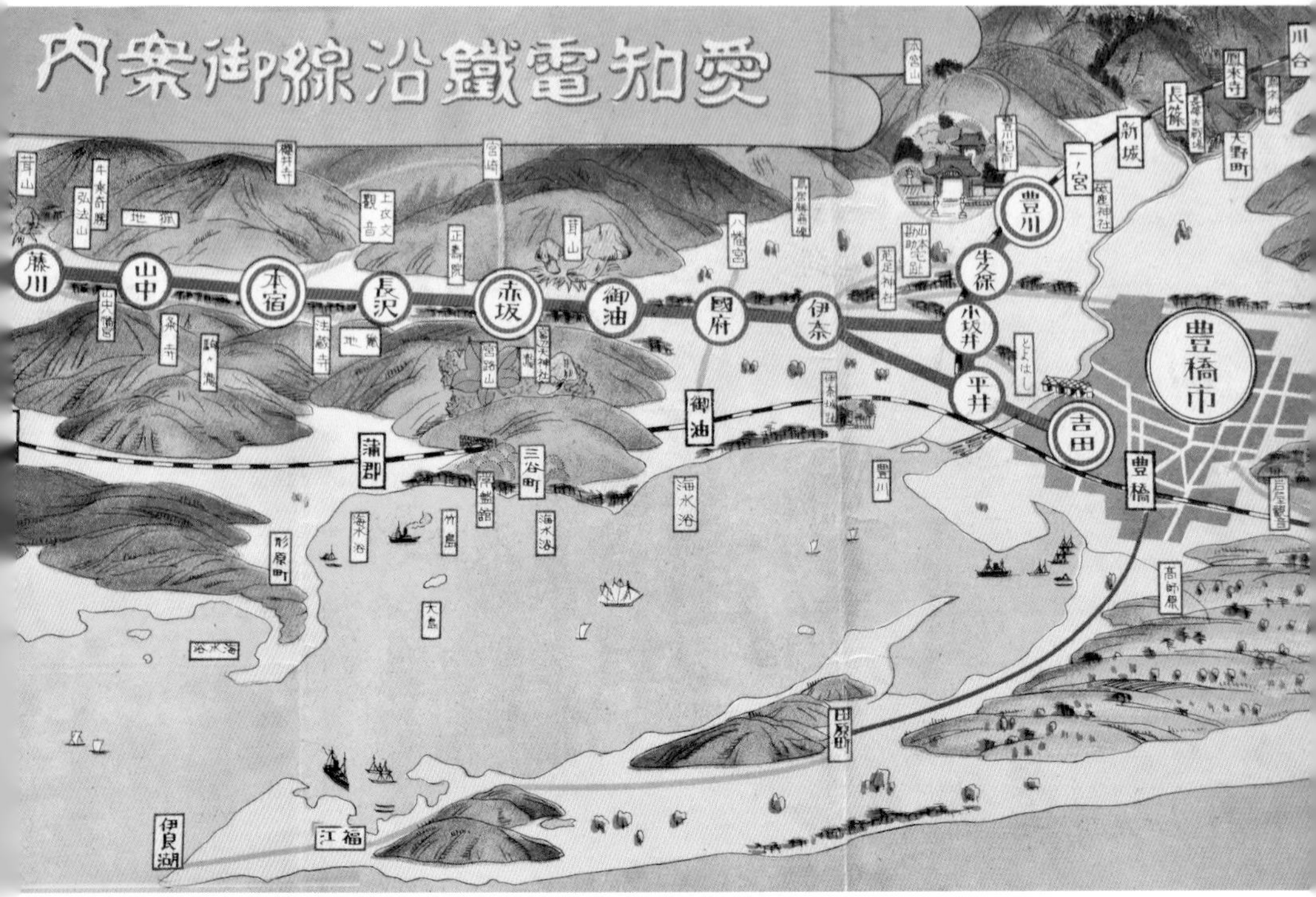

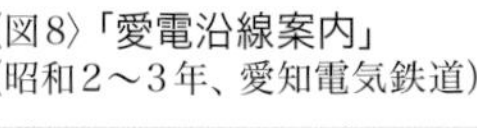

〈図8〉「愛電沿線案内」
(昭和2～3年、愛知電気鉄道)

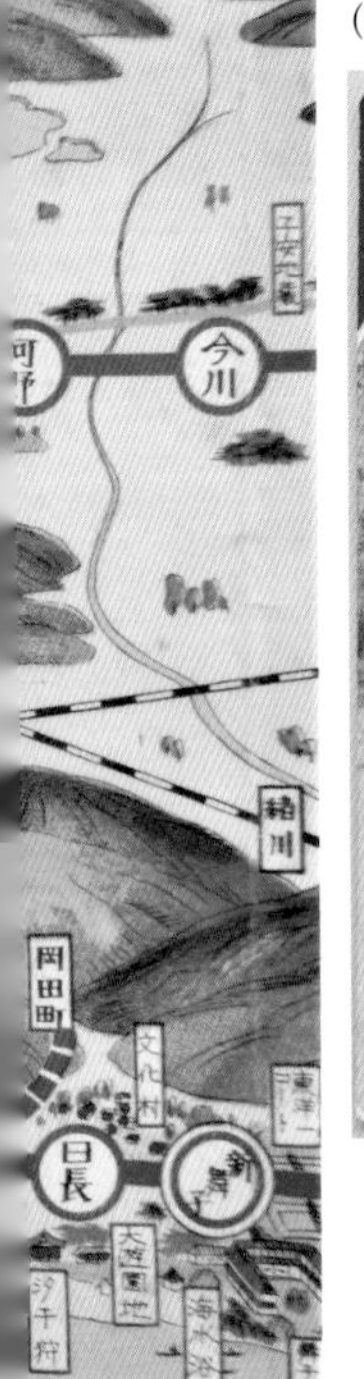

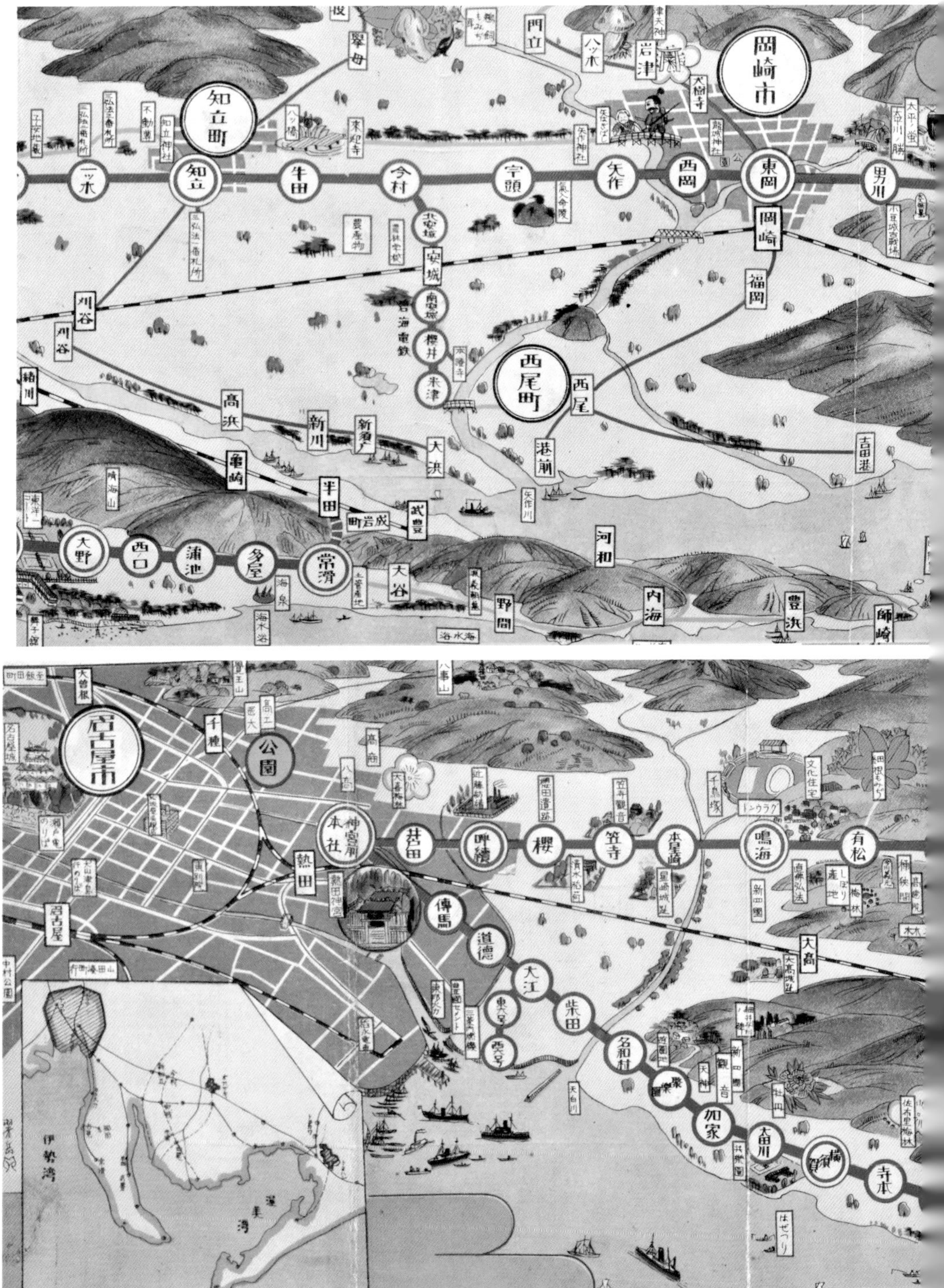
岡崎市
知立町
西尾町
一ツ木
知立
牛田
今村
宇頭
矢作
西岡
東岡
男川
岡崎
福岡
刈谷
安城
櫻井
米津
西尾
高浜
新川
大浜
港前
吉田港
亀崎
半田
武豊
成岩町
大野
西ノ口
蒲池
多屋
常滑
大谷
河和
野間
内海
豊浜
矢作川
八ツ木
岩津
門立
挙母
名古屋市
千種
公園
熱田
神宮前
本社
傳馬
道徳
大江
柴田
名和村
加家
大田川
寺本
有松
鳴海
本星崎
笠寺
櫻
呼続
大高
名古屋
伊勢湾
八事山
大曽根
はぜつり
天白川

なく、紅葉やキノコ狩りの場所でもあった。品野の岩屋には薬師如来を祀る岩屋堂があり、四季を通して来遊者があった。瀬戸郊外の雲興寺や岩屋堂は自然環境に恵まれ、一帯は愛知高原国定公園に指定（昭和四五年）されている。瀬戸電は貨物路線としての出発ではあったが、沿線に見所が少なくなかった。

（二）三河鉄道沿線

三河西部を走る路線に三河鉄道があった。明治四四年に認可された碧海軽便鉄道と知挙軽便鉄道が翌四五年に合併して三河鉄道（昭和一六年名鉄三河線・蒲郡線）が設立された。南部は、大正三年に刈谷新駅―大浜港駅間、大正四年に知立―刈谷新駅間が開業する。順次、三河湾沿岸に鉄道が延び、昭和一一年に蒲郡駅に達した。北部は、大正九年に知立駅―挙母駅（現、豊田市駅）間、昭和三年に足助の入口にあたる西中金駅が開業した。なお、自動車産業で有名な豊田の街は、以前、挙母と呼ばれていた（昭和三四年改名）。鉄道は足助まで延びる予定であったが、第二次大戦開戦に伴いレールを供出し、計画は未完のままに終わった。

「自然に恵まれたる三河鉄道名勝図絵」（大正一三年七月、新美南果画、三河鉄道発行）〈**図7**〉を見よう。表紙は小島と白帆の小舟が浮かぶ海の絵柄で、背後に三ケ根山らしき山が見えるので、蒲郡あたりの三河湾の風景であろうか。素朴でおおらかな筆触の鳥瞰図は北を望む構図で、左上に足助、中央に知立と刈谷、右上に蒲郡を配置し、路線を朱線で示す。鳥瞰図発行時の大正一三年七月当時、大浜港から蒲郡にかけて、また越戸から足助方面に路線は開通していないはずだが、計画路線として区別して描いていない。その大雑把さも絵の雰囲気に似合っている。

鳥瞰図で目を引くのは「紅葉名所」と示した紅に燃える足助の香嵐渓であるが、残念ながら三河鉄道は足助まで通じていない。その他北部で目につくのは、安城の明治用水水源地の桜、猿投の桃林であろうか。

南部の三河湾には佐久島や篠島が浮かび、海に鷗が舞う絵柄である。衣ヶ浦から蒲郡にかけて三河湾沿岸に六つの海水浴場を描き込む。衣ヶ浦付近では新川の新明石海水浴場、大浜の新須磨海水浴場・玉津浦海水浴場である（六章後述）。吉良吉田を過ぎると宮崎海水浴場・寺部海水浴場、そして西浦を過ぎると蒲郡海水浴場となる。また島嶼部の篠島にも海水浴場がある。大正時代すでに七つの海水浴場が開かれていたが、今日まで続いているのは宮崎・寺部・篠島の三海水浴場に過ぎない。

戦後の昭和三三年、風光明媚な蒲郡周辺部は、三河湾国定公園に指定された。それに先立つ昭和二八年、蒲郡西方の西浦半島一帯に温泉が湧出し、名古屋からの手軽な行楽地として観光ホテルが林立する。高度経済成長が生み出したともいえる異様な光景が三河湾沿岸に出現し、海水浴場が点在する浜辺の素朴な風景は、大きく塗り替えられてしまった。

（三）愛電沿線（神宮前―吉田）

最初、知多半島に路線を敷設した愛電は、大正六年、神宮前駅より東に向けて路線を延ばし、大正一二年に東岡崎駅へ到達した。また、大正一五年には豊川鉄道（昭和一八年飯田線）小坂井駅に乗り入れ、昭和二年に神宮前駅―吉田駅（現、豊橋駅）間が全通した。名古屋と豊橋を東西に結ぶ東海道本線が海側を通るのに対して、愛電は旧東海道に沿って山側を走った。鳴海・知立・岡崎・藤川・赤坂・御油と、東海道の宿場を結ぶ路線でもある。

「愛電沿線案内」（昭和二〜三年、愛知電気鉄道発行）〈図8〉を見よう。発行年代は記されていないが、豊橋方面に伊奈駅（昭和二年頃設置）があり、碧海電気鉄道（昭和一〇年名鉄）米津―西尾間が未開通（昭和三年開通）のため、発行年代が推定できる。表紙は、鳥居の奥に鎮まる熱田神宮および、お寺の山門の絵柄である。山門は、豊川吒枳尼真天を祀る妙厳寺総門と思われる。沿線東西の名所を表紙の絵柄に選んだのであろう。鳥瞰図は南から北を望む構図で、左手に名古屋、右手に豊橋、左下に知多半島、右下に渥美半島を置く。概して、路線図を主体とした素朴な鳥瞰図である。

神宮前から吉田にかけて沿線を見ていこう。神宮前を出発した愛電の車窓は、呼続を過ぎるとのどかな田園風景となる。笠寺には名古屋四観音の一つ笠寺観音がある。天白川を越えると絞産地の鳴海・有松である。付近に桶狭間の古戦場、紅葉の名所・細根山がある。知立と一ツ木には三弘法の札所があり、伊勢物語ゆかりの八橋も知立の名所である。知立奥の矢作川上流の勘八峡は紅葉の名所で茸狩りができ、鴨鍋が名物であったが、越戸ダムの完成（昭和四年）により水没した。今村駅（現、新安城駅）一帯は農村である。今村駅から碧海電気鉄道が米津駅まで延びるが、まだ西尾駅には到達していない。

矢作川を越えると岡崎である。岡崎郊外に岩津天神があり、八ツ木では茸狩りが楽しめた。岡崎から旧東海道の宿場に沿って藤川・赤坂・御油と、電車は山中を走る。藤川・赤坂でも茸狩りができた。赤坂南の宮路山は紅葉の名所であった。御油を過ぎると平野が開ける。豊川では豊川稲荷（吒枳尼真天）のイラストを添える。旧東海道に沿って山間部を走る愛電沿線には、

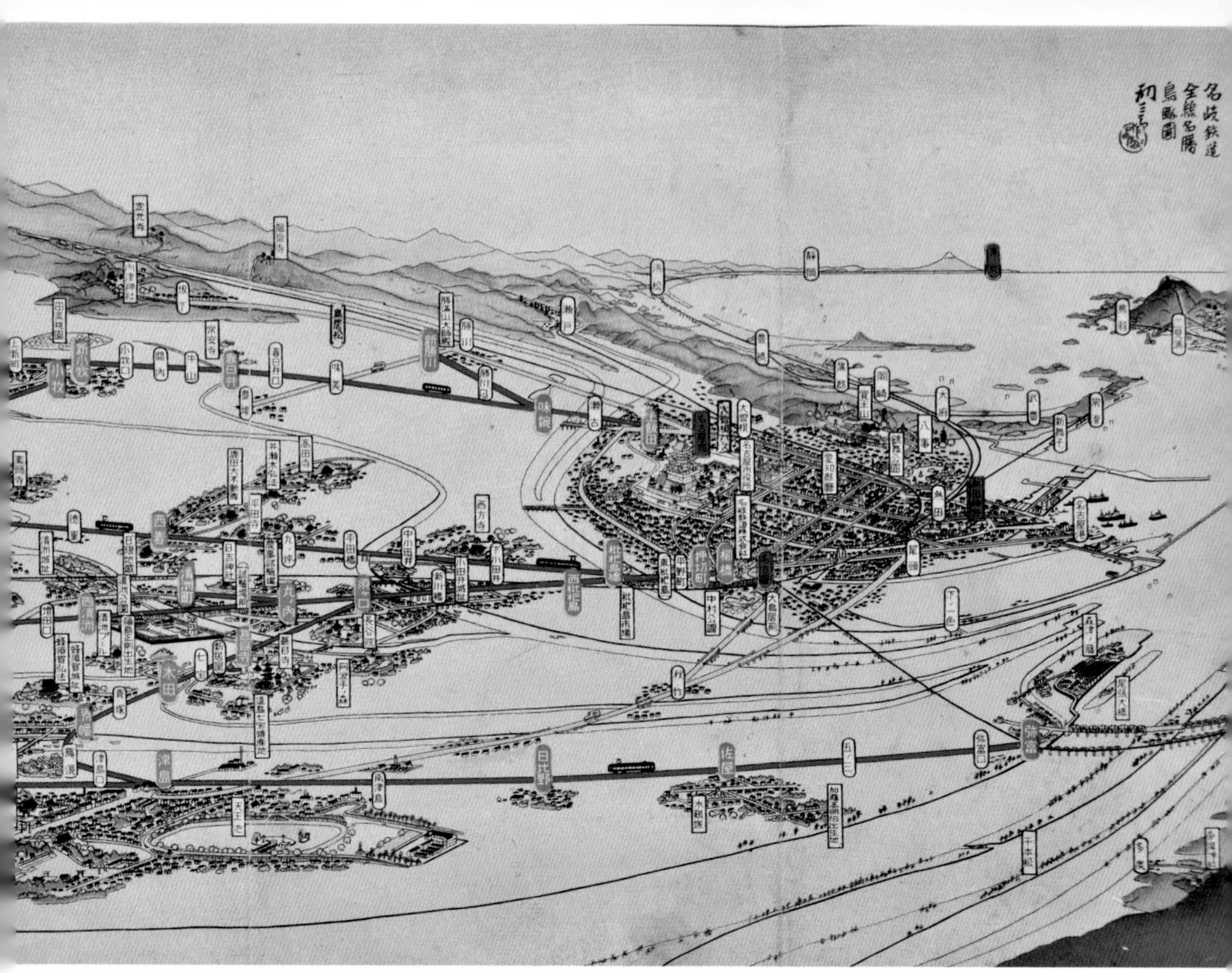

〈図9〉「名鉄電車（西部線）沿線御案内」
（昭和10年1月、吉田初三郎画、名岐鉄道）

犬山橋
犬山
犬山口
犬山城
針綱神社
三光稲荷
犬山遊園地
城山遊園地
東犬山
木津用水
下野
徳林寺
古知野
宮後
五郎丸
報光寺
木津ノ堤
東野
常念寺
西一宮
新一宮
一宮
東洋紡績前
加茂神社
玉ノ井
奥町
開明
起
中島
工業学校前
工業学校
木曽川
長良川
金華山
岩戸滝
岩戸観音
伊奈波神社
板垣伯銅像
公園前
本町
矢島町
材木町
伊奈波通
岐阜県庁前
岐阜市役所
今小町
朝日町
柳ヶ瀬
西野町
本郷町
千手堂
高野町
長住町
安良田
梅林
一新家
護国寺
古津御猟所
納涼台
鏡島弘法
鏡島
忠節
北方東口
又丸
農林学校
穂積
石田川
高富
三田洞弘法
三田洞
岩井山
大森

四季折々の楽しみがあったことが伝わる鳥瞰図である。名所の一例として豊川稲荷に触れよう。

今や全国的に信者を持ち一年の参詣者二十余万と云はれます。吒枳尼真天をまつり霊験著しく常に参詣の絶ゆる事のない有様で、本線開通により参詣の便大いに開け西に熱田神宮、東に豊川稲荷と巡拝是非ともなすべき……

豊川稲荷とは、妙厳寺（曹洞宗）境内の鎮守として祀られる吒枳尼真天（インドの古代民間信仰の女神）のことである。これが稲荷信仰と習合して稲荷神と同一視されるようなった。戦国から江戸期にかけて今川・徳川・九鬼といった武将の外護・信仰を受け、江戸後期になると庶民信仰が盛んになった。今日に見る巨大な本殿が完成したのは昭和五年のことである。当時、年間二十余万人の参詣者を数えた。大正一五年の豊川鉄道（現、飯田線）豊川駅への乗り入れにより、名古屋からの参詣が便利になった。それも参詣客が増えた背景のひとつであろう。

「愛電沿線案内」は、昭和初期のローカルな名所を探る上で役立つパンフレットである。愛電常滑線は、六章で触れる。

（四）名岐鉄道沿線

名古屋の西部・北部に広がる濃尾平野の街をつなぎ、岐阜方面に向けて名岐鉄道が走っていた。名古屋電気鉄道の郡部線を引き継いだ旧名古屋鉄道（旧名鉄、大正一〇年設立）は、昭和五年に美濃電気軌道と合併して名岐鉄道と改称する。ほどなく昭和一〇年八月、名岐鉄道と愛知電気鉄道が合併して、現在の名古屋鉄道（名鉄）となった。

「名鉄電車（西部線）沿線御案内」（昭和一〇年一月、吉田初三郎画、名岐鉄道発行）〈図9〉は、タイトルと発行が微妙に食い違う。表紙を見ると、「名鉄電車（西部線）沿線御案内」と印刷した紙が貼り付けてある。鳥瞰図に「名岐鉄道全線名勝鳥瞰図」と内題が明記されているので、名岐鉄道時代に発行して、名鉄になってからもしばらく販売を続けていたのであろう。

案内文によると、合併直前の名岐鉄道は名古屋線一四七km、岐阜線八三・二kmの計二三〇・二kmの鉄道路線、および二二四kmのバス路線を有していた。名古屋線は一一路線（一宮線・犬山線・名岐線・津島線・尾西線・大曾根線・広見線・小牧線・清洲線・蘇東線・勝川線）、岐阜線は七路線（市内線・美濃町線・笠松線・高富線・揖斐線・鏡島線・各務原線）の計一八路線である。これが、網の目のように張り巡らされていた。

路線名称も時代によって微妙に変化し、現在、八路線（一宮線・清洲線・蘇東線・勝川線・美濃町線・高富線・揖斐線・鏡島線）

が廃止されている。その廃止路線もしっかり示す鳥瞰図は貴重である。

鳥瞰図はおおむね北を望む構図で、左手に谷汲山華厳寺、中央に濃尾平野、右手に名古屋を配置し、背後の山から揖斐川・長良川・木曾川の三川が流れ出て伊勢湾にそそぐ。揖斐川流域にある谷汲山華厳寺は、西国三十三番満願霊場の名刹である。岐阜の街と本揖斐駅をつなぐ揖斐線（廃線）の途中、黒野駅から谷汲駅へ谷汲鉄道（廃線）が通じる。岐阜の街は長良川の畔にあり、金華山の麓で鵜飼がおこなわれている。岐阜から長良川沿いに新美濃町駅まで美濃町線（廃線）が延び、美濃町の城址は小倉公園になっている。岐阜の鏡島線（千手堂駅―鏡島駅）・高富線（長良北町―高富）もまた廃線である。

木曾川の畔に犬山の街があり、川辺の断崖に犬山城が建つ。犬山と新鵜沼間に犬山橋が架かり、新鵜沼から各務ヶ原台地を経て岐阜に鉄道が通じる。犬山城の近くでも鵜飼がおこなわれている。犬山上流の木曾川は「日本ライン」で、犬山からライン遊園を経て新可児まで鉄道が延びる。日本ラインを力を注いで描くのは、作者・初三郎の思い入れの強さからであろう。

濃尾平野に目を移そう。名古屋市街地の上飯田から小牧線（上飯田―新小牧）・大曾根線（新小牧―犬山）が延び、犬山から広見線（犬山―新可児）が美濃太田方面に向かう。大曾根線（現、小牧線）沿線には、五穀豊穣や子孫繁栄を祈る奇祭で知られる田縣神社・大縣神社や入鹿池が見える。

名古屋市街地のもう一つの起点は柳橋であり、押切町を経て庄内川を越えて枇杷島橋となる。枇杷島橋から一宮線（枇杷島橋―東一宮）・津島線（枇杷島橋―新津島）が分岐し、現在の名鉄本線に当たる名岐線（須ヶ口―新岐阜）が国府宮・尾張一宮を経て新岐阜に向かう。一宮線の岩倉から先が犬山線（岩倉―犬山）であるが、現在、旧一宮線（枇杷島―岩倉）は犬山線と改称され、岩倉―東一宮間の「一宮線」は廃線になった。

木曾川近くには尾西線（弥富―玉ノ井）も延びる。一宮に真清田神社、津島に津島神社、国府宮に国府宮神社があるが、この三社は格式高い神社である。鳥瞰図には一宮線（岩倉―東一宮をはじめ、清洲線（丸の内―清洲）・蘇東線（新一宮―起）・勝川線（味鋺―勝川）といった廃線も書き込む。

濃尾平野の姿は、一宮市の国営木曾三川公園に建つツインアーチ138から一望できる。茫洋たる風景の中に点在する街を眺めると、この網の目のような鉄道の発達も頷ける。

栗栖の渡し
赤岩湾
赤壁
高士瀬
桃林
流翠渓
不老滝
石仙閣
坐禅石
寂光院
不老閣
中岩
城山
うぬま
初三郎
伊勢大廟
鳥羽
山田
二見岩
伊勢湾
あつた
なごや
名古屋鉄道柳橋駅
ひやしま橋
きよす
新濃島
をはり一宮
小牧山
岩倉
いぬやま
犬山城
針綱神社
三光稲荷
白帝園
東谷港
七ッ岩
西谷港
木曽川

〈図10〉「天下之絶勝日本ライン名所図絵」
（大正12年9月、吉田初三郎画、大正名所図会社）

三、木曾川下りと犬山

（一）日本ライン下り

大正二年、美濃太田から犬山までの木曾川下りを楽しんだ地理学者の志賀重昂（しげたか）は、木曾川の河川美を「ラインの風景そのまま」と記す。翌大正三年、犬山の鵜匠により犬山通船株式会社が設立され、犬山—土田（どた）（美濃太田の下流）間の遊船事業（ライン上り）を試みた。しかし、土田までの交通の便が整っておらず、この遊船事業は間もなく廃止となった。

大正元年、名古屋市街の押切から犬山にいたる旧名鉄が開通する。犬山に電車が延びたことにより、犬山城を中心に行楽客の誘致に力が注がれる。大正一四年、旧名鉄の犬山口駅—今渡駅（現、日本ライン今渡駅）間が開通してライン遊園駅（現、可児川駅）が設置され、土田乗船場への交通の便が整った。また同年の犬山橋架橋により、翌年には電車が木曾川を越えて新鵜沼に通じた。すでに鵜沼から上流に高山線が延伸しており、美濃太田駅（大正一〇年開業）や古井（こび）駅（大正一一年開業）が設置されていた。

高山線が延びた大正一一年頃、美濃太田から日本ライン下りをおこなう船頭たちが現れた。また、ライン遊園駅開業前年、土田の木曾川河畔に料理旅館・北陽館が開業（大正一三年）し、同施設と提携した遊船事業が始まった。一日三回の乗合定期船があり、川合や土田で川船に乗って働いていた船頭が船を操った。昭和三年、ライン遊園駅—北陽館間のバスが運行を開始し、北陽館一帯の「ライン遊園」が賑わうようになった。

大正後期は、このように木曾川のライン下りが注目を集めた時期である。「天下之絶勝日本ライン名所図絵」（大正一二年九月、吉田初三郎画、大正名所図会社発行）〈図10〉は、関東大震災直後の日本ラインの光景を伝える鳥瞰図である。なお、作者の初三郎は、震災で東京の自宅兼画室を失い、犬山の継尾山麓に「蘇江画室」を構え、そこで一〇年余りを過ごしている。

鳥瞰図は木曾川右岸から南東を望む構図で、左手に美濃太田、右手に犬山城を配置する。柳橋駅から犬山駅に旧名鉄路線が延び、二両編成の電車が走る。鵜沼へは、計画路線になっている。木曾川に臨み犬山城が聳え立ち、左右に東谷港・西谷港がある。西谷港の船溜まりに面して大きな建物が見えるが、旅館・迎帆楼（大正八年創業）であろう。犬山城の北麓は水道取入口で、東麓は「白帝園」という園地になっている。犬山東の継鹿尾山中腹に寂光院が建つ。この山麓に不老滝があり、その下流に不老閣がある。犬山城から継尾山麓にかけての木曾川には篝火をたいた舟が浮かび、「日本一の鵜飼の壮観」と示す。

不老滝から浣華渓（かんかけい）を経て東に進むと道は栗栖（くりす）で行き止まりと

なり、対岸を結ぶ渡し場がある。木曾川には、下流から富士瀬・観音瀬・鷺の瀬の急流が、右岸に赤壁・岩屋観音の名所がある。坂祝の対岸は遊仙岡で、付近の河中にライオン岩・二つ岩・めがね岩・らくだ岩・かぶと岩などの奇岩怪石が見える。遊仙岡から乙女滝を過ぎると鷺の瀬があり、付近が船着場である。船着場付近の断崖に大濤館という建物があるが、その後、北陽館が建つライン遊園の場所に相当する。案内文を見よう。

日本ラインとは犬山の上流約二里半、土田付近より犬山城（一名白帝城）までの間に於ける木曾川を総称したもので本邦地理学会のオーソリチー志賀矧川氏が先年これに命名し高唱宣伝せられたる結果遂に今日広く一般外人にまでも日本ラインの名を知られ年々其遊覧客が多くなって来たのである、（中略）日本ライン下りをするには遡って両岸の勝景を探りつつ土田に至りそれより一気にしてこの急流を下るのが順序である、……

犬山城から土田にいたる約一〇kmの木曾川が「日本ライン」と呼ばれるもので、志賀矧川（重昂）が名づけて宣伝したことにより遊覧客が年々増えている、と記す。注目すべきは、「犬山から木曾川を遡り、土田から一気に下る」の記述である。この時期、土田までの交通の便が整えられていなかったため、最初に犬山から船で川を遡った後に、ライン下りをするのが順序であった。案内文は犬山城から土田にいたる順路に沿って名所、奇岩怪石を説明するが、このような記述も見える。

……往には約三時間かかった所をかへりにはたった一時間許で最初の乗船地犬山城下に着き舟を下りるのである。

日本ライン探勝遊船　一艘（十人乗）往復貸切五円

所要時間は往復四時間、貸切船での探勝であった。土田から日本ライン下りの乗合定期船が出るのは、この鳥瞰図が描かれた翌年の大正一三年からであることを前述した。

（二）木曾川と犬山

木曾川が「日本新八景」（昭和二年）に選ばれ、日本ライン下りが脚光を浴びていく。昭和三年、木曾川の河川美をドイツのライン川になぞらえた志賀重昂の碑が美濃太田の祐泉寺に建立された。昭和四、五年には閑院宮、グロータス公（英国）、梨本宮が木曾川を訪れる。そして昭和六年には木曾川が名勝に指定され、その名は大いに高まる。昭和二年、「日本新八景」の取材で訪れた北原白秋は、木曾川をこのように評価する。

私の見たところでは、この蘇川峡のみを以てすれば、その岩相の奇梢は豊の耶馬溪、紀の瀞八丁、信の天竜峡におよ

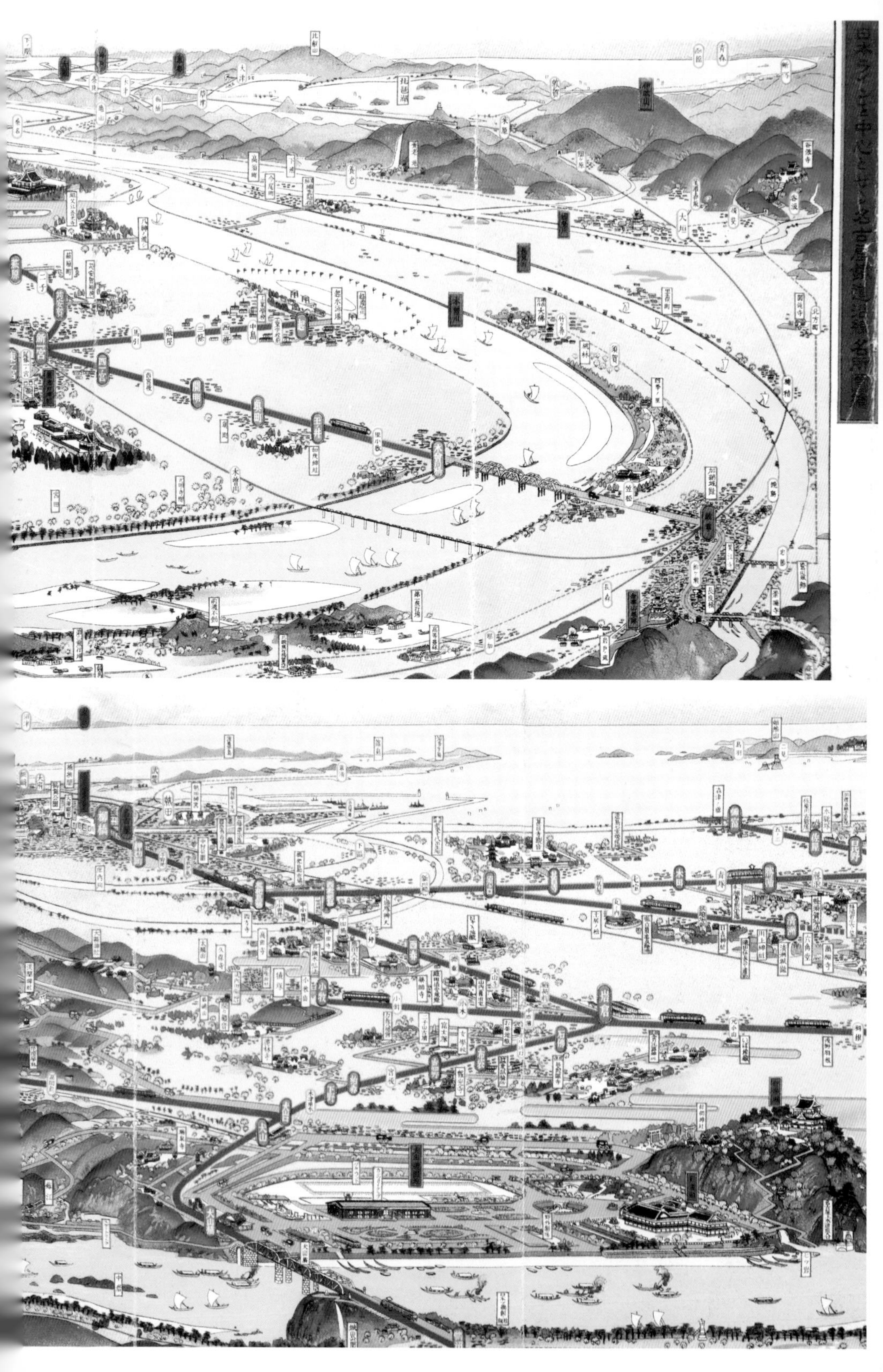
日本ラインを中心とせる名古屋鉄道沿線名所図絵
比叡山
大津
琵琶湖
敦賀
伊吹山
米原
大垣
谷汲
北方町
一宮
西一宮
木曽川
加納城趾

〈図11〉「日本ラインを中心とせる
名古屋鉄道沿線名所図絵」
（昭和２年、吉田初三郎画、名古屋鉄道）

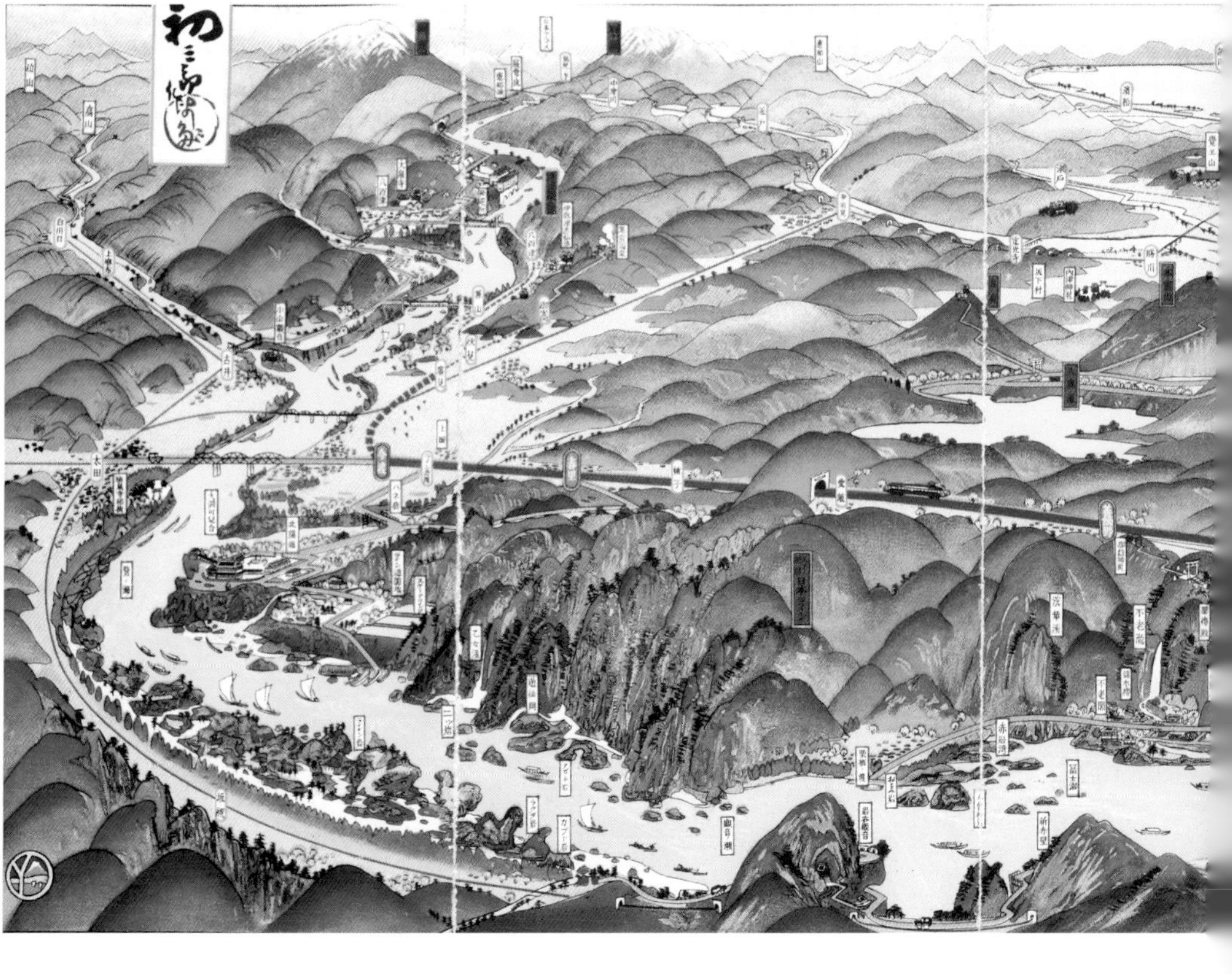

ばず、その水流の急なること肥の球磨川にしかず、激湍はまた筑後川の或個処にも劣るものがある。これ以上の大江としてまた利根川がある。ただこの川のかれらに遥に超えたゆえんは変幻極まりなき河川としての綜合美と、白帝城の風致と、交通に便利であって近代の文化的施設余裕多き事であろう。原始的にしてまた未来の風景がこの水にある。（北原白秋「木曾川」『日本八景』所収）

白秋は、日本ラインという言葉を西欧に追随したものと捉え、「蘇川峡」と書き表す。木曾は古く、吉蘇・岐蘇とも表記されていた。木曾川の秀でたところとして、河川としての綜合美、白帝城（犬山城）の風致、交通が便利で文化的施設に恵まれた三点を指摘し、「原始的にしてまた未来の風景がこの水にある」と結び、モダンな姿に憧れを抱く昭和初期の気分を表す一文をしたためる。後述する犬山遊園地の彩雲閣を拠点に取材していたこともまた、そのような感想を抱いた一因であろう。

白秋が称えた風景は、犬山城天守閣へ登ると、脚下の木曾川の流れや三連トラスの犬山橋（大正一四年）から体感できる。

改元直後の昭和二年、犬山の地は大いに盛り上がりを見せていたようで、野口雨情が「犬山音頭」を作詞する。また、犬山花柳界が「犬山をどり」を大阪高島屋で披露して人気を博した。さらに、名古屋大本営における陸軍特別大演習を統監した昭和天皇が犬山に行幸するなど、大きな出来事があった。

その年、「日本ラインを中心とせる名古屋鉄道沿線名所図絵」（昭和二年、吉田初三郎画、名古屋鉄道）〈図11〉が発行された。鳥瞰図は木曾川右岸から南を望む構図で、左手に日本ライン、中央に犬山城、右手に岐阜を配置する。犬山背後に濃尾平野が広がり、名古屋・一宮・清洲・津島・小牧などの濃尾平野の街も描く。表題のとおり鳥瞰図の左半分を木曾川の日本ラインが占め、犬山を中心に描く手法が際立つ。大正一二年の鳥瞰図と比較しつつ、日本ラインの四年後の変化を見ていこう。

木曾川に犬山橋が架かり、電車が犬山から鵜沼に通じるようになった。犬山城東麓の「白帝園」のあった場所は、犬山遊園地として整備され、野外劇場・グラウンド・カンツリークラブ（食堂）・彩雲閣（旅館）を設ける一大集客施設が出現した。遊園地の近くに犬山橋駅（現、犬山遊園駅）も設置された。

犬山東部の継鹿尾山付近の様子も変化する。寂光院には聖徳殿が新築され、山麓の犬返り石門手前に「蘇江」の建物が見えるが、吉田初三郎の蘇江画室であろう。また、付近の川沿いにスケートリンクがある。訪ねてみると氷室という地名が残っていて、北面の天然リンクにふさわしい地形をしている。

上流の美濃太田方面に目を転じよう。電車が今渡まで延び、一駅手前のライン遊園駅からハネ橋を渡って川畔に向かうと船着場となる。船着場一帯はライン遊園で、北陽館（旅館）が建ち、スケートリンクも設置されている。昭和期に入ると、スケートが流行したのであろう。

名古屋の柳橋停車場から電車に乗って、犬山口で今渡線に乗り換えてライン遊園停車場で下車。そこから案内が始まる。

　徒歩約十町でライン遊園地に着きます。遊園地の尽くる所が日本ライン乗船場で、左手に高くそそりたつのが「碧巌峯」この辺一帯を「翠嶂山」と云ひ、川を香木峡と云ひます。茲から軽舟に乗って、いよいよ日本ラインを下るのであります……

大正期と変わり、犬山から上流のライン遊園まで電車で行って、そこから川下りをするのである。犬山から約三時間かけて舟で川を遡り、それから川下りをしていた大正期とは、様相が大きく異なる。終点は犬山西谷港であり、途中、奇岩怪石を鑑賞しつつ白帝城（犬山城）まで下る。下船後の楽しみもあった。

　犬山城に登閣を試みるなり、針綱神社に詣でるなり、又は彩雲閣、カンツリークラブ、迎帆楼で夕食をしたためるなりして、夏なれば鵜舟の下るのを、春秋なれば月の上るのをお待ちになるのも一興でありませう。

日本ライン下りは単に川下りを楽しむだけでなく、犬山城見物や針綱神社参拝と併せた行楽であった。また川べりの料理旅館で夕食を楽しむこともすすめる。夕食後、名古屋や岐阜へは名鉄電車に乗って一時間で到着できる、と謳う。個人向けに名古屋の柳橋から「日本ライン廻遊乗車船券」が発売されていた。長らく親しまれたこの日本ライン下りは利用者が減り、平成二五年に運休やむなきにいたった。

（三）坂祝からの日本ライン下り

木曾川のライン下りは、沿岸の複数の事業者が手掛けるようになった。大正後期の高山線延伸にともない、上流の古井では大正一四年頃に「古井遊船」が設立された。美濃太田でも大正後期に遊船事業が始まり、ほどなく昭和二年に「太田遊船組合」が設立され、本格的な遊船事業に着手する。犬山と美濃太田の間にある坂祝村では、昭和四年頃、取組・勝山両地区の船頭衆が「取組遊船組合」を設立して、それまで石や薪を運搬していた舟を遊覧船に仕立て、にわかに観光事業に乗り出した。

坂祝村では、昭和天皇行幸（昭和二年）の感激が久しく続いていた。坂祝遊船組合が発行した「上って下る日本ライン御案

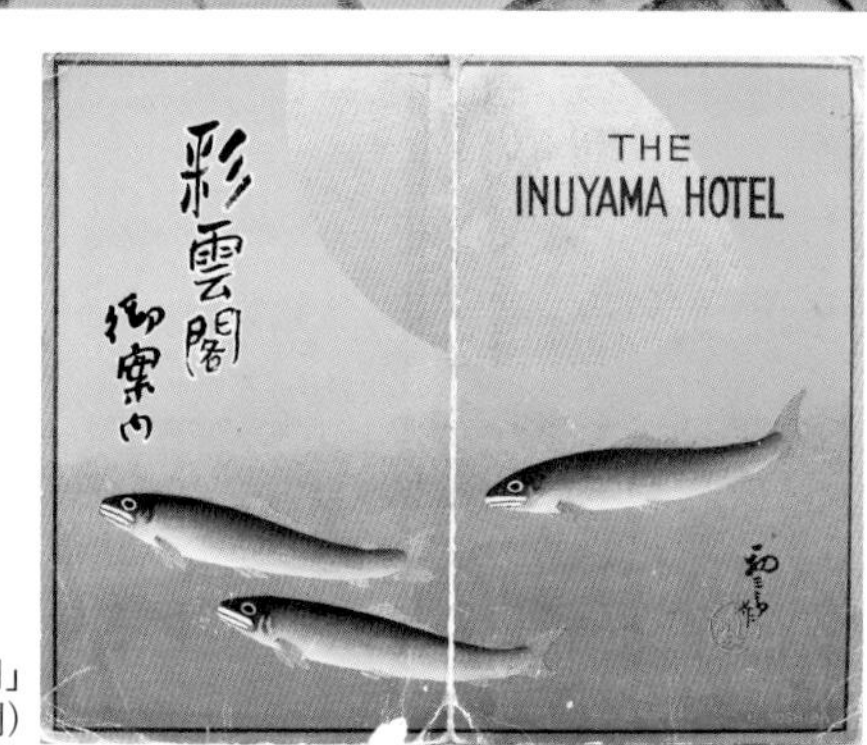

〈図14〉右・下「彩雲閣御案内」
（昭和４年版、吉田初三郎画、彩雲閣）

〈図12〉右・上「上って下る日本ライン御案内」(年代不明、坂祝遊船組合)

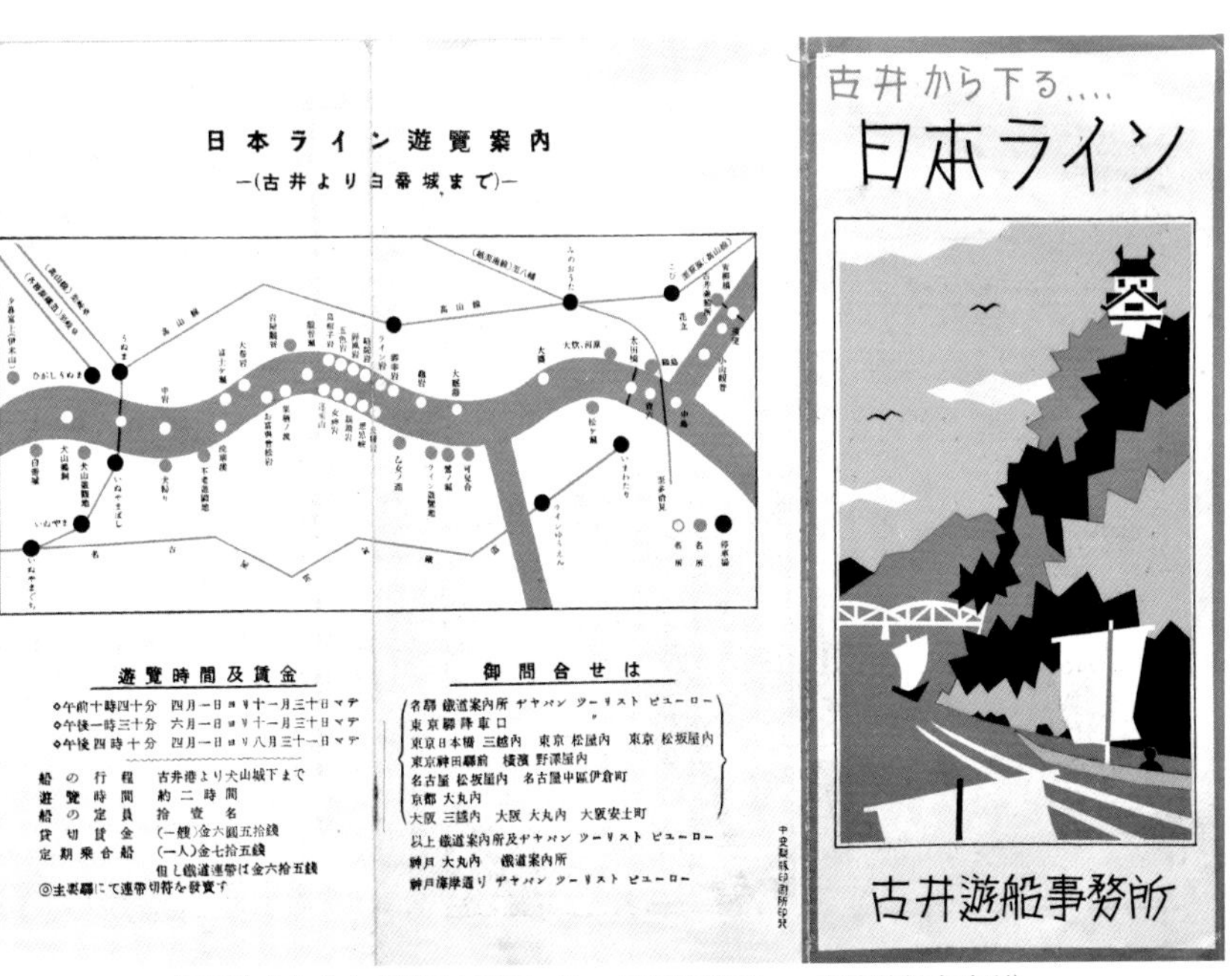

〈図13〉「古井から下る日本ライン」(昭和7年頃～、古井遊船事務所)

内」〈年代不明〉〈図12〉には、その気分がよく表れている。表紙に木曾川の流れと白帆の舟の絵柄に行幸巌の写真を載せる。取組遊船組合が坂祝遊船組合になったと思われるが、その時期や発行年は明らかでない。

鳥瞰図は木曾川右岸から南を望む構図で、左手がライン遊園、右手が犬山橋で、中央にライオン岩から五色岩にかけての奇岩怪石を描く。シンプルな見やすい絵図である。坂祝駅の上流、宝積寺の前が坂祝乗船場である。駅前に遊船待合所、乗船場付近に坂祝館・瑞岩亭が建つ。坂祝館は旅館、瑞岩亭は仕出しをおこなう料理屋で宴会もできた。案内文に目をやろう。

> 昭和二年十一月畏くも、聖上陛下には愛知県下に陸軍特別大演習を行わせられし際戦余の一日ライン探勝を仰出され、鳳輦を犬山城に進め給ひ勝景を叡覧あらせられ御輿味いと深く数里の長堤を御散策馬首東進坂祝の佳境に臨御玉歩を埠頭の巌上に運せられ暫時御探勝龍顔殊に麗しく「嗚呼天下の絶勝なり」と称揚あらせ給ふと仄に洩れ承る。

昭和天皇が坂祝に行幸され、巌の上に立って木曾川を眺め、「天下の絶勝」と麗しき表情で褒め称えたことに、いたく感激した一文である。

> 御還幸の後、時の大野岐阜県知事閣下は村民の乞を入れこの光栄ある聖地を永遠に記念すべく、行幸巌と命名せられたり其の一事を以てするも行幸巌を知らずして、ラインを談ずる能わざるに幸にも吾が坂祝遊船は行幸巌の直下に乗船場を有せり、爾来雲上の貴顕朝野の紳士遠近の探勝客は必ず聖地を訪ひ天下の奇勝を陪観するもの頗る頻繁を加へぬ、……

昭和五年、坂祝村では昭和天皇が登られた巨岩の見える場所に「行幸巌」と刻んだ巨大な石柱を建立する。「行幸巌を知らずして、ラインを談ずる能わざるに」は、「日本ラインの景を知らずして河川の美を語るべからず」をもじった迷文である。

> 古来荊棘の巷も楽園と化し、直下の乗船場には遊覧船常に百余艘を備へ付近には御待合無料休憩所を設け其他料亭旗亭軒を並べ御来遊を待ちつつあり、……

草深き村里坂祝の発展を、乗船場付近に料亭や旅館が軒を並べると感慨深げに語るが、飲食品・土産物・絵葉書を売る店がわずかにあったに過ぎない。坂祝乗船場を出発した船はライン遊園まで遡り、そこから犬山橋まで下った。各駅で連帯乗船切符（鉄道二割引）を発売していた。やがて美濃太田からのライン下りが隆盛をみると、坂祝乗船場は衰退した。

（四）古井から下る日本ライン

木曾川下りの乗船場が複数現れると、当然、競争が起こってくる。最上流の乗船場の古井までぜひとも訪れて欲しい、そんな気持ちが現れたものが「古井から下る日本ライン」（昭和七年頃〜、古井遊船事務所発行）〈図13〉である。発行年代は記されていないが、文中に「最近又日本名勝地に指定せられ」とあるから昭和六年の木曾川の名勝指定以降、また問合せ先の一つにビューローの名古屋松坂屋内案内所（昭和七年五月開設）が掲載されているため、昭和七年以降のものであろう。表紙は犬山城付近の木曾川に三艘の帆掛け船が浮かぶ絵柄である。古井乗船を勧める三つの理由が案内文にあり、一つは、「汽車で見て山で眺めて古井で乗りゃ三拍子揃ふたライン探勝」と題し、このように謳う。

> 高山線鵜沼付近から次々と、車窓に転回するラインの風光、さては中仙道の松並木を隔てて隠見する下る遊船、上る白帆、誠に一幅の絵画、先ず遊客の心を奪ふ、かくして坂祝、太田を過ぎ、古井駅で降車直に愛宕城趾に登りて俯観せんか、ライン一帯の風光一望に集り来し方、将に下らんとするライン一幅の鳥瞰図として現はれ、……

高山線からの車窓風景、愛宕城址からの眺望、そして船中での楽しみの三拍子が揃っているのが古井からの乗船である、と強調する。次いで「ラインの男性美を兼ね味はんとする人は来れ古井へ」と題してこのように述べる。

> 抬望、宝六、可児合の急流を下り、船は動揺し飛沫は高く上り、動もすれば船客の袂を沾し、又は河中に聳立する奇巌怪石は激流を嚙み、右曲左折舟夫の腕の冴えを見、男性的快美を併せ味はんとせば、断然古井より乗船探勝すべきである。

日本ラインの男性美・女性美を兼ねて味わうのであれば、断然、古井乗船場がよい、と勧める。三つめは、「朝熊かけなきゃ片参宮　古井で乗らなきゃ片ライン」と題し、「片参り」になぞらえる。

> 下流と全く趣を異にする所謂奥ラインの勝景枚挙に遑あらず、愛宕の展望と相待ちて是非共此処より乗船すべく、誤って片ラインに終り憾を後に残すなからん事を……

太田から鉄道でわずか十分で古井駅に着く。乗船場も駅から三町（約三二七ｍ）と近い。小山観音をはじめ景勝地も多い。旅行に出たら思う存分探勝すべきであるから、後悔しないようにぜひ古井乗船場に来てほしい、と語りかける。

古井港から犬山城下まで約二時間を要した。割引の鉄道連帯切符があった。乗船場の売店では、和洋酒・清涼飲料水・食べ物・土産物を商い、弁当も注文に応じていた。この古井からのライン下りは、今渡ダム建設に伴い昭和一四年頃に廃絶した。

（五）犬山遊園地と彩雲閣

犬山橋が架橋された大正一四年、犬山城東麓に犬山遊園地が開園する。これは、犬山が観光地としての性格を色濃くしたことを象徴する出来事である。犬山遊園地にある旅館・彩雲閣は、昭和二、四年に「彩雲閣御案内」（吉田初三郎画）〈図14〉を発行する。このパンフレットは彩雲閣に宿泊して日本ラインを探勝した客がその遊覧を追想するために発行する、とその趣旨を記す。ここでは、犬山ホテルが描かれている昭和四年版を紹介する。

鳥瞰図は木曾川から南を望む構図で、中央に犬山遊園地を大きく描き、左手に日本ライン、右手に犬山城を配置する。犬山遊園地は、犬山城の東麓の木曾川に面して敷地が広がる。犬山城の麓、木曾川に面して和風入母屋二階建ての彩雲閣が甍を聳え、その奥に洋風二階建ての犬山ホテルがあり、脇に小さな回遊式庭園がある。遊園地の中心にカンツリークラブ（食堂）・犬山演芸場が棟続きで建ち、カンツリークラブの木曾川側に洋風庭園（花壇）、裏にトラックとテニスコートがつくられている。犬山橋袂に彩雲閣別館の香月楼が見え、その前が東谷乗船場、ほかに彩雲閣の前にも乗船場がある。

園内の諸施設は犬山城の建つ薄緑色の山の山気（さんき）と調和し、清遊にふさわしい環境にあった。鳥瞰図から、犬山城東の木曾川左岸は、名古屋近郊の水辺の遊興空間に生まれ変わったことが伝わってくる。

彩雲閣のあった犬山遊園地跡は、その後、名鉄犬山ホテルに変わった（昭和四〇年開業、令和二年営業終了）。遊園地廃止後も、名鉄犬山遊園駅が久しくその名を残している。また、犬山城東麓を流れる郷瀬川が木曾川に注ぐところに小さな鉄製アーチ橋がある。その名は彩雲橋（昭和四年架橋）で、これまた記憶の一コマであろう。

第六章　三河・伊勢湾

──海辺の情景

一、三河湾の清遊地

（一）蒲郡と常盤館

三河湾に面する蒲郡は、温暖な気候の風光明媚な地として明治期よりその名を知られ、三河湾国定公園にも指定（昭和三三年）されている。明治二一年、官設鉄道（東海道本線）蒲郡駅が開業する。鉄道唱歌（明治三三年）に「♪豊橋おりて乗る汽車はこれぞ豊橋稲荷道　東海道にてすぐれたる海の眺めは蒲郡」と歌われた、潮の香漂う蒲郡である。蒲郡駅が明治期の旅行案内書に次のように紹介されている。

　南方は海に面し、駅前の渡船場よりは志摩の鳥羽、伊勢の二見ヶ浦、三河の師崎等に往復する汽船あり航路は伊勢の内海なれば潮勢緩和にして、風波の憂なし、故に伊勢参宮の旅客は船便に據るも又妙なり。（『鉄道作業局線路案内』明治三八年）

蒲郡から船でお伊勢参りに出かける順路があったことは前述（四章）したが、参宮鉄道全通（明治三〇年）後もしばらくは、海路を往く人がいたのである。昭和に入ってからも、蒲郡から師崎や鳥羽に行く船が発着していた。当時、蒲郡海水浴場をはじめ、付近の御津や御馬にも海水浴場があった。風光麗しき蒲郡海水浴場の姿が目に浮かぶ一文を紹介する。

　当駅の前面にあり海の眺めは蒲郡云々と鉄道唱歌にもある如く左には参の渥美半島を望み、右には尾の知多半島を見渡し正面には竹島、大島、亀岩、仏島等の島嶼を眺め、実に風光明媚の勝地なり。（同右）

明治四五年、この眺めの良い海岸に、料理旅館・常盤館が創業した。創業者は名古屋の繊維問屋「滝兵」の五代目滝信四郎である。信四郎は、大正一五年に滝実業学校（滝学園）を創立した人でもある。常盤館は海岸に本館、背後の丘に三つの別館を構える大旅館であった。昭和七年、別館が建つ丘に鉄道省国際観光局が力を注ぐ国策ホテルとして蒲郡ホテルの建設が始まる（昭和九年開業）。ホテル建設以前の丘の風景は「東海唯一の清遊地蒲郡常盤館御案内」（昭和二年一二月、吉田初三郎画、常盤館発行）〈図1〉所収の鳥瞰図から知ることができる。

鳥瞰図は形原付近から東に三河湾を望む構図で、中央に常盤館の諸施設をダイナミックに描く。竹島八百富神社遥拝所鳥居横の高楼が常盤館で、入母屋屋根の建物が幾棟も連なり、離れ座敷もある。本館前は海で、遮るものは何一つ見当たらない。背後の丘に中別館・西別館・東別館が建つ。中別館前はつつじ園・梅林となり、本館からつつじ園に向けて渡り廊下が延び、途中に別棟の宴会場を構える。中別館と西別館の間にガラスの温室を備えた植物園や動物園が見え、植物園裏に大運動場と馬場を設ける。西別館に隣接して焼き物工房が建ち、その裏は大弓場となっている。東別館に目を転じると、背後に運動場・テニスコートがあり、その間が牡丹園として整備されている。運動場にはブランコ・遊動円木・鉄棒がある。東別館前の海を石垣で半円形に囲み、三か所にデッキを設けてベンチを置く。デッキの一つに六角屋根を架け、海辺の回遊庭園となっている。

鳥瞰図の裏面に建物の平面図を掲載する。それによると、客室は本館二四室、離れ座敷六室、別館三棟は一棟ごとの利用である。娯楽品として玉突・ピンポンのほか、ピアノ・琴・三味線・太棹三味線・鼓・大皷・尺八・大正琴・ヴァイオリンなど古今東西の楽器や蓄音機を備え、碁盤・将棋盤・闘球盤もあった。さらに新刊小説や月刊雑誌をはじめ謡曲本・義太夫本・長唄本・清元・歌かるたと、あらゆる趣味に応じていた。

常盤館には屋形船・釣船・モーターボートもあって、竹島・大島・亀岩への遊船もおこなっていた。春の潮干狩り、夏の海水浴、冬の避寒はもとより、季節の行楽として六月はキス釣り、九、十月はハゼ釣り、冬はカモ猟が楽しめた。旅館の庭は桃花・桜花・牡丹・ツツジ・萩と、それぞれの季節に楽しめるように工夫されていた。

そんな昭和の夢をいっぱい詰め込んだ常盤館は、昭和五七年に老朽化のため取り壊され、跡地に「海辺の文学記念館」が建った。丘の上に残る料亭竹島（旧梅別館）・鶯宿亭・聚美堂がわずかに戦前の建物を残すが、昭和二年の鳥瞰図には描かれていないので、その後の建築である。常盤館跡地から海を臨むと、目の前に社叢林におおわれた竹島、その沖に大島が浮かび、南に渥美半島が薄墨色の稜線を緩やかに引く。昔、海水浴場として賑わった浜辺は、親水空間として整備されている。

（二）碧南の大浜

西三河の海辺に位置する碧南市の中心部が旧大浜町である。

今は工業地帯となったが、衣ヶ浦に権現崎が突き出す風光明媚な地であった。権現崎に連なる西海岸一帯が大浜である。大浜は江戸時代半ば以降に味醂の産地となり、醸造された味醂は大浜湊から廻船で江戸に積み出された。これを「三河味醂」といって、江戸の鰻屋や蕎麦屋の必需品であった。遠浅の海が広がる大浜は大正時代に海水浴場が開かれ、保養地として賑わった。

「三河大浜町大観」（昭和一〇年頃〜、大浜町発行）〈図2〉は、海辺に発達した大浜の光景を描く。表紙は松越しに見る白帆浮かぶ衣ヶ浦と鷗の絵柄で、鳥瞰図は澤田文精社の印刷である。発行年代は記されていないが、文中に「三河鉄道は昭和十年臨港線を開設……」とあるから、昭和一〇年以降である。鳥瞰図に玉津浦駅から海水浴駅に延びる臨港線も描く。臨港線は貨物輸送の傍ら夏季は団体の海水浴客輸送をおこなっていた。

鳥瞰図は大浜の町並みから西に衣ヶ浦を望む構図で、対岸に知多半島が横たわる。大浜の町並みはかすかに湾曲する海岸に沿って広がり、ほぼ中央に大浜港がある。大浜港から知多半島の亀崎・半田・武豊（たけとよ）へ、また渥美半島の福江への航路を図示する。案内文によると伊勢二見や南知多方面にも巡行船が出ていた。大浜港には魚市場や製氷会社もあり、漁港を兼ねていた。港付近に役場をはじめ銀行・警察署・郵便局が集まり、市街をなすが、警察署（大正一三年建築）が昔の姿をとどめる。

町並み背後（東）に刈谷駅から三河鉄道（昭和一六年名鉄に合併）が延び、新須磨・大浜・玉津浦各駅が設置されている。町並み北端の海辺に上区熊野神社が鎮座し、付近は新須磨海水浴場である。一方、町並み南端の海辺にも大浜熊野神社が鎮まり、付近は玉津浦海水浴場である。海辺の景勝地であった大浜の様子が、次の一文から伝わる。

> 衣ヶ浦の小波に翠松（すいしょう）白砂の連る所、長汀曲浦（ちょうていきょくほ）眺望一入（ひとしお）美しく、対岸の知多半島を指呼の裡に眺め、遠く比叡の霊峰を望む辺り将（まさ）に衣ヶ浦随一の勝景である。

白砂青松の砂浜がはるかに続き、緩やかに弧を描く長い海岸線からの眺望もまた、ひとしおであった。

> 四季を通じ風穏かに、鏡なす海面にはかもめ低く飛んで真帆片帆の船路遥かに後を追ふもおかしく、黒煙長く海を壓（あっ）して碇泊する巨船の姿も亦（また）眺望を増す。

波静かな衣ヶ浦に多くの船が行き交い、鷗がそのあとを追うのどかな情景の中、機船が吐く黒煙が海を圧する。その新たに出現した光景を対比しつつ肯定的に叙述するのは、昭和初期の時代の気分をあらわしている。大浜では海水浴・潮干狩り・魚釣り・舟遊びが楽しめた。新須磨海水浴場の記述を見よう。

中別館
東別館
常盤館
豊川
御油
八幡神社
三谷町
蒲郡
武豊
半田
常滑
山田
名古屋
熱田
蟹江
大府
刈谷
知立
小垣江
吉浜
高浜
新川町
安城
定光寺
新須磨海浜浴
記念碑
熊野神社
新須磨
火力発電所
大濱港
埋立地
稲荷社
銀行
大濱駅
碧南國民学校

〈図1〉「東海唯一の清遊地
蒲郡常盤館御案内」
（昭和2年12月、
吉田初三郎画、常盤館）

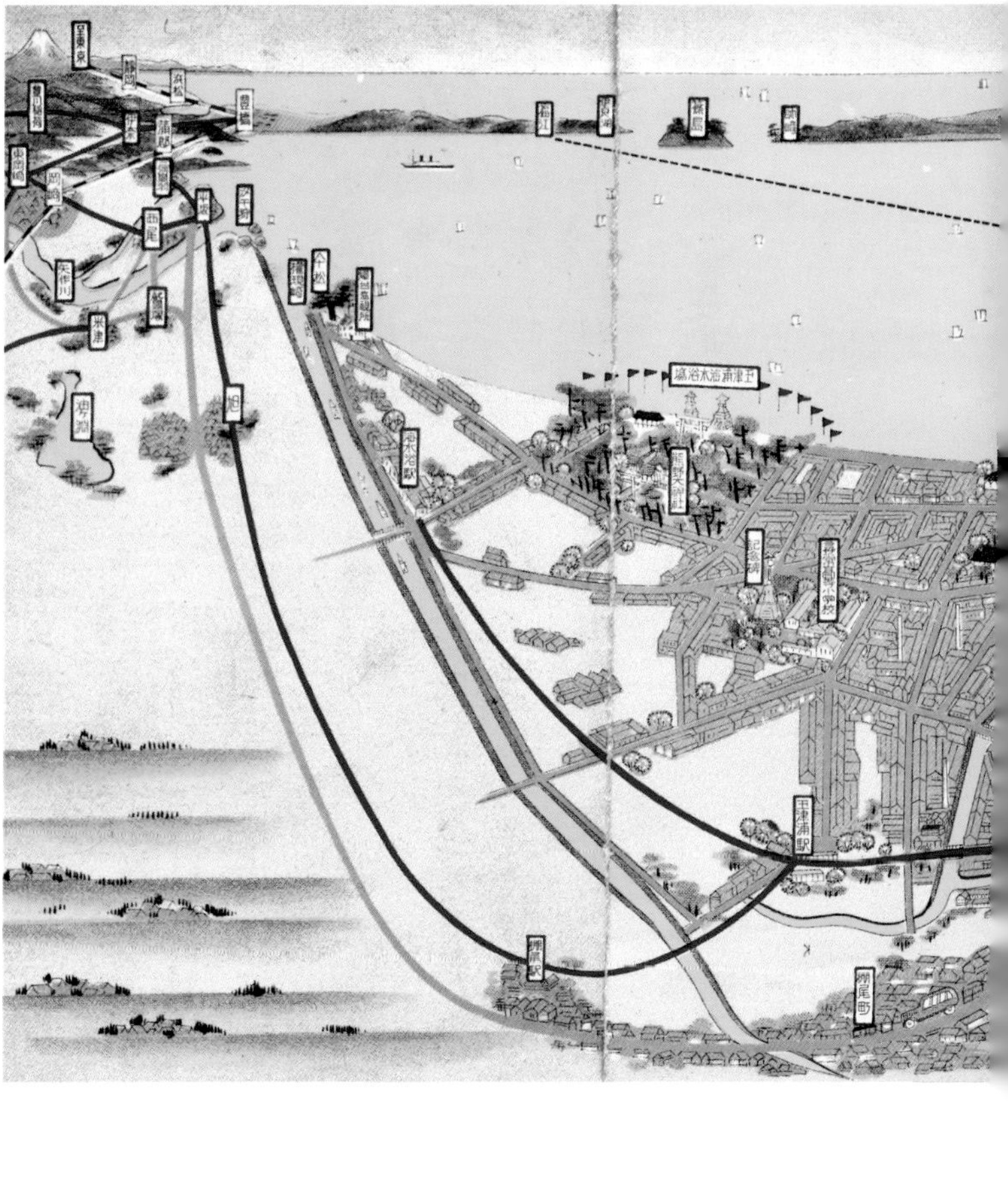

〈図2〉「三河大浜町大観」
（昭和10年頃〜、大浜町）

三鉄唯一のモダン駅新須磨駅の西方約一粁、郷社熊野神社の神苑がそれである。これは大正三年七月の創設にかかり全く大衆的、近代的の施設を誇り、新須磨の名は東海に普く衣ヶ浦随一の海水浴場として眺望絶景、風光明媚、真に海の楽園地である。

大正三年に開設された新須磨海水浴場は、上区熊野神社の前にあって波が神苑の松の根元を洗い、松の緑が海に映える風光明媚な地であった。夏の海水浴シーズンに開設された臨時停車場を新須磨と名づけた。今日の碧南中央駅（昭和五六年に改称移設）の起こりである。大浜北の新川には新明石海水浴場、さらに知多半島には新舞子海水浴場もあって、当時、瀬戸内海（兵庫県）の名所にあやかった命名が流行ったことがうかがえる。

老松大樹を縫って軒を連ねる料亭、モダン喫茶店、カフェー、バー等より流れるジャズ、海面に施設された納涼台、飛込台 山なす浴客の間をオールのさばきも軽く漕ぎ廻る貸ボートの乱舞、夜ともなれば森一面に輝やく電燈の閃めきは、ここに一大不夜城を展開し、涼を追って雑踏する人の群は夜の更けるのを知らぬかの様である。

これは昭和一〇年過ぎの浜辺の情景である。海水浴場近くに店が軒を連ねて流行りのジャズを流し、夜ともなれば不夜城の賑わいを呈したのである。またこのような記述も目を引く。

期間中は打上花火、変装探し、西瓜流し等の余興も随時行はれ一層の賑ひを呈する。

海水浴の時期は、盛りだくさんのイベントがおこなわれていた。新須磨海水浴場には付近の人はもとより、名古屋や岡崎から多くの人が訪れ、避暑をする都会の人も相当数いることを述べる。また、半田や武豊に往来する渡船は臨時発着所を設け、対岸の海水浴客を運んでいた。

上区熊野神社を訪ねると、海側鳥居横に「衣浦勝景 愛知県」（大正四年）と刻んだ石柱が立っており、当時の麗しき風光が偲ばれる。また、境内小祠の厳島神社は海水浴場の賑わいに伴い「新須磨弁天」として多くの参詣客があったという。

次いで、翌大正四年開設の玉津浦海水浴場である。

夏季は海水浴地として避暑浴客織るが如く、町営食堂を始として名鉄、三鉄の無料休憩所及び各種の運動器具も備ってゐる。本浴場に特筆すべきは大神社の神霊に答ふべく俗化を避け神聖なる心もて自然の風物に浸ると言ふ点にある。故に大日本赤十字社愛知支部にあっては十数年以前よりここに夏季大浜児童保養所を創設して全県下より虚弱児童を収容してゐる。其の他小中等学校、青少年団等の団体客多く、近時森間にテント生活をなす者も著るしく増加してゐる。

玉津浦海水浴場は、流行を追った新須磨海水浴場と違って、健全さを売りにしていた。波静かな海は遠浅で水温も高く、家族連れや小児の遊泳に適していた。ここに紹介された夏季大浜児童保養所は、衣浦港の造成工事がはじまる昭和三九年まで開設されていた。

大浜熊野神社境内の松林一角にセメント製のビーナス像を戴くシャワー台が忘れられたように残っている。これは、海水浴場があった当時のものという。玉津浦及び新須磨海水浴場のいずれもが昭和四〇年代に臨海工業地帯と化し、渚は見る影もなくなった。

玉津浦の南の権現崎付近は潮干狩りの好適地であった。

春は小学生団体の遠足地として賑ひを呈する。海岸は遠浅で干潟ともなれば沖合遥かに洲となって浅蜊（あさり）、蛤（はまぐり）、馬手貝（まてがい）等の獲物が豊富である。

権現崎付近には、水産組合のアサリ養殖地があり、沖合の衣ヶ浦一帯は釣りの名所であった。

季節ともなれば遠近各地から集って糸を垂れる人の舟、各所に散在する、夏の夜、海岸、防波堤に納涼がてら釣りする人の群は殊に多い。キス、沙魚（はぜ）、鯵（あじ）、黒鯛（くろだい）、鯖（さば）、蟹等の獲物を挙げる事が出来る。

夏のキス釣り、秋のハゼ釣りが有名であった。沖合での舟釣りだけでなく、海岸や堤防での釣人も多く、釣舟や釣り道具も備わっていた。夏には、衣ヶ浦での舟遊びができた。

衣ヶ浦舟遊の風情、又格別である。夏の夜海岸を離れて推進機の音も軽く、海面をなでる涼風に肌を晒し、両岸の間に群り続く電燈を蛍火かと眺め、西方知多本宮山の航空燈台に進路を得て思い様涼風を満喫するもよい……

対岸の知多半島にある本宮山（標高八〇m、常滑市）には航空灯台（昭和八年設置、同一六年廃止）があって、夜間の有視飛行に備えていた。その灯もまた一つの風物であった。舟遊びの舟は、随時、求めに応じて漕ぎ出した。船中にサバやボラが飛び込むこともしばしばあって、それもまた風情があった。

三河西部の大浜は、このように多様な海の遊びができる行楽地であったが、今はそれも夢物語である。

二、知多半島

（一）愛電沿線（神宮前―常滑）

伊勢湾と三河湾に挟まれた知多半島北部は工業地帯や住宅地に変わったたが、南部は今ものどかな風景を残し、蒲郡などと

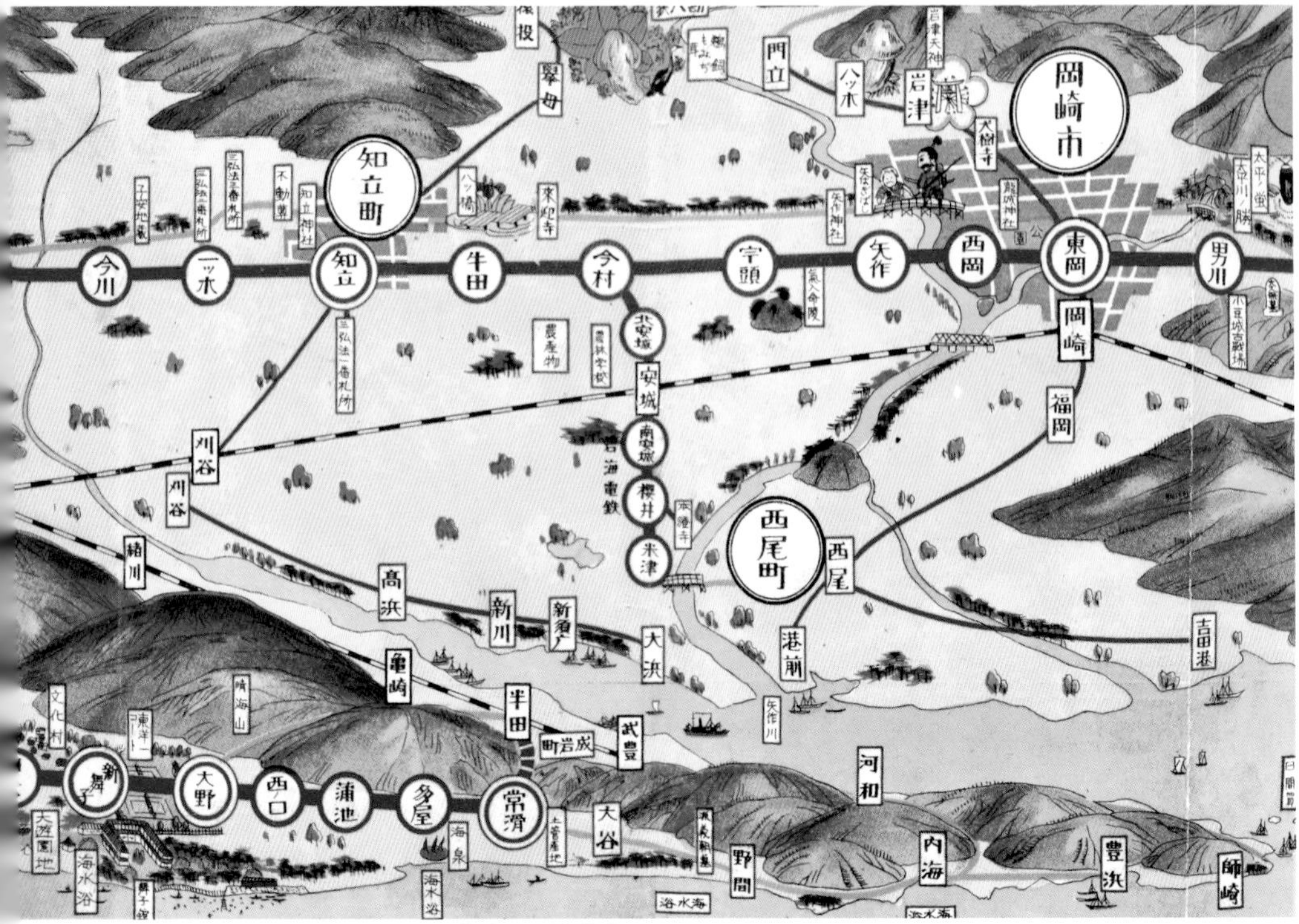

〈図3〉上「愛電沿線案内」(昭和2～3年、愛知電気鉄道)

愛知縣知多郡

新四國八十八ヶ所參拜案内

附 三河三弘法

三河三弘法

弘法大師様に御縁のある方は霊験あらたかな三河の霊場三河三弘法にもお詣りになるべきです

毎月朔日廿一日廿日には神宮前駅其他主要各駅より電車賃の割引があります

(名古屋市 愛知電鉄運輸課 電南一四八〇 發行)

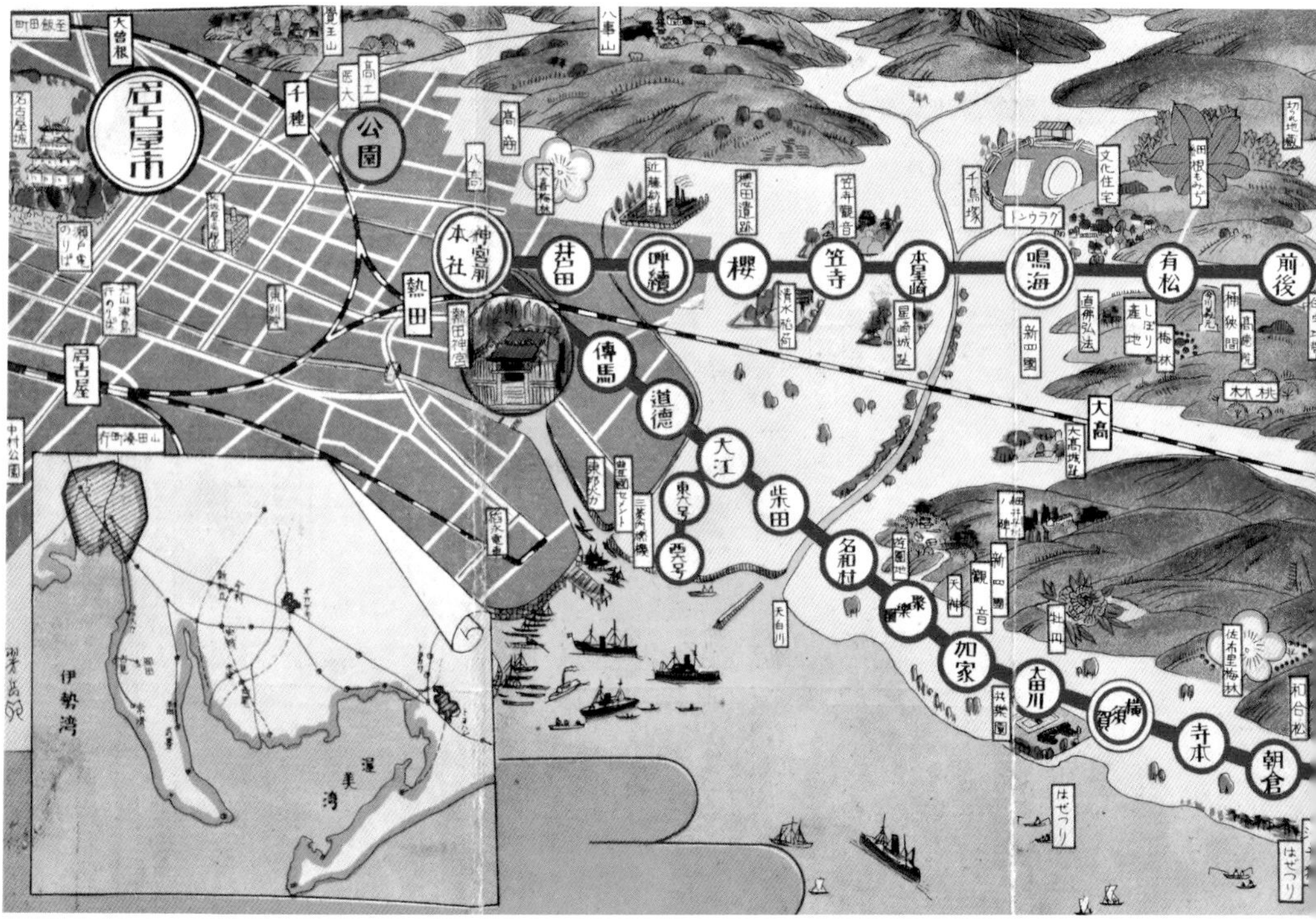

〈図4〉下「新四国八十八ヶ所参拝案内」(昭和7～10年、愛知電鉄運輸課)

▲割引御案内▼

新四国弘法大師札所は百有余年の古き昔から参拝者の絶間なく其霊験は著しいものがあります
先づ電車は前後驛下車一番から或は鳴海驛下車八十七番から打始め一巡して八十六番加家観音を打ち納めて加家から帰来致します此間半田駅——成岩駅間、南成岩駅——上ゲ駅間、富貴駅——河和口駅間、常滑駅——西ノ口駅間、寺本駅——横須賀駅間、加家駅——神宮前駅間、は電車賃の割引があり、成岩——武豊間、布土——北方間、師崎——中須間内海——小の浦間、は自動車賃の割引があります。 日間賀島、篠島への渡船は、師崎から豊浜へ縣道が開けましたから片名又は師崎から来つて師崎へ上陸するのが最も便利であります 渡船賃は大井、片名、師崎、何処からでも往復五十銭です。

風景殊の外美くしい知多半島の勝を親しく観つつ弘法大師の御霊場を巡拝になることは得がたい勝縁の極であります

凡例

	愛電線路及停留場
	知多自動車線
	鉄道線路
	航路
	縣道及里道路
	参拝道中札所
	河川
	海水浴場
	汽船発着場所

共に三河湾国定公園に指定されている。知多半島は、海水浴場や知多新四国八十八ヶ所霊場がある行楽地として親しまれた。

名古屋市熱田の神宮前から豊橋や知多半島の常滑に向けて路線をもつ愛電が発行した「愛電沿線案内」（昭和二～三年）〈図3〉は、知多半島西海岸の海辺の情景を伝える。発行年代推定根拠は五章で前述した。

鳥瞰図は伊勢湾から東を望む構図で、左手に名古屋、右手に豊橋を配置し、中央下段に知多半島を配す。沿線は、道徳駅（南区）を過ぎるとのどかな田園地帯となり、天白川を越えると知多半島の丘陵が広がる。新舞子・多屋・野間・内海の各海岸は海水浴、古見・日長の海辺は潮干狩り、横須賀・古見の海はハゼ釣り、と季節の行楽を図に書き込む。新舞子には大遊園地があって舞子館が建つ。また、小規模ではあるが聚楽園にも遊園地があり、知多半島は海浜を中心とする行楽地であったことが鳥瞰図から伝わる。案内文を見よう。

> 電車は朝倉駅付近に至って伊勢湾の美しさに接します。山と海と相抱き白砂の長汀数哩に及び海は蒼碧、遠浅で春の汐干狩、夏の海水浴、秋の釣と遊覧客を以って溢れ冬季は温暖、住宅地帯とて絶対好適であります。

朝倉駅（知多市）を過ぎたあたりから、美しい海辺の景色が広がり、春・夏・秋それぞれの季節に多くの遊覧客が訪れる、と記す。なかでも新舞子は、知多半島有数の遊覧地であった。

> 新舞子の海岸には遠大のプランの下に大遊園地建設の第一歩に入り動物園、植物園、文化村、テニスコートの完成を見ました。此のコートの優秀施設の完備なるは運動界に異常なるセンセーションを起した程で傍のクラブハウスと共に会社の誇りとするものであります。

明治四五年、愛電の神宮―大野間が開通すると、新舞子の本格的な開発が始まった。同年、新舞子海水浴場が開設され、海水浴場を中心とした遊興施設の整備に着手し、舞子館（旅館・料理屋）が建築された。また、大正末期には舞子駅の北に文化村（住宅街）ができ、ほぼ時期を同じくして動物園・植物園が開園し、テニスコートが整備された。

このように新舞子は名古屋郊外のリゾート地としての性格を帯びるが、戦後の高度経済成長期、工業地帯造成に伴う伊勢湾岸の埋立てが知多半島に及んで海水の汚濁がすすんだ。そのため、海水浴客は知多半島南部の野間・内海へと移り、新舞子からしだいに客足が遠のいていった。新舞子浜に代わって対岸の埋立地・新舞子マリンパーク（平成九年開園）内にブルーサンビーチという人工浜が設けられた。かつて白砂青松を誇った浜には、当時の賑わいを記憶するかのように数本の松が残っているに過ぎない。

(二) 新四国八十八ヶ所巡拝

江戸後期、知多半島に知多新四国八十八ヶ所霊場がつくられた。文化八年（一八〇九）、古見妙楽寺（知多市）の僧侶が霊地開創を発願し、四国巡礼に旅立った。知多に戻った僧侶は協力者の助けを得て、文政七年（一八二四）に新四国八十八ヶ所の霊場を完成した。以来、知多半島での巡礼がはじまる。札所一番の曹源寺（豊明市）から八十八番の円通寺（大府市）まで約四〇里（約一五七km）、歩くとおよそ六日の行程であった。

昭和初期、この参拝案内図がいくつか発行された。「新四国八十八ヶ所参拝案内」（昭和七～一〇年、愛知電鉄運輸課）〈図4〉、「知多半島新四国八十八ヶ所巡拝図絵」（昭和四年七月、吉田初三郎画、知多自動車）〈図5〉などである。

「新四国八十八ヶ所参拝案内」（昭和七～一〇年）〈図4〉は、知多鉄道が河和口駅（昭和七年開業）まで延びるが、河和駅（昭和一〇年開業）がないので、その間の発行であろう。図は左方向に知多半島先端を配置する構図で、札所をはじめ、そこにいたる愛電路線・駅・知多自動車線・汽船発着所などを示すとともに、参拝とは無関係な海水浴場まで丁寧に書き込む。図の中にこのようなキャッチコピーが見える。

> 風景殊の外美しい知多半島の勝を親しく観つつ弘法大師の御霊場を巡拝になることは得がたい勝縁の極でありますぞ

知多半島の風光を愛でつつ参拝する情景が目に浮かぶ。風光明媚な浜辺にある海水浴場を参拝案内図に書き込む気分がわからなくもない。図を見ると札所のある篠島と日間賀島へ師崎から渡船が出ているが、知多半島先端の片名や大井からも日間賀島に船便があり、今以上に細やかに海路が利用されていた。一番札所の曹源寺は前後駅下車であるが、鳴海駅で降りて八十七番長寿寺から打ち始めて一巡、八十六番観音寺で打ち納めて加家駅（現、新日鉄前）から帰路につく順路もあった。毎月、新旧二十一日（弘法大師命日）と旧二十日には、神宮前駅その他主要各駅から割引をおこない、人びとを巡拝に誘った。

(三) 知多半島の名所と史跡

「知多半島新四国八十八ヶ所巡拝図絵」（昭和四年）〈図5〉も参拝案内図である。図絵は知多半島先端を右手に置く構図で、札所はもとより、常滑・半田・内海・師崎などの知多半島の町や村、沖に浮かぶ篠島と日間賀島を丁寧に描く。裏面は、新四国開創由緒や八十八か寺の由来や名所・史跡の案内文を掲載する。

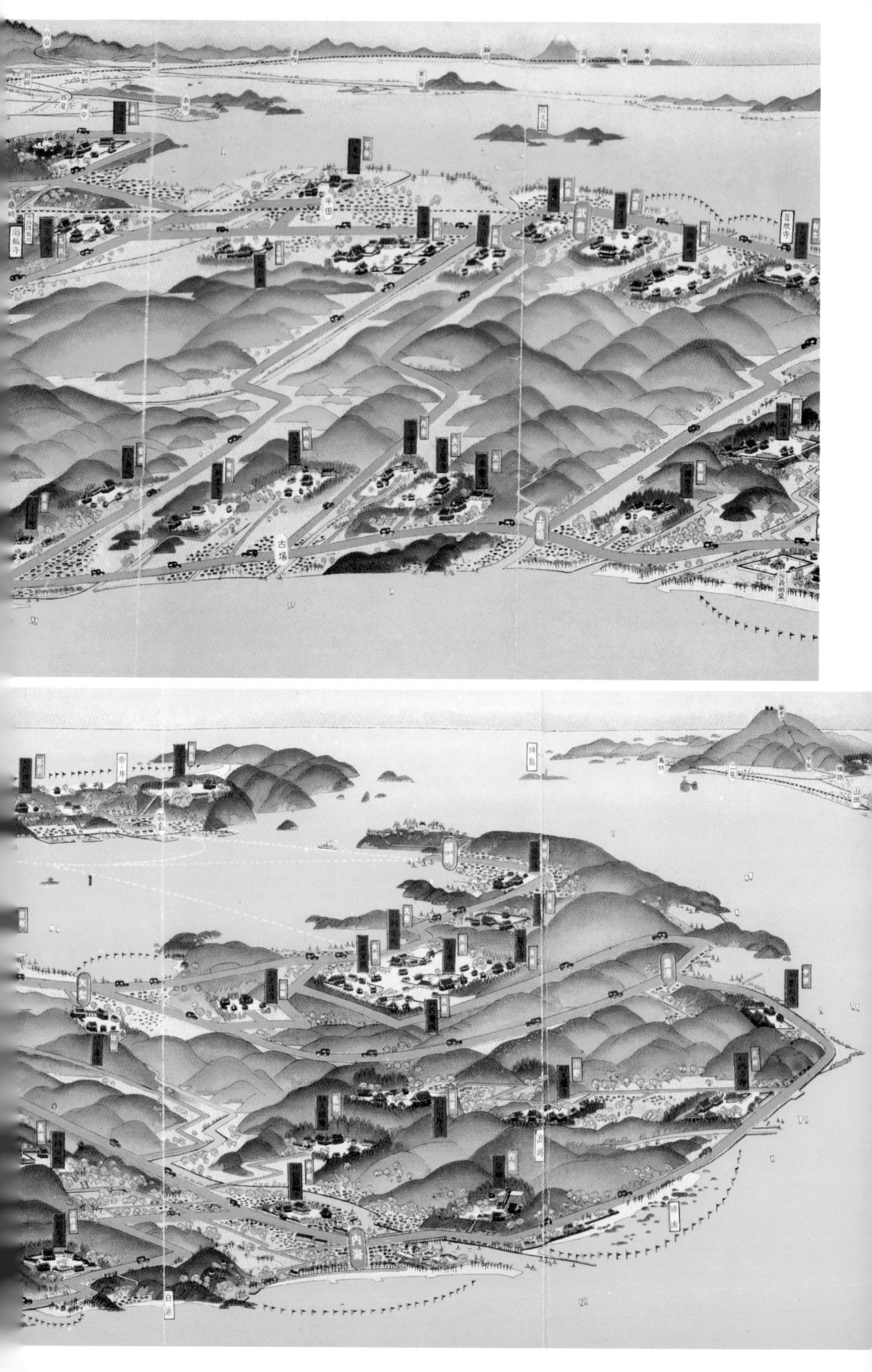

平田
武豊
古場
二見
山田
内海
白浜

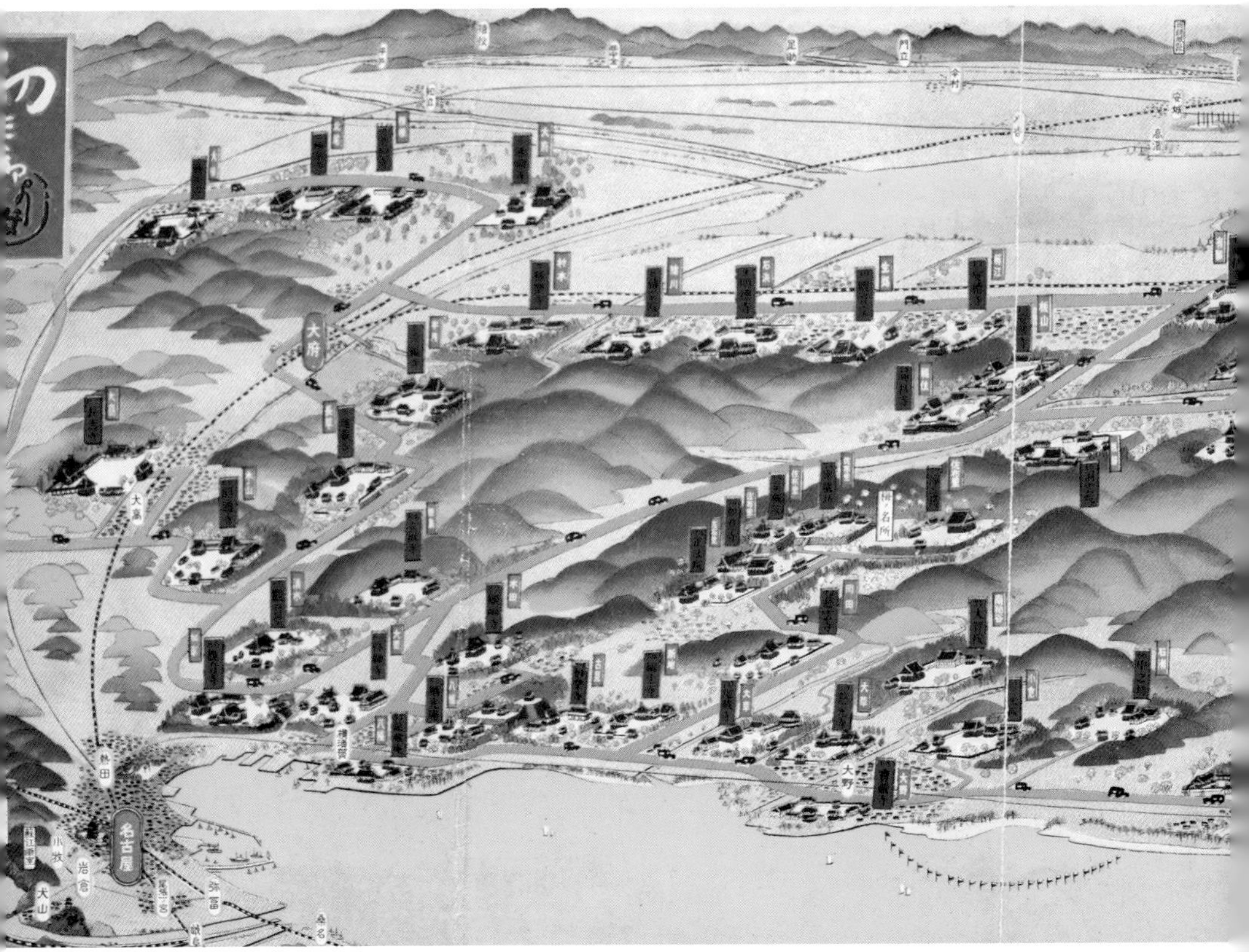

〈図5〉「知多半島新四国八十八ヶ所巡拝図絵」
（昭和4年7月、吉田初三郎画、知多自動車）

そのいくつかを紹介しよう。まず師崎である。

> 師崎は篠島渡航の関門をして、群島絵の如く、舟帆乱れ集る海港情緒豊かなところ、其の突端の明神ヶ鼻には羽豆（はず）神社が鎮座ましまし、（中略）伊良湖（いらご）崎はもとより、伊勢志摩の山々までくきやかに見渡した半島無双の景勝地であります。

師崎は港町情緒があり、知多半島先端の明神ヶ鼻からは伊勢志摩や伊良湖岬が一望でき、景勝地であることを称える。ウバメガシが生い茂る羽豆岬（明神ヶ鼻）に鎮座する神社を訪ねると、南に陽光に輝く伊勢湾が広がり、北に小漁船がもやい、瓦屋根の人家が密集する師崎集落が俯瞰できる。

師崎の沖に浮かぶのが篠島である。

> 東海松島の名に於て篠島の風光情緒は、既に絵に文に紹介されつくしてゐます。南国の明るい外光、いきいきとした松の色、透徹した海の碧り、岩のつや、浪の輝き、情熱燃ゆるタッチでグイグイと画かれた大油彩の感じがします。（中略）終日を顧古（ママ）の情にひたりながら此の史の島の詩味に陶酔することが出来るのであります。

篠島は、島めぐりや海水浴場として知られるばかりか、後村上天皇ゆかりの帝井（みかどい）をはじめとする史跡が豊富な島で、懐古の情にひたりながら過ごすことができる、とも紹介する。

篠島は小島ながら正法寺・医徳院二か寺の霊場がある。人家が肩を寄せ合う小道をぬってこれらの寺に参詣し、島南部の断崖の遊歩道を往くと、松島などの小島が浮かぶ穏やかな風景を味わうことができる。

八十八ヶ所の霊場を巡拝しつつ、ついでに途中の名所にも足を止める、それが昔から続く旅のスタイルであった。また、参拝案内図はそのような気持ちを呼び起こすに相応しい絵柄で、名所・史跡案内も知多半島の風光の魅力をよく伝えている。

（四）サンドスキーもできた内海

南知多の中心をなす内海は、三方を山に囲まれ、伊勢湾に臨む風光明媚な土地である。街の様子は「南知多内海御案内」（昭和七年頃〜、内海町役場・商工会発行）〈図6〉で知ることができる。表紙は海辺のイメージ画で、これに鳥瞰図が続く。鳥瞰図は伊勢湾から北東に内海の市街地を望む構図で、背後の丘陵から内海川が伊勢湾に流れ込み、川沿いに町並みが発達する。内海川右岸の中ノ郷には町役場をはじめ、小学校・郵便局・警部派出所・知多銀行・知多自動車などがあり、小規模ながら町場をなす。左岸の高宮神社から宝積寺・慈光寺・泉蔵院にいたる東端は、山麓に人家が密集する。廻船業を営んだ内田家が屋敷を構える東端は、江戸後期から明治期にかけて活躍した尾州廻船の根拠地のひとつであった。高宮神社境内からは、これら内海の町並みが一望できる。

河口右手の海岸が礫浦、左手の海岸は千鳥ヶ浜で、いずれも海水浴場となっている。海岸林の続く千鳥ヶ浜海水浴場の河口付近は西端で、西岸寺に隣接して内海館（旅館）が建つ。千鳥ヶ浜左端の小丘に御嶽神社が鎮座し、裏山がサンドスキー場となっている。サンドスキー場の開設は昭和七年であるため、このパンフレットの発行はそれ以降とみてよい。

案内文に内海館をはじめ旅館一四軒、貸間、貸別荘があることが見え、海浜リゾート地としての性格を帯びていた様子が伝わる。案内文を紹介しよう。まず千鳥ヶ浜海水浴場である。

> 長汀（ちょうてい）一帯敷詰められた白砂は、いやが上にも微粒且（かつ）純白乙女の膚を思はする、砂は全く世界一也それに老松青く、海水清澄遠浅にして婦女子にも適し東海一の称がある。

千鳥ヶ浜は白砂青松、遠浅の海水浴場である。海岸林の間に無料休憩所や旅館・料亭の出張所もあって、軽食や冷たい飲み物を商っていた。海の眺めは雄大で、夕闇迫る頃には朝熊山（あさまやま）のケーブルの電火や神島灯台の点滅もひとしお情緒を添えた。

白砂が風紋を描く浜辺に立ち南を望むと、渥美半島と志摩半島に挟まれた伊良湖水道に『潮騒』（三島由紀夫）で名高い神島（かみしま）や答志島（とうしじま）が遠望できる。内海の海水浴場では、この風光を楽しむことができた。次いでサンドスキー場である。

> 内海町西方の吹越一帯の連山は、世界稀に見る純白雪かと見紛ふ極微粒の硅砂より成る砂山で、之が世に名高き世界一のサンドスキー場である。（中略）山麓に休憩所、貸スキー等あり、初心者も容易に練習が出来る。殊に最近酷暑期となって夜間練習者が多くなり、各スロープに数千燭の電燈がつけられ恰（あたか）も白昼の如くなった銀砂を蹴って滑走する快味は想像外のもので実に驚異の外はない。

内海川河口の千鳥ヶ浜は、今も季節風によって吹き上げられた硅砂が堆積して砂丘を形成している。海辺の砂山もまた硅砂が積もったもので、この砂丘がサンドスキー場として利用されていた。ナイター設備まで整えたこのスキー場は、高度経済成長が始まる少し前の昭和三〇年代初頭に廃止された。サンドスキーという言葉すら、今は忘れられようとしている。

三、伊勢湾の情景

（一）伊勢湾の海水浴場

高度経済成長以前の伊勢湾は、豊かな海であった。臨海部開

内海名勝案内

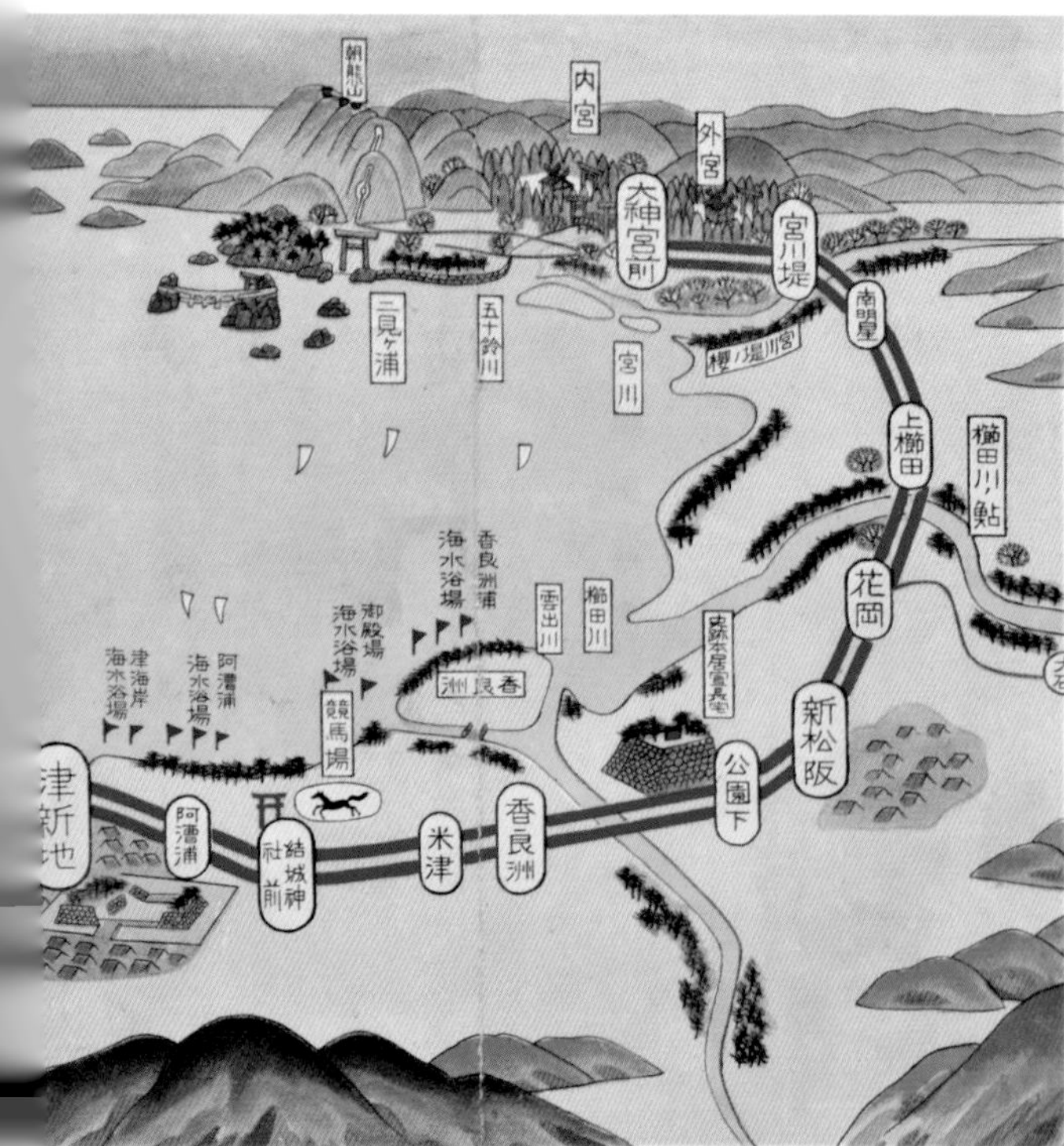

〈図7〉「伊勢参宮近道」
(昭和5～11年、伊勢電気鉄道)

〈図6〉「南知多内海御案内」
（昭和7年頃〜、内海町役場・商工会）

発などによる海域環境の変化によって沿岸の人々の暮らしの立て方が変わったばかりか、海辺の風景も一変した。在りし日の海辺の光景を描いたものに、伊勢電気鉄道が沿線名勝案内として発行した「伊勢参宮近道」（昭和五〜一一年）〈図7〉がある。この鉄道は揖斐—大神宮前を結んでいた。大神宮前駅（昭和五年開業）があることや、同社が参宮急行電鉄に吸収合併された時期（昭和一一年）から、発行年代が推定できる。

　鳥瞰図は陸地側から東に伊勢湾を望む構図で、左手に名古屋と桑名、右手に松阪を置き、松阪の上部に神宮や二見浦を配置する。水平線の彼方に富士山も見える。桑名から松阪にかけて、八つの海水浴場を描く。北から須賀浦（桑名市）、霞ヶ浦（四日市市）、千代崎・鼓ヶ浦（鈴鹿市）、津・阿漕浦・御殿場・香良洲（津市）の各海水浴場である。須賀浦および霞ヶ浦海水浴場は廃止されたが、ほかは今も開設されている。いずれの海水浴場も、海岸に防潮林を描き、潮の香ただよう海辺の情景を彷彿とさせる。

　鳥瞰図の中心にひときわ大きく描かれたのが鼓ヶ浦海水浴場（大正九年開設）である。

> 海水は極めて明澄、空気は新鮮にして、オゾンに富み稀れに見る避暑保健の好適地である、海岸一帯には巨松老木根上りの松等を以て綴られ、白砂青松は里余に続き、波静にして水温高く長時間の海水浴に適し、遠浅である為め水泳の心得なき婦女子にも絶対安全、真に理想的の海水浴場である。

　鼓ヶ浦は、潮の音が名手の打つ鼓に似ているからこの名がある、また子安観音が鼓に乗って出現したのが地名の由来だ、と二説を引く。「水泳の心得なき人にも安全」とまでいって宣伝するが、この呼び込みにつられて泳げない人までやって来たのであろうか。堀切川を隔てた浜堤の前に広がる白砂青松の長汀、目の前に遮るもの何一つない鼓ヶ浦海水浴場には旅館・貸別荘・大温泉・大食堂・無料休憩所が設けられ、付近では別荘地の分譲もおこなわれていた。

（二）富田浜・霞ヶ浦海水浴場

次に、消え去った海水浴場を取り上げてみよう。名古屋から至近距離にある海水浴場として人気があったのが、富田浜とその南に続く霞ヶ浦海水浴場である。夏になれば海辺に浜茶屋が立ち並び、大いに賑わったという。

　富田浜海水浴場開設（明治四〇年）の翌四一年、富田浜駅が臨時停車場として開設され、昭和三年には常設駅になった。富田浜から霞ヶ浦一帯の様子を知るものに「勢海の歓楽境霞が浦富田浜名勝図絵」（大正一三〜昭和四年、新美南果画、霞ヶ浦土地発行）

〈図8〉がある。発行元の霞ヶ浦土地（大正一三年設立）は、海岸一帯の埋立てをおこない、霞ヶ浦遊楽園を建設・経営した会社である。印刷は新美南果が属す澤田文精社名所図絵印刷部である。発行年代は、霞ヶ浦土地設立以降、伊勢電気鉄道桑名―四日市間延伸（昭和四年）以前である。四日市と津を結ぶ鉄道を「伊勢鉄道」（大正一五年に伊勢電気鉄道に改称）と表記しているので、あるいは大正後期の発行かもしれない。

鳥瞰図は陸地から東に伊勢湾を望む構図で、左手に名古屋と桑名、右手に四日市を置き、富田浜から霞ヶ浦一帯に建ち並ぶ諸施設をまるでお伽の国のように描く。海には白帆の舟が浮かび、左手に知多半島、右手に二見浦夫婦岩、水平線の彼方に富士山が見える。富田浜駅から海に向かって道が延び、富田浜土産販売店が軒を連ねる。土産販売店の北側は別荘地で、霞館・霞洋館・福寿館・同別館・三藤といった旅館らしき建物も見える。別荘地の北に富田浜病院や飯田病院が白亜の建物を構える。富田浜病院（大正七年創設）は閑静な保養地として知られた富田浜に結核患者の療養を目的につくられ、両病院とも現在に続く。

土産販売店の南側は、霞ヶ浦土地が開発した遊楽園である。海辺に千人風呂・大食堂・大休憩所・演芸館が並び建つ。園内には時計台があり、万国旗が張り巡らされた姿は、どこかお目出たい空気が漂う。千人風呂は玄関に唐破風を備え、一見寺院風の宝形屋根の上に塔屋を載せる。屋根に九つの明り取り窓を取り付けた奇妙奇天烈な意匠で、塔屋の上に高々と掲げた日の丸が風になびく。園内一角に人工の小山を築いた大滝もある。海では、大勢の人が海水浴を楽しんでいる。遊楽園の南は分譲住宅地になっているが、家はまだ建っていない。表紙をめくると、こんなキャッチコピーが目に入る。

> あつい国からのがれ来て　霞ヶ浦に来てみれば　涼しい風がそよそよと　行きかう舟も真帆片帆　沖の鷗の一い二う三い　知多半島は絵の様に　海は遠浅水清く　夕日もうけず浪しづか　げに理想的別天地

あの奇想天外な絵に見合った愉快なコピーではないか。この理想的別天地の案内文を読もう。

> 霞ヶ浦の地風光明媚にして白砂遠く連り青松その間に点綴(てんてい)す東は遠く駿遠三の山岳を望み知多半島は呼べば応へむとす内海鏡の如く白帆の去来する様一幅の画面に似たり……

また、西に伊吹・鈴鹿の連山が望め、遠浅で波静かのみならず海水清澄な海水浴場であることを謳う。浴場（千人風呂）・食堂・児童遊泳場の案内文が載っている。

> 浴場　本館十二間四面総建坪二百二十余坪にして潮水、淡

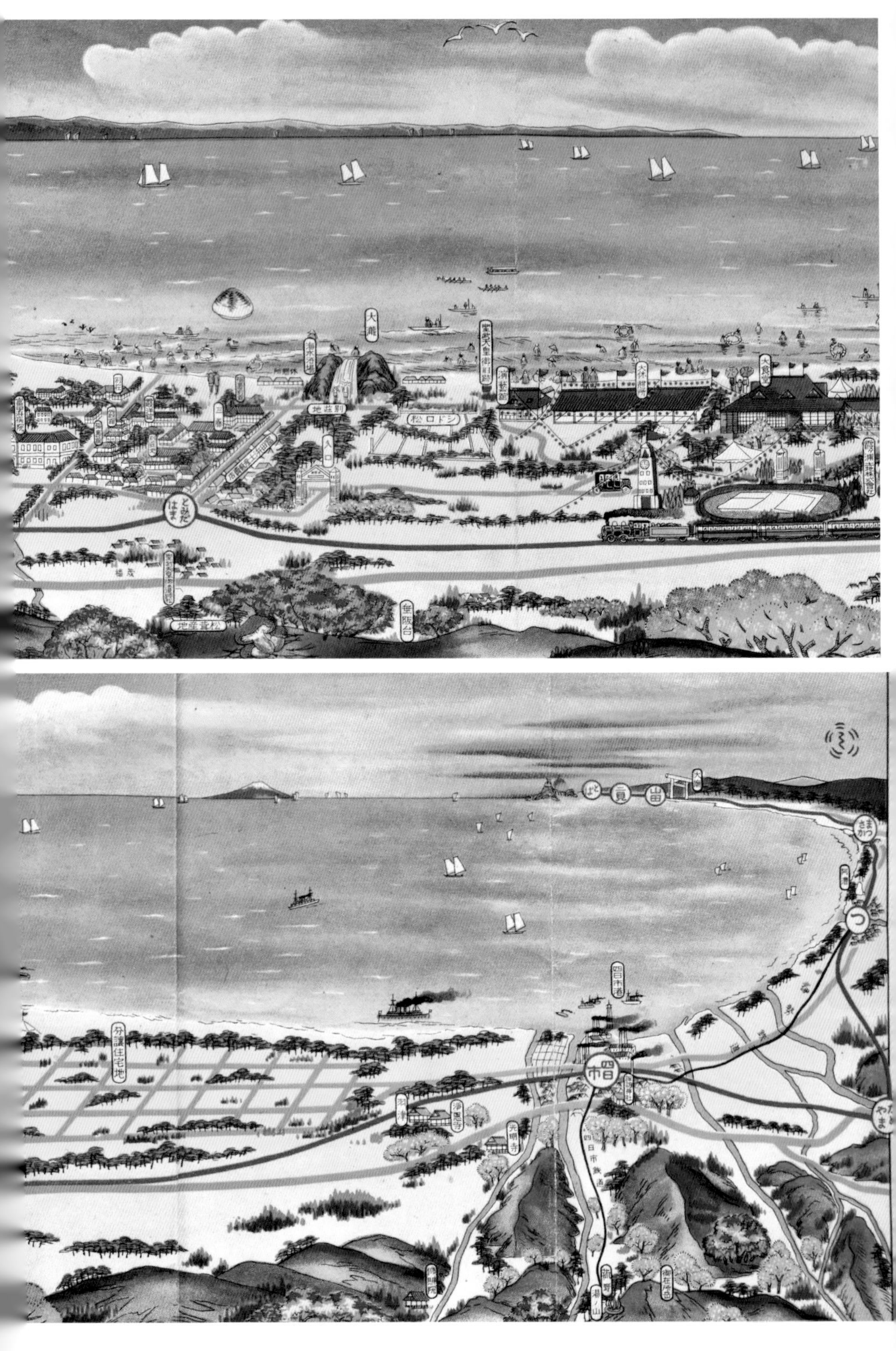

大瀧
海水浴場
別荘地
シドロ松
入口
とみだはま
松茸産地
垂阪台
聖武天皇御旧跡
演藝館
大休憩所
大食堂
分譲住宅地
四日市港
四日市
浄恩寺
光明寺
四日市鉄道
湯ノ山
御在所岳
山田
つ

〈図8〉「勢海の歓楽境霞が浦富田浜名勝図絵」
（大正13～昭和4年、新美南果画、霞ヶ浦土地）

水の二槽は常に清澄の水槽を溢れ真に理想的模範浴場なり。

食堂　建坪百五十余坪清楚たる現代的建築物にして居ながらにして伊勢湾の風光を賞美することを得銷夏(しょうか)の別天地として天下無比の歓楽境なり。

児童遊泳場　海岸の砂上に数百坪の池を掘り海水を導き噴水を設けまた諸種の運動器具を完備す絶対安全の児童遊戯場なり。

千人風呂には潮水と淡水があって、たえず水があふれ出ていた。食堂からは伊勢湾の眺めが楽しめた。児童遊戯場はあいにく鳥瞰図に見えないが、波打ち際の池に滑り台があって子供たちが滑り降りている写真が掲載されている。

この夢のような海水浴場は、伊勢湾台風襲来（昭和三四年）により大きな被害を受けた。高潮・水害対策の防波堤が築かれて白砂青松の浜はなくなり、海水浴場は消滅した（昭和三六年閉鎖）。昭和三八年、跡地は四日市市の所有となり、プールや運動場を配した霞ヶ浦海浜公園が生まれた。公園の一角に「由来」と刻んだ石碑（昭和四六年）が立つ。碑文には安政の大地震以来荒地として放置されていた地に海水浴場や住宅地などが開発された旨が記されている。目の前に広がる海は埋め立てられて四日市第三コンビナートができた。さらにその地先も埋め立て四日市港の霞ヶ浦南・北埠頭として整備された。

四日市港ポートビル一四階の展望室から霞ヶ浦海浜公園が脚下に見える。しかし、新美南果の描いた浮世離れした海辺の風景はどこにも見当たらない。

（三）四日市午起海岸海水浴場

四日市市街地北に隣接する午起(うまおこし)海岸にも海水浴場があった。湯の山温泉付近から流れ出る三滝川左岸河口の北部一帯が跡地である。四日市市役所が発行した「理想的海水浴場午起海岸」（昭和八年五月）〈図9〉を見よう。鳥瞰図は伊勢湾から北を望む構図で、市街地と四日市港を中心に据え、背後に御在所岳(ございしょだけ)や湯の山温泉を描き入れる。市街地北部に隣接して午起海岸があり、白砂青松の浜辺には浜茶屋が連続する。海岸南の河口付近に宿舎・旅館が、中央に売店・食堂、北に「天幕村」も見える。

午起海岸は、砂白く松緑に、水浅く浪静に真に俗界を離れた天与の海水浴であります。大正十二年始めて開場以来年々市が直接これに適切な海陸の設備を整へ、京都、大阪、奈良、岐阜、名古屋及東京方面から多数の学生を迎へて好評を博し真に教育的理想の海水浴場たることを証明されて居るのであります。

大正一二年に開かれた午起海水浴場は、「教育的理想の海水浴場」を売りにし、四日市市の肝いりで周辺整備に力を注いでいた。名古屋・岐阜はもとより、関西や東京からも大勢の学生が訪れている、と誇らしげな記述も目につく。前述した「伊勢参宮近道」（伊勢電気鉄道発行）に取り上げられた八つの海水浴場には、なぜかこの午起が含まれていない。一般向きの海水浴場とやや異なった性格をもっていたからであろうか。

> 悠々静波の上に出づる旭光（きょっこう）を拝し涼しき松風と清らかな空気のうちに自然を友として、勉学に運動に鍛錬に而（しか）も夕には三伏の暑熱を忘れて鏡の如き月光の下に、友と語り或は海水浴実況の写真を故郷の両親始め姉妹友人に送る等学生生徒をして真に愉快な生活に吾を忘れしむといふも過言ではありません。

自然の中で勉学や運動に励み、友と語り、故郷の肉親を想う品行方正な学生が滞在するにふさわしい海水浴場、それが午起である。海水浴場が開かれる二年前には省線の午起仮駅ができた。案内文に「伊勢湾海水浴場中最も教育的で便利な場所」と謳う。夏季には、四日市市立図書館出張海浜図書館を開設し、図書の無料閲覧ができること、新聞縦覧所を設置することなども力説する。また、このような配慮も目を引く。

> 学校別に脱衣場を設け学生生徒をして、自由に練習も休息も出来る様に市直接経営監督して居りますから体育上の危険風紀上の弊害等は絶対にありません。

午起海水浴場は、四日市市が経営していた。脱衣場は学校別に設けているため不都合は起こらない、監督も充分に行き届いているから危険や風紀上の問題もない、と強調する。

遠方から学生生徒を誘致するとなると、宿泊施設が必要となる。昭和六年には三〇〇余名の学生生徒が宿泊できる簡易宿舎も完成したので経費や風紀上懸念することはない、と述べる。

海岸南の三滝川河口の松原の中にある二階建ての建物が、この宿舎に相当すると考えられる。この宿舎の他、希望によっては学校校舎や市営住宅を開放して宿泊の便を図っていた。食事の賄については特に衛生を重んじ責任ある商人を紹介すること、自炊を希望の場合はその設備のある宿舎を提供すること、さらに天幕生活の斡旋もおこなうなど、至れり尽くせりである。

午起海水浴場周囲に学生生徒の見学研究の場所が多いことにも触れる。近くに四日市港・垂坂山（たるさかやま）・電信受信局があった。

> 一日の海水浴を終へ身に涼風を浴びながら、修築された四日市港に出入する数多き巨船の間を遊覧船の便によりて

伊吹山
至名古屋
羽津驛
海藏小學校
阿倉川驛
天幕村
商業學校
賣店・食堂
午起海岸
グランド
第七小學校
市營住宅
東洋紡績
午起驛
宿舍
旅館
第六小學校
警察署
郵便局
市營住宅
救濟會
第三小學校
稻葉翁銅像
役所
商工會議所
公會堂
遊覽船
四日市港
三菱飼料
檢疫所
燈台

湯の山溫泉名勝圖繪

櫻所
平石

〈図9〉右2点「理想的海水浴場午起海岸」（昭和8年5月、四日市市役所）

〈図10〉下2点「関西第一の仙境菰野湯の山温泉名勝図絵」（大正13年8月、新美南果画、寿亭）

巡覧するも一興、近郊垂坂山に登れば真帆片帆、伊勢湾の風光を一眸（いちぼう）の中に収め且つ東洋一を以って誇る対欧無線電信受信局を参観して科学研究上の参考に資することも尠（すくな）くない、……

明治三二年、開港場に指定され国際貿易港となった四日市港には内外の船舶が出入りし、当時、大豆・綿花などの輸入品が多くを占めていた。大正一四年には二号埋立地が完成して千歳町が生まれた。鳥瞰図を見ると、千歳町には検疫所・公会堂・商工会議所などが建築され、発展目覚ましい四日市港を海上から見物する港巡りの遊覧船も見える。眺望のよい垂坂山は現在、四日市市の工業地帯の夜景を楽しむ展望広場として整備されている。対欧無線電信受信局（昭和三年開設、昭和一一年廃止）は、西欧からの送信を受けて名古屋無線電信局に伝える施設で、市街地北方の西阿倉川にあった。産業の発展を支える港湾の整備や科学技術の発展を見学するのも教育上の効果があったであろう。

足をのばして湯の山や御在所岳への清遊も紹介する。

電車によって足を北勢の仙境湯の山温泉へ運べば山紫水明天然の風景に富み深碧（しんぺき）の流水は岩を呑んで怒叫（どきょう）し巨岩累々千態万状謂ゆる造物主が絶技を此処に蒐集して其の巧妙を極めたる関西唯一の勝地があります。高山植物が豊富で珍花薬草の散叢せる常に植物学者を楽しませて居ります。

湯の山では珍しい植物の観察ができることを挙げる。また、御在所岳に登れば脚下に伊勢湾を望み、知多・渥美・志摩半島が目の前に見え、振り向くと琵琶湖も見渡す事ができ、偉大な自然に触れる教育効果を説く。

海水浴に合わせた教育旅行をここまで押し出したパンフレットも珍しいのではないか。そこには、享楽的な匂いはみじんも感じられない。健全な学生・生徒が夏のひと時を過ごした午起海岸とその地先は、昭和三六年に埋立てがおこなわれ、ほどなく第二コンビナートが稼働を開始した。この埋立地にはコスモ石油四日市製油所が立地し、その北に四日市火力発電所が建っている。その昔、訪れた生徒たちがたくさんの思い出をつくった四日市の海は、高度経済成長の跫音とともに忘れられていった。

四、湯の山温泉

伊勢湾からやや奥まった所にあるが、湯の山温泉にも触れよう。御在所岳（一、二一二m）の東麓、三滝川上流の渓谷に位置する湯の山温泉は、名古屋・大阪からの交通の便に恵まれたところである。付近一帯は御在所岳を含めて鈴鹿国定公園に指定（昭和四三年）されており、自然豊かな行楽地となっている。湯の山温泉は、鹿ノ湯・菰野温泉とも呼ばれていた。昭和初期の旅行案内書にこのような一文がある。

> 三滝川の渓流を溯ったところで西に御在所嶽、鎌ヶ嶽、国見嶽を控へ、地勢高燥、東方遠く展けて伊勢湾の波光を望むことができる。避暑に適し、又花によく紅葉によい、付近の桜花は一目千本の称がある。（鉄道省『温泉案内』昭和六年版）

温泉が湧き出すのは標高三一八mの暑さ知らずの高燥の地で、東に伊勢湾の展望が開ける。湯の山温泉では、春の桜、秋の紅葉と折々の自然を楽しむことができた。同書によると、養老二年（七一八）に浄薫という修行者が薬師如来の霊夢によって温泉を発見。保元・平治の乱（一一五六、五九）に際して衰えたが、江戸時代の貞享四年（一六八七）に再興、とある。一説には傷をいやす鹿を見て温泉を発見、温泉の復興は元禄年間（一六八八～一七〇四）ともいう。

湯の山温泉は、明治期、西南戦争の負傷者の療養所となってその名を知られ、明治一〇年代に寿亭・杉屋・旭亭の旅館があった。大正時代に入ると、四日市鉄道（三重鉄道などを経て近鉄に合併）が敷設され（大正二年川島村―湯ノ山開業、同五年四日市へ延伸）、交通の便が整えられた。

湯の山温泉の旅館寿亭が発行した「関西第一の仙境菰野湯の山温泉名勝図絵」（大正一三年八月、新美南果画）〈図10〉は、鉄道開通後の温泉街や周辺の名所を生き生きと描く。印刷は澤田文精社名所図絵印刷部である。図絵は三滝川右岸から北を望む構図で、左手に御在所岳、その麓に温泉街、右手に湯の山駅を配置する。湯の山駅の上方（東）に四日市の街や伊勢湾、遠くに木曾御嶽山も見える。

図絵を見よう。湯の山駅から三滝川を遡り、清気橋を過ぎると三の瀬の名勝となり、川沿いに茶店二軒が店を構える。付近の山は桜の名所で、遊覧客も訪れていたのであろう。三の瀬の上流に香雲橋が架かり、そこから支流に分け入ると羅漢石・潜戸滝がある。香雲橋に戻って三滝川を上流に向かうと、板橋が架かる。板橋上流の蒼滝橋付近一帯が湯の山温泉の旅館街で、一角に三嶽寺が建つ。旅館街の背後に聳える山は御在所岳で、三嶽寺から三滝川沿いにある大石・長石を経て表登山道が山頂に延びる。表登山道二合目から中腹の地蔵石・負れ石に向かう山道もついており、一帯は紅葉の名所である。裏登山道は、蒼滝橋から不動尊・蒼滝を経て山頂に向かう。この裏登山道は途中二か所で分岐して国見嶽方面にも延びる。国見嶽には天狗岩・ユルギ岩が見える。

湯の山温泉旅館街の姿を見よう。三嶽寺下にこの図絵の発行元である寿亭本館・対山閣が建つ。小道を挟んで庭園寿楽園・松仙閣、小川を隔てて望城閣・別館と、寿亭一連の建物が甍を聳える。明治一〇年代創業の寿亭は、明治四四年に葛谷氏（一宮出身）の経営に変わり、大正期に入って松仙閣と対山閣を新築、続いて望城閣を建てて規模を拡大していく。その発展の様子が図絵に描かれている。寿亭の下流に旅館杉屋が見えるが、ここも昔からの宿であった（現、廃業）。また、蒼滝橋付近の山麓に夏季テント村が図絵に見え、保養地としての基礎がすでに大正末期に築かれていた様子が見て取れる。

湯の山温泉を訪ねて寿亭界隈を歩く。板橋（涙橋）を渡り、杉屋から寿亭を経て三嶽寺にいたる細い急坂が忘れられたように延びる。図絵の建物配置からこれが当時の温泉街主要道路のように思われる。寿亭本館の対山閣は建て替わったが、志賀直哉が宿泊した松仙閣（大正四年建築）・望城閣の大正期の建物が客室としての役目を終えながらも残っている。また、寿亭ノ席付近に建築された水雲閣（昭和四年）が現存する。

裏面の「菰野湯の山温泉名所案内」を見よう。三滝川の渓流美は清気橋あたりから始まる。

湯の山駅より西十丁枋谷（とちたに）三滝川の源流に架せり此橋に至れば何人も仙境に在るが如き感を抱かしむ

枋谷とは付近の地名である。湯の山温泉入口にあたる清気橋は、俗界からの結界を思わせる記述である。清気橋詰に湯の山温泉歓迎アーチが立つのも、場の性格を持ち伝えている。ここから渓流に沿って進むと三の瀬で、川底を見ると巨大な花崗岩が特異な景観を呈す。その姿は図絵にも描かれている。三の瀬を過ぎると温泉街も間近で、板橋（涙橋）が架かる。

往古温泉場の湯女遊客の坂途（さかみち）を送り出て此処の橋に到り朝衣の別れを惜み涙に暮れつつ又の逢瀬を約せりと云ふ依って世俗涙橋と名つく

湯女が後朝（きぬぎぬ）の別れを惜しみ、またの忍び逢いを約束する場所が板橋で、なんとも粋な噺である。この記述から、板橋もまた結界をなし、その上が温泉街の中心であったことがわかる。案内文は、長石・大石・地蔵石・桃石・負れ石・立石など御在所岳とその周辺にある奇岩怪石を紹介するが、それらは温泉に訪れる人々が足を運ぶ名所となっていたのだろう。湯の山周辺を巡るには、山駕籠があった。御在所岳山頂には御嶽神社が祀られており、温泉場からの登山に往復三時間を要した。

戦後の高度経済成長期、二〇軒近くの旅館が林立する温泉街となった湯の山温泉ではあるが、その原風景がこの図絵に現れているのではないか。

第七章　美濃・飛騨路――清流の街へ

一、岐阜の長良川鵜飼

（一）長良川鵜飼

長良川の清流に臨む岐阜は、鵜飼が有名である。明治期の旅行案内書にこのような記述が見える。

近年避暑を兼ね来観するもの頗る多きに依り其の期に至れば臨時列車を運転し、且つ割引往復券を発売して旅客の便に供せり。（『鉄道作業局線路案内』明治三八年）

これは、日露戦争の頃の記述である。鵜飼見物に臨時列車が運行されていたとは驚きである。大正から昭和初期にかけて鵜飼見物はますます盛んになったとみえ、昭和初期、岐阜市役所は長良川鵜飼の各種観光パンフレットを発行する。「岐阜名所図絵」（昭和五年六月）、「岐阜」（昭和六年、吉田初三郎画）、「ながら川の鵜飼」（年代不明、吉田初三郎画）などである。いずれも鳥瞰図、その裏面に鵜飼の歴史・漁法・鵜飼遊覧などの案内文を載せたもので内容は似通っている。まず「岐阜名所図絵」（昭和五年六月）〈図1〉を開こう。

表紙は手に団扇を持った着物姿の女性が遊覧船に乗って鵜飼を見物する絵柄である。鳥瞰図は長良川右岸から南東を望む構図で、左手に長良橋と金華山、中央に岐阜市街地、右手に木曽川と揖斐川を配置し、金華山山頂に岐阜城天守閣を描く。江戸時代、岐阜城は廃城になって南方の平地に加納城が築かれるが、明治四三年に金華山山頂に天守閣が再建された。鳥瞰図の城は、この再建天守閣である。

金華山山麓には伊奈波神社が鎮座し、長良橋近くに岐阜公園や大仏殿があり、公園内に板垣退助像が立つ。山麓に瑞龍寺をはじめとする寺社が点在し、篠ヶ谷梅林も見える。長良川には長良橋のほかに忠節橋や合渡橋が架かり、長良橋と忠節橋付近が水泳場になっている。長良橋上流に篝火を焚いた鵜飼船や、鵜飼見物の屋形船が浮かぶ。川に面した金華山麓に鵜飼見物の納涼台があることが注目される。上流の小瀬地区でも鵜飼がおこなわれている。

案内文の冒頭は長良川鵜飼の歴史で、要約すると次のとおりである。延喜年間（九〇一～九二三）、勅命により鮎を干製し進献したのが長良川の鮎漁の始まりという。また、平治元年（一一五九）、戦に敗れた源義朝が鵜匠の家に一泊、手厚いもてなしを受けた。やがて源頼朝上洛の途次、その恩に報いるため金銀を与えた。その際鵜匠は鮎鮨を献上、以来、鎌倉幕府に鮎鮨を献上するのが恒例となった。永禄一〇年（一五六七）、織田信長が鵜飼を観覧、鵜匠一戸につき米十俵と漁船が与えられた。慶長八年（一六〇三）、徳川家康に鮎鮨を献上、以来、諸役を免ぜられた。江戸時代、岐阜に鮎鮨製造所がおかれ、五月から八月まで毎月六回鮎鮨を江戸に送ることが慣例となった。明治一一年、明治天皇御巡幸の折、随行した岩倉具視が鵜飼を見物、そのとき獲れた鮎を天覧に供した。明治二三年、長良川筋の古(ふる)津(つ)・立花・嵩田(たけだ)が御猟場に定められ、捕れた鮎を氷詰にして宮中に送るようになった。そのように由来を記すとともに、歓喜あふれる言葉で結ぶ。

> 明治御維新後に於ては屡々(しばしば)内外皇族殿下を始め貴賓の御台覧を忝(かたじけの)ふする光栄に浴しましたことは左の通りでありまして、今日では世界一景と称せられ世間に喧伝されつつありますのは本市として最も喜びにたえぬのであります。

鵜飼は岐阜市の誇りであることが文面から伝わる。「左記」として、明治二六年の墺太利(オーストリア)国皇太子をはじめに、一八回に及ぶ内外皇族の台覧を列記する。大正一一年以降はほぼ毎年内外皇族が鵜飼見物に訪れている（大正一四年を除く）。漁業ではなく遊興としての鵜飼がこのようなことを通して権威づけがなされていった、と見てよいであろう。

鵜飼は五月一一日から一〇月一五日にかけて、旧暦十五日と濁水の日を除いて毎日おこなわれたのは今と変わらない。鵜飼の時間は今日のように一定せず、月の加減や漁に行く場所の遠近によって毎晩異なっていた（午後八時～午後一一時の内）。その時間は前晩の六時頃に決定し、岐阜駅、市内の主な料理店・旅館、主要な駅（名古屋・大垣・神戸・京都・神戸・養老・谷汲など）に掲示して知らせるとともに、遊覧船事務所又は岐阜駅構内に設けた鵜飼案内所で問い合わせに応じていた。

鵜飼遊覧には市営遊覧船があり、五人乗（三円五〇銭）から五十人乗（三五円）まで大小一二種類の舟を六〇艘揃えていた。乗合船は一人七〇銭であった。船は午後四時頃に出て、金華山麓へ遡上、鵜飼船の下航するのを待つ。遊覧船には茶の湯を準備し、座布団・煙草盆を備え付けていたが、現在、すべての船が禁煙である。

いよいよ鵜飼である。当時、長良川筋では一二艘の鵜船が許可されていた。長良村七艘、小瀬五艘である（現在、宮内庁式部職鵜匠は岐阜六名・小瀬三名）。鵜船一艘に鵜匠・中鵜使・船夫二名の計四名が乗り込み、舳先で篝火を焚いて水面を照らす。烏帽子・腰蓑の出立ちの鵜匠は舳先で一二羽の鵜を、中鵜使は中央で四羽の鵜を使う。船夫は船棹をとって艫と中央に乗る。左手に手縄を握った鵜匠は巧みに鵜を使い、鮎を飲み込んだ鵜を船に引き上げ、右手で鵜の喉を抑えて鮎を吐かせる。鵜匠はこれを繰り返しつつ船の方向を指揮するため、敏捷巧妙な手腕が必要とされた。遊覧船の客は、幻想的な篝火の中でその手技を観覧する。鵜飼遊覧船のこのような一文が目を引く。

御希望の方には遊覧船では鵜の捕った鮎を鵜舟から買ってお宅へのお土産にも出来又其鮎をすぐ手軽な料理にてお肴とする事が出来ます。望みの方には船の内で薄茶を立てたり筆を取って即座に和歌俳諧を楽しむ事の出来るやうに準備もしてあります。

鵜の捕った鮎は高級品であり、現在、ほとんど市場に出回らないので、この案内文にあるように買ってその場で食べることはできない。昔は、船中で茶を立て、和歌俳諧を楽しむなど、まことに風流な舟遊びをしたものである。また、求めに応じて鵜飼総がらみ（三〇円）、万燈流し（八円五〇銭）をおこなっていたことが案内文に見える。現在、総がらみは料金の中に含まれ、鵜飼のクライマックスとして毎回おこなわれる。

鵜飼シーズン（六〜七月）になると、岐阜市役所では岐阜駅構内に市営案内所を設け、鵜飼観覧・納涼の案内、旅館・食事・自動車の斡旋、名勝地廻遊の説明をおこない、来遊客の便宜を図っていた。また、岐阜市役所勧業課では、船夫・旅館・料理屋などにおいて不都合がないように投書箱を設置して、健全な鵜飼の振興に務めていた。

（二）長良川の水辺空間

次いで、「岐阜」（昭和六年、吉田初三郎画、岐阜市役所発行）〈図2〉を見よう。表紙は長良川の清流を背後に団扇を持った日本髪の女性、前に「岐阜の鵜飼」と書き込んだ提灯が下がる。和紙を用いた団扇や提灯は岐阜の特産品である。鵜籠に乗った一羽の鵜も絵に添える。鳥瞰図は先の「岐阜名所図絵」（昭和五年）と同じく長良川右岸から南東を望む構図で、安定感をもった横長の絵柄である。長良橋を中心とする長良川付近の光景をより細やかに描いている。長良橋南詰に三階建ての市営遊覧船

〈図1〉右2点「岐阜名所図絵」
（昭和5年6月、岐阜市役所）

〈図2〉下2点「岐阜」
（昭和6年、吉田初三郎画、岐阜市役所）

事務所が建ち、そこから川沿いに石垣で護岸を築いた町並みが西に延びる。今も古い家並みを残す玉井町・元浜町の一角である。長良橋北詰から東に延びる川岸にも石垣の護岸があり、二階建ての家並みが続く。そこは「鵜飼屋」と示すように鵜匠が住む地区である。また、長良橋上流と下流の長良川南岸の二か所が水泳場になっている。

金華山山麓に目をやると、長良川を望む地に一一棟の納涼台が見える。遊覧船に乗るほか、この納涼台からも鵜飼見物ができた。納涼台と岐阜公園の間に納涼遊園地があり、山から金華滝が流れ落ちる。まず長良川水泳場の案内文を見よう。

> 長良川は水極めて清くして河幅広く水流の緩急、深浅適度なると加ふるに風光絶佳なる為め毎年夏期は水泳者雑沓し競技、練習場等設けられ日々数万の水泳者を以て埋むるの盛観を呈するを以て、市に於ても脱衣預所、休憩所等を設け水泳客の便宜を図って居ります。

とくに、長良橋東の水泳場には広い河川敷があって、夏期はかなりの賑わいをみせていた。次いで納涼台である。

> 鬱蒼とした金華山の麓、長良川の清流に臨み、極めて瀟洒な四阿屋造（あずまやづくり）の納涼台十一棟、此の総坪数百数十坪の建物があり、毎年夏期毎日昼夜共随意に納涼が出来るばかりでなく、家族室の設備も完備し充分鵜飼観覧が出来ます。

この納涼台は、鵜飼見物の便を図るために大正後期に設置されたものである。昼夜、それぞれ一人二〇銭の利用料金（一五人以上の団体は五割引）が必要で、貸切もあった。納涼台内には市指定の飲食物販売店があり、飲食をしながら夕涼みが楽しめた。現在、この納涼台は廃墟と化している。納涼台に隣接して納涼遊園地が設置されていた。

> 納涼台道路に沿ひ翠緑滴る金華山麓一帯の地にして園内に水風呂、金華滝、名木巨蛇藤あり、尚数棟の四阿屋数十脚のベンチの設備ありて、水泳に滝浴に将又（はたまた）納涼に絶好の地であります。

絵を見ると、滝壺が「水風呂」として利用されている。岐阜公園に隣接する納涼遊園地一帯は、岐阜市における水辺の遊興空間であったことが読み取れる。この納涼遊園地も廃止され、現在、対岸に「長良川プロムナード」が整備され、そこが陸からの鵜飼見物の場所となっている。

二、飛驒高山

（一）高山の町並み

宮川の清流に臨み、昔の佇まいを色濃く残す街が高山である。

昭和九年一〇月、高山本線の飛驒小坂―坂上間が開通し、高山駅が設置された。高山本線は、飛驒川の狭い谷を遡る路線である。高山本線開通以前の高山は、飛驒の中心地といえども、まことに交通不便な地であった。昭和初期の観光案内書にこのような記述がある。

下呂駅の北四八粁、自動車の便がある。北陸方面から入るには飛越線により、その猪谷駅から南約六〇粁、自動車の便がある。（『日本案内記』中部篇、昭和六年）

下呂駅、猪谷駅（富山県）の開業はともに昭和五年一一月で、ようやく両駅まで鉄道が到達した頃の記述である。高山に行くには、下呂駅から自動車に乗換えて飛驒川を北上して分水嶺の宮峠を越え、飛驒盆地に出る。あるいは猪谷駅から越中西街道を神通川上流の宮川に沿って南下する、この二つの経路があった。同書案内文によると高山に「小京都」の名が冠せられている。しかしながら、鉄道開通以前の高山は、観光客が訪れるには、あまりにも僻陬の地であった。

高山駅開業一年前、「観光ノ飛驒高山」（昭和八年六月、金子常光画、高山町役場）〈図3〉が発行される。鳥瞰図の裏に名所旧跡などの案内文を載せ、旅先から郵送できる「書簡図絵」（封緘葉書）として制作されたものである。表紙は高山城址の背後に雪を頂く北アルプスの絵柄で、山容からして槍ヶ岳と笠ヶ岳であろう。裏表紙は高山祭の屋台である。この時期、高山町役場が「観光」と名のつく誘客のための印刷物を作成していたとは、驚きである。この中に、高山の見所がどのように紹介されているのだろうか。

鳥瞰図は東を望む構図で、左手に神通川、右手に飛驒一宮の水無（みなし）神社を配置し、背後に北アルプスの山並みが連なる。北アルプスは、左（北）から立山連峰（大日岳・雄山・薬師岳、笠ヶ岳）・槍ヶ岳・穂高連峰・焼ヶ岳・乗鞍岳などを描く。また、穂高連峰の下に上高地、乗鞍岳麓の平湯、信濃に通じる安房峠（あぼうとうげ）も描き込み、「国立公園」と示す。ちなみに中部山岳国立公園指定は昭和九年一二月であり、発行一年後のことである。高山城築城により廃城となった松倉城跡に「アルプス大観望」とあり、そこから見た風景だろう。この鳥瞰図に近い北アルプスの展望は、今日、上岡本町の高台にある「アルプス展望公園スカイパーク」から楽しめる。

高山の町並みは、南北に流れる宮川の両岸に碁盤目のように発達する。宮川の手前（西）の町並みのはずれに高山駅があり、煙を吐いた汽車が駅に向かう。高山駅開業もまた発行一年後のことであるが、山都高山に近代化の光明が射しこむ期待を込めて描いているのであろう。

高山駅から宮川にかけての川西の町並みの中に、国分寺・飛騨総社・支庁・裁判所などが見える。高山は、古代、飛騨国の中心地であり、国分寺が建立された。国分寺境内に江戸時代に再建された三重塔や大銀杏を描くが、これらは今も残っている。支庁とは岐阜県飛騨支庁のことで、江戸時代半ばに高山が幕府直轄地となった際に、代官所・飛騨郡代役所（陣屋）が置かれた地が利用された。陣屋には取り調べのためのお白洲もあった。支庁の横に裁判所が設置されたのは、その歴史を引き継いでいるのであろうか。陣屋跡は、昭和四年に国の史跡に指定され、戦後も飛騨県事務所（昭和四四年移転）として利用されていた。宮川から高山駅にかけて国分寺や陣屋といった歴史の跡が刻まれているものの、市街地としての発達は、近代以降のものである。

宮川と東山の山並みに挟まれた川東に発達する町並みが、旧城下町である。町並み北方に八幡神社、南方に日枝神社が鎮座する。八幡神社では秋に八幡祭、日枝神社では春に山王祭が執りおこなわれる。この二つの祭の総称が、いわゆる「高山祭」である。八幡神社背後に北山公園、日枝神社北側に城址を利用した高山公園がある。高山城は、天正一六年（一五八八）に金森長近が築城した城である。以後、元禄五年（一六九二）の金森氏出羽国上山（山形県）への国替えまで、高山は城下町としての歴史を刻む。

東山の山麓には寺社が多く、左手（北）から雲龍寺・白山神社・大雄寺・素玄寺・神明神社・法華寺・宗猷寺などが並ぶ。これらの寺院は、金森氏の城下町整備により配置されたものである。また、街中に高山別院が甍を聳えるが、金森氏の城下町建設に伴い白川郷から移された照蓮寺がこの高山別院に相当する。

高山城址の左手（北）に三筋の街路が延びる。これが城下町として区画された町人居住区で、今日、高山観光の目玉となっている「古い町並み」に相当する。古い町並みの右手（南）に高山町役場が建つ。旧役場の建物は現存し、高山市政記念館として活用されている。この鳥瞰図から、昭和初期の高山の町並みの骨格は、今日とほぼ同じであることに気づく。

（二）高山の祭礼

「観光ノ飛騨高山」（昭和八年）の案内文を見よう。高山の良さをこのように記す。

山都「高山」はまさしく天与の地である。宮川の清流は街の中央を流れ、東方東山一帯の旧祠古刹は整然と連り、街衝井然として四囲の景趣、恰も京都のそれに似てゐるので、古来「小京都」の名がある。

碁盤目の町並みの中を川が流れ、東山の山麓に寺々が連なる姿は、まるで京都のようである、と記す。宮川を鴨川になぞらえると、より現実味がわく。「小京都」とは、各地の大名が室町期頃から京都を真似た町をつくったことによる呼称とされている。戦後の高度経済成長期の旅行ブームに呼応して一時期脚光を浴びた「小京都」という言葉が、すでに昭和八年の高山に使われていることに注目したい。次は高山の四季である。

四時移りゆく風光の変化、洵に鮮で一時に咲き盛る百花、特に桜は美しく、紅葉極めて真紅、真夏、山川の風涼しく、朝夕は冷気さへ覚ゆる程で、蚊帳は有ってよし、無くてよしの避暑好適の地、冬は雪多くしてスキーによい。

春の訪れの遅い飛騨高山では、春の山王祭（四月一四～一五日）の頃、梅・桜・桃が一斉に花開き、長い冬から解放される。夏は宮川をわたる川風が心地良い。「蚊帳は云々……」という記述は、夏の夜に戸障子を開け放つ必要がない、との喩えであろう。また、秋になると急に冷え込む風土ゆえ、紅葉はより鮮やかである。国分寺の大銀杏が色づくと高山の街では冬支度がはじまり、やがて雪に閉ざされた長い冬を迎える。

高山の行事として、山王祭・八幡祭などを紹介し、山王祭と八幡祭を「飛騨の二大祭」として取り上げる。今日のように「高山祭」という表現は使わず、文中に「飛騨祭」と示す。ちなみに、前述の『日本案内記』にも「飛騨祭」と記されているので、これが戦前の言い方であろう。まず山王祭である。

此の日氏子は、門毎に花笠の献燈を飾り、簾を垂れ、盛砂をなし、獅子舞、神楽、太々神楽、雅楽、鶏闘楽など神賑豊かな御巡幸を迎へ、供奉する警固は皆裃姿である。是れに続く十有余基の屋台―屋台一基数万を費したものの揃ひである―は夫れ夫れな屋台囃子を奏し長蛇の列をなす其の妍麗美観、寔に眼を驚かすものがある。

日枝・八幡両社の氏子圏は通りを隔てて二分される。国分寺から鍛冶橋を渡って高山別院方面に東西に延びる安川通り以南が日枝神社氏子、以北が八幡神社氏子である。祭当日、氏子は町家の表に簾を垂れ、門口に献燈を飾るしきたりは、今も厳格に受け継がれている。「飛騨祭」（高山祭）といっても、春秋、南北の街が打ち揃って盛り上がるわけではない。春は南の日枝神社氏子が祭に参加し、秋は北の八幡神社氏子が祭に血を沸かすのである。御輿御巡幸には裃姿の警固・獅子舞・鶏闘楽（闘鶏楽ともいう）が伴い、山王祭においては、中橋を渡った御旅所前広場（陣屋前広場）でからくりとともに、獅子舞・鶏闘楽が奉納される。次いで秋の八幡祭（九月一四～一五日）である。

> 御輿渡御、神賑、奏楽、警固等春の山王祭に同じく屋台又十有余基、燦然として秋光を浴びつつ練り行く壮観は、洵に絵巻物を見る様である。

秋の八幡祭もまた壮観で、絵巻物を見るようである、と称える。春秋の祭礼では、春一二台、秋一一台の計二三台の屋台が曳き出され、祭を盛り上げる。高山にはそれぞれの屋台を保持する「屋台組」があり、この屋台組を中心に地域の人々が結束を図っている。なお屋台組の数は、事情により休台・廃台しているもの八組を加えると三一組を数える。休台・廃台の屋台組も「台名旗」をもって御輿御巡幸に加わるので、祭礼に参加していることに変わりはない。

（三）高山の名所旧跡

「観光ノ飛騨高山」（昭和八年）は、高山の名所旧跡一七か所を紹介する。高山陣屋跡、二つの公園（高山公園、西山公園）のほかはすべて寺社である。神社は日枝神社・桜山八幡宮・飛騨総社・飛騨招魂社・錦山神社・愛宕神社の六社、寺院は国分寺・高山別院・雲龍寺・大雄寺・素玄寺・法華寺・宗猷寺・大隆寺の八か寺である。

中橋の西、御旅所の手前にある飛騨支庁が陣屋跡で、表門や庁舎の玄関などがすでに史跡に指定されていた。陣屋の置かれた場所は、金森氏の下屋敷跡で、元禄五年（一六九二）から慶応四年（一八六八）までの百七十余年間、政務のおこなわれていた場所である、と由来を記す。

高山公園は、飛騨一円を領有した金森長近はじめ金森氏六代が居城した古城址で、眺望がよい。

> 眼下高山市街を一望し、全山の松柏往古の俤が忍ばれて、又桜が多い、金龍ヶ丘、臥牛ヶ丘等風致に富み、四時遊山に飽く時を知らない。殊に北アルプス展望の壮観は洵に雄大である、……

当時、高山公園が遊覧地になっていたことがわかる。ほかにも西山公園が松倉古城址の北に続く小丘陵一帯の勝地で、北アルプスの山並みを一望できた。

日枝神社・桜山八幡宮・飛騨招魂社も遊覧地として知られていた。日枝神社神域に続いて山王公園があり、四季の行楽に適し、ここも眺望に優れていた。桜山八幡宮裏に北山公園があって、北アルプス連峰が一望できた。飛騨招魂社は桜の美観や濠のハスの花やカキツバタが知られていた。次いで国分寺である。

市街の西北に三重層塔の聳ゆるを仰ぐ処、其の門を入れば大公孫樹（いちょう）高々と天空を摩し、其の盤根の境内を壓（あつ）するには誰しも一驚する。

天平一三年（七四一）の詔勅によって建立された飛驒国分寺は、境内に古代の塔の礎石が一つ残されている。塔は兵火や大風による炎上・倒壊、再建をくりかえし、現在の塔は文政四年（一八二一）に再建されたものである。時の権力の移り変わりにより衰退した国分寺が多い中、飛驒国分寺は民衆の支持を受けて再建を繰り返して今日にいたった。樹齢千二百年ともいわれる大公孫樹は、曲がりくねった上根もさることながら、幹のところどころに気根が垂れ下がり、母乳の出ない母親がそこに祈願する「乳イチョウ」としての庶民信仰が息づいていた。また、黄色に色づく葉で冬の到来を知るなど、人びとから親しまれた巨樹である。

ほかの寺院は、その由来が案内文の中心である。東山山麓では金森可重（ありしげ）が父・長近の冥福を祈るために建立した素玄寺をはじめ、長近の嫡子・長則の菩提寺である雲龍寺、加藤清正の嫡孫の墓がある法華寺、幕末期に郡代を務めた小野朝右衛門（山岡鉄舟の父）夫婦の墓と鉄舟の碑がある宗猷寺などを紹介する。

末尾に高山名産土産品を挙げる。一位木細工・春慶漆器・白樺細工・山彦人形・曲木椅子・渋草陶磁器など工芸品が多くみられるのが特徴である。ほかに真綿加工品・玉糸絹・紬といった繊維関係の特産品もある。さらに三島豆・甘々棒・穀煎といった菓子類や、山国らしい産物（竹の子・松茸・しめじ・蕗のとう・蜂の子）の瓶缶詰もあった。このうち、一位一刀彫、飛驒春慶は国の伝統的工芸品（経済産業大臣指定）、渋草焼は岐阜県郷土工芸品に指定された名産品である。

今日、高山名物として好まれる、みだらし（みたらし団子）や五平餅は出ていない。それらは家庭で食べるもので、名産土産品の範疇でなかったのだろう。また飛驒牛や高山ラーメンなども現れていない。飛驒牛が高山ブランドになったのは、昭和の終わり頃である。兵庫県から但馬牛の種雄牛「安福号」を導入（昭和五六年）し、昭和六三年に県内産和牛が「飛驒牛」として銘柄化された以降である。

「観光ノ飛驒高山」（昭和八年）には、今日、高山を代表する観光資源として挙げられる古い町並みや朝市などの紹介は一切見られない。当時の高山にとって、それらは生活の一部であって、ごくありふれた風景・光景に過ぎなかったからであろう。

近来、多くの外国人観光客を惹きつけていた高山が観光地として知られるようになったのは、戦後、高度経済成長期に

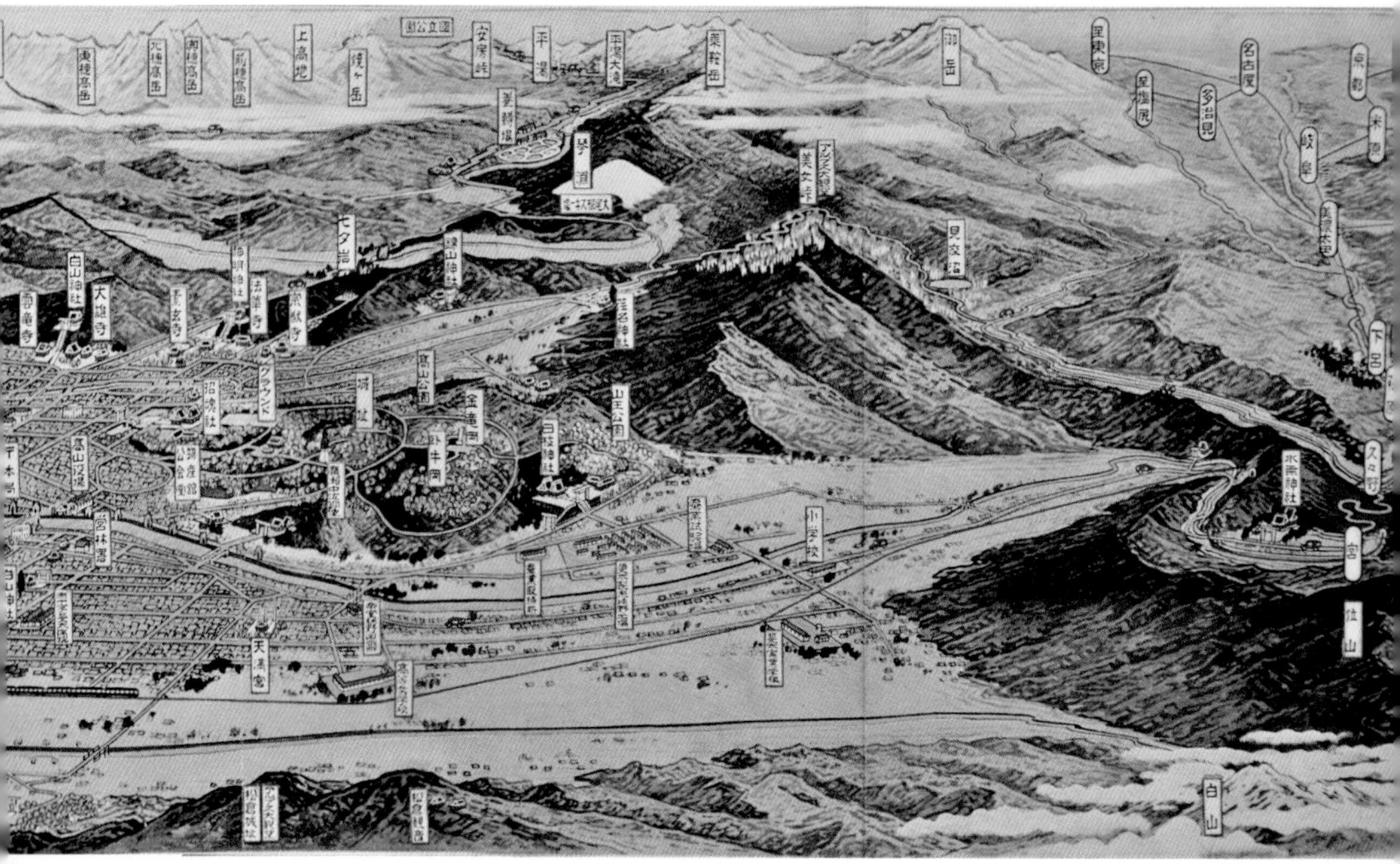

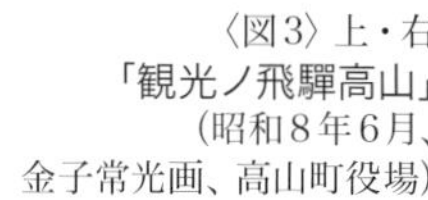

〈図3〉上・右
「観光ノ飛騨高山」
（昭和8年6月、
金子常光画、高山町役場）

〈図4〉左2点「美濃郡上八幡」
（昭和10年5月、
吉田初三郎画、八幡町役場）

富山
八尾
神通川
雄山
薬師岳
上ノ岳
中俣岳
三俣岳
双六岳
笠ヶ岳
双六谷
古川町
千光寺
飛行場
宮川
白山神社
北山公園
八幡神社
国分寺
西小学校
南小学校
北小学校
税務署
上枝
西山公園
町役場
小野滝
吉田川
長良川

入ってからである。『暮しの手帖』（昭和三八年一二月号）に「山のむこうの町『日本紀行』その二飛驒高山」として紹介されたのが、メディアによる高山の全国紹介の最初であった、といわれる。それまでの高山は、乗鞍・槍ヶ岳・穂高の登山基地として、山男が訪れる程度に過ぎなかった、ともいう。その後起った一九六〇年代後半の「小京都」観光ブーム、一九七〇年代初頭の「ディスカバー・ジャパン」の日本再発見の旅行ブームが、高山に多くの人を惹きつけた。高度経済成長期、失われていく自然や伝統文化を訪ねる場所として高山が脚光を浴びた、といってよいであろう。戦前に発行されたこのささやかなパンフレットには、高山の自然・歴史・文化の厚みが漂っており、その豊かな資源が全国有数の観光都市高山を築き上げる基礎になっていた、と読み取ることができる。

三、郡上八幡

（一）城下町郡上八幡

郡上八幡は、長良川上流の吉田川沿いの小盆地に発達した城下町である。毎年七月中旬から九月上旬まで延べ三二夜、各町内の通りや広場でおこなわれる郡上踊り（平成八年、国の重要無形民俗文化財）は、「日本三大盆踊り」として有名である。また、清流の街としても名高く、名水百選「宗祇水」が知られる。しかしながら、郡上八幡が観光地として知名度を上げたのは、昭和の終わりから平成に入ってからであろう。

「美濃郡上八幡」（昭和一〇年五月、吉田初三郎画、八幡町役場発行）〈図4〉には、郡上八幡の当時の見所がポイントを絞って紹介されている。表紙は有名な郡上踊りの絵柄、裏表紙は八幡城天守閣で、天守閣再建二年後に発行された。鳥瞰図は東を望む構図で、下に長良川を配し、右上から左下に吉田川が流れ、両岸に町並みが発達する。中央左寄りの山の上に八幡城天守閣が聳える。八幡城には天守閣と二棟の隅櫓があり、中腹に岸剣（きしつるぎ）神社が鎮座し、境内一帯は城山公園となっている。

鳥瞰図から城下の姿を探ってみよう。八幡城の麓、吉田川と小駄良川（こだらがわ）に挟まれた地に三筋の町並みが延びる。山裾が柳町、中央が殿町、川沿いが職人町・鍛冶屋町・本町である。柳町は江戸期には武家地であったが、図には町家が並んでいる。柳町は廃藩置県以降、武家地が町家となった地であった。中央の殿町も武家地であったが、ここには郡事務所・税務署・裁判所・警察署が建ち、公共機関の敷地に変わった様子が見て取れる。殿町には大正九年建築の旧税務署が残り、郡上八幡博覧館（資料館）として活用されている。川沿いの職人町・鍛冶屋町・本町一帯は、町人地である。職人町・鍛冶屋町には大正九年の大火後に再建された大正期の町並みが残り、柳町などを含めて国の重伝建（重要伝統的建造物群保存地区）に選定（平成二四年）された。小駄良川が吉田川に注ぐ地に「宗祇水」が湧く。

　吉田川には、下流から宮ヶ瀬橋、新橋、八幡橋が架かる。宮ヶ瀬橋はトラス橋、八幡橋は吊橋である。新橋はこれといった特徴がないが、昭和の終わり頃からメディアの影響で子供たちの「飛び込み」で有名な橋となった。宮ヶ瀬橋から真っ直ぐ延びるのが橋本町、川沿いに下流に延びるのが新町・今町である。この界隈も城下の町人地であった。吉田川左岸山麓には下流から願蓮寺・日枝神社・最勝寺・慈恩寺・愛宕神社などが並び、寺社地を形づくる。愛宕神社付近には愛宕公園がある。

　新橋の袂に町役場が見える。昭和一一年建築の旧町役場は、現在、旧庁舎記念館（観光案内所）として活用されている。学校は、吉田川左岸の八幡橋の袂に小学校、山麓に高等女学校、右岸に農林学校がある。小学校は今も同じ敷地にあるが、高等女学校と農林学校は戦後の新学制によりより統合して郡上高校となった。町並みから離れた長良川の畔に越美南線郡上八幡駅（昭和四年開業）が設置されているが、街の中心地から離れた辺鄙な場所である。

（二）清流の街

「美濃郡上八幡」（昭和一〇年）には、八幡城をはじめ、城山公園・愛宕公園・吉田川の清流・白雲水（宗祇水）・乙姫滝といった見所や郡上踊りの案内文がある。まず八幡城である。

　石塁は其儘に現存せり眺望絶佳にして八幡全町を一望に収め又西南遥に望めば東殿山一帯の山脈蜿蜒として恰も波濤に似たるありて山容殊に愛すべく……

　八幡城は、永禄二年（一五五九）、遠藤盛数が牛首山（八幡山）に築いた砦を起源とする。天正一六年（一五八八）、城主となった稲葉貞通が改修をおこない、近世城郭の基礎が形づくられた。関ヶ原の戦いの後に再び遠藤氏が城主となり、以後、井上・金森・青山氏と城主が変わり、廃藩置県を迎えた。八幡山（標高三五四m）に登ると、古びた野面積みの石垣が目にとまる。

　山頂の天守閣は昭和八年に大垣城を模して再建されたもので、城址からの眺めが箱庭のようである。眼下に吉田川とその両岸に隙間なく人家が連なる城下の町並み、西方に山間を縫って流れる長良川が目に入る。小盆地に発達する集落の形は、どこか金魚を連想させる。対岸に見える東殿山は、戦国末期、東氏が赤谷山城を構えた場所である。

　転じて眼下せば吉田川の清流町の中央を東西に貫流し岩

> に砕くる飛沫は白砂銀砂となり散乱せる状は言語に形容なし難し加ふるに八幡橋、新橋、宮ヶ瀬橋の三橋ありて一層佳麗を副へ其の妙景の曲折は視界を彷彿せしめ得て恰も一幅の浩眼を現出したる感あり。

吉田川の描写は、まるで水が生きているかのようである。また、吉田川に架かる三つの橋が整った美しい姿を見せる。自然の中にある近代的構築物すら一幅の絵になるのが郡上の街であろう。八幡山中腹には城山公園（標高二一七m）が整備された。

> 眺望絶佳にして四時山容愛すべく殊に春花秋紅爛漫の候には曳杖遊覧の雅客絶へず着々拓園に従ひ既に築城の工成り全町を一望に収め眼下吉田川清流に三橋ありて佳麗を副ふ……

城山公園は、桜や紅葉の時期に遊覧客が訪れていたこと、天守閣再建工事も終わって公園が整備されつつある様子がうかがえる。公園には岸剣神社が鎮座し、金刀比羅神社や三尺坊もある。もう一つの公園が、対岸の東殿山麓の愛宕公園である。

> 春爛漫の桜花に酔ひ夏翠緑の清涼を汲み秋月光を賞するに好く冬の雪景又捨て難き趣あり。園内南隅に奇橋（ママ）の姿態を為す一老桜樹あり「隅染の桜」と称し彩花の艶麗自ら他に傑出し観る者をして樹下に奇異の眸を聳えしむ……

愛宕神社の麓に設置されたのが愛宕公園で、四季折々の楽しみがあった。とりわけ桜の時期がよく、今も花見の名所になっている。遠藤慶隆が植えたと伝える花弁のまわりが黒く見える「隅染の桜」も健在である。清流の街・郡上八幡を引き立てるのは、吉田川である。

> 清冽の深川にして川岸は奇巌突兀起伏し流勢岩を嚙んで白玉を散乱し忽ち化して漂碧十数尺の深淵を為す景趣掬すべき所列を為し而も漁族の棲息豊にして釣魚網漁に適し舟に棹さして流を遊べば心気自ら爽かに宛然画中の人となる……

街中を流れる吉田川は両岸に岩場が続き、岩に砕けた水が白い飛沫をあげる。吉田川には深淵や川幅の広い浅瀬もあって、アユ釣りの名所でもある。郡上八幡では面白い話を耳にする。「今日どうだった？」と釣り仲間に話しかける。すると、必ずアユ釣りの成果が返ってくるという。「何が？」とは問い返さないのが暗黙の決まりとか。そんなコミュニケーションが成り立つ街が郡上八幡なのである。また、友釣りの種鮎を飼う場所として常盤町の裏を流れる水路（島谷用水）を釣り仲間が黙々と掃除し続けた。清らかな水が流れる小路はいつしか「いがわ小径」という郡上八幡を代表する観光名所となった。これまた水の恵みを愛する街らしいエピソードである。

　流域到る処深浅自由の水泳場に恵まれ涼風徐ろに河面を撫でて三伏の暑気を払ふに足る宮ヶ瀬橋下流よりボートを浮べて清流を上下し涼味を掬するの設備あり。

自然の川で遊泳できる場所は数少なくなったが、吉田川は今も子供たちの遊泳場として利用されている。八幡橋付近が遊泳場である。八幡橋の近くに八幡小学校があるため、「学校橋」の愛称がある。学校橋右岸上流の小路から、吉田川に下る道がついている。小路に自転車を止めて岩に衣服を脱ぎ捨て、子供たちが元気に泳ぐ姿は、どこか懐かしさを誘う光景である。学校橋下流に三角岩があり、飛び込みの練習はまず三角岩からはじめる。上達したら学校橋、そして仕上げが落差一二mの新橋である。この積み上げがあるから地元の人の事故はない、という。上級生が下級生に泳ぎを教えるとともに、危険なことはさせない。そのような子供たちの絆もまた水の街の宝であろう。

郡上八幡は、いたるところに湧き水が見られる。その代表格が白雲水（宗祇水）である。

　崎嶇たる岩態の傍より滾々湧き出づる清水は付近に啣く河鹿と共に愛賞せらる。

文明年間（一四六九～八七）、飯尾宗祇が東常縁（篠脇城主）に古今集の秘奥を学びに来訪し、この清泉を愛し和歌を詠じたので「宗祇水」と呼ばれ、のちの領主・遠藤常友が「白雲水」に改めた由来を記す。この湧き水は、こんこんとまではいかないが今も湧き、水面に目を近づけるとかすかに水紋が広がっている。宗祇水の下に石製の水舟があって、湧き水を受ける。水源地は飲料水、その下が米の洗い場、さらに下が野菜の洗い場、最下流が桶などをつけておく晒し場である。そして使い終わった晒し場の水は小駄良川に流れ落ちる。水の恵みを受けた郡上八幡は、水の使い方がきめ細やかで、一滴の水も粗末にしないのである。乙姫滝についても触れる。

　八幡乙姫町より約三丁の処にあり滝の上に深き巌穴あり清々滾々湧出し其の水岩峡に落下して滝をなす流水は奇岩を縫ふて下流に奔る其泉源は清冽にして冷く暑時猶肌を浸すに堪へず夏時の涼客織るが如し。

街中を流れる小河川・乙姫川上流が乙姫滝である。滝は、乙姫町から約三丁（約三二七m）と近い。街中にいながらにして滝の音を楽しめる所は、どれほどあるだろうか。なお滝付近の乙姫川畔に、明治三二年に岐阜県下最初の水力発電所が設置されるが、それほど水量が豊かであった。

最後は、郡上八幡を象徴する郡上踊りの案内文であるが、内容はごく一般的なものであるため割愛する。なお、郡上八幡の名産品として、鮎・鮎うるか・アマゴ・鰻・肉桂玉(にっけい)・蕗(ふき)のとう・乾ぜんまい・山芋などを挙げる。いかにも清流の山里らしい名産品である。肉桂玉は今も宗祇水入口の菓子店で製造販売している。郡上八幡は、水の恵みに活かされた街であることが、案内文の端々から伝わってくる。

四、和紙の集散地・美濃

(一) 美濃の町並み

長良川に臨む旧美濃町(美濃市)は、美濃和紙の集散地として栄えた。紙漉きは長良川支流の板取川流域の山村、蕨生(わらび)地区を中心に、片地・上野地区などでおこなわれている。美濃町が和紙の集散地として賑わったのは、江戸初期に長良川の畔に上有知湊(こうずちみなと)が開かれ、舟運の便に恵まれたことが背景の一つである。和紙の取扱いを中心とする問屋街として繁栄を遂げた美濃町では、問屋商人が競って「ウダツ」を上げた豪壮な家屋を建築し、今も町並みに風情を添える。

しかしながら、戦後、和紙の需要は陰りを見せた。昭和三〇年代に一、二〇〇戸を数えた生産者は、昭和六〇年には四〇戸と激減した。そのような状況の中、美濃町は「美濃和紙あかりアート展」(平成六年〜)などのまちおこしで、観光客の誘致に力を入れる。また「ウダツの町並み」が国の重伝建に選定(平成一一年)され、観光地として美濃の知名度が上りはじめた。

この川沿いに発達した商人町の姿は、「美濃町案内」(昭和四年四月、美濃町役場発行)〈図5〉、「み乃の美濃町」(年代不明、吉田初三郎画、松金薬局発行)から知ることができる。ここでは、「美濃町案内」(昭和四年)を例示しよう。表紙は小倉山公園、裏表紙は長良川に架かる美濃橋と篝火を焚く鵜飼舟の絵柄である。鳥瞰図は北西を望む構図で、中央に小倉城址とその麓に広がる美濃の町並みを置き、左下から右上にかけて長良川が小倉山城址を取巻きながら流れる。町並み手前に越美南線の美濃駅(大正一二年開業、現美濃市駅)、美濃電気軌道の新美濃町駅(明治四四年開業、平成一一年廃止)がある。美濃駅には三両の客車を引く蒸気機関車が、新美濃町駅には一両の電車が向かう。

町並み背後に聳えるのが小倉山城址である。城址は運動場や動物園を備える公園で、桜・ツツジ・梅園を描く。朝日楼という茶店のような建物も一軒見える。城址の周囲に美濃町役場をはじめ、美濃小学校・清泰寺・八幡神社などがある。城址の麓は殿町で、小川を隔てて二筋の町並みが延びる。城址側は、泉町・本住町・永重町・鍛冶屋町の通りである。ここには郵便局・

美濃銀行・電燈会社などがあって市街地の中心をなす。もうひとつは常盤町・相生町・俵町の通りで、ここにも人家が軒を連ねる。永重町と俵町をつなぐ小道が魚屋町である。美濃町を訪ね歩くと、この二筋の通りと魚屋町に「ウダツの町並み」が広がっているので、ここが商人町の中心であったのだろう。

長良川に目を移そう。岐阜の街と同様に長良川に水泳場が設けられている。美濃の街と村里をつなぐ二つの橋が架かる。上流は美濃橋、下流は下渡橋で、いずれも吊橋である。美濃橋下流の川岸に高燈籠が立つ。ここが上有知湊で、近くに舟の航行安全を祈願する住吉神社が鎮座する。長良川舟運で発達した街の様子が伝わる図柄である。

(二)「美濃町案内」から

「美濃町案内」（昭和四年）の冒頭に、美濃町についてこのように記す。

> 郡上街道の要所に当り古来美濃紙の集散地として著る。本町の東北には秀麗なる古城山峨々として聳え、その連峰に名高き小倉公園あり。淙々（そうそう）たる長良の清流は西に沿ふて南流し風光殊に明媚なり。

長良川に沿って北上するのが郡上街道である。郡上街道は白鳥を経て白山麓の石徹白（いとしろ）や、油坂峠を越えて越前に通じる道で、美濃町は交通の要衝であった。街には古城址を利用した小倉公園があり、街の西方を長良川が流れ、風光明媚な地でもあった。

> 近時交通頗（すこぶ）る発達し美濃電気軌道の通ずるあり官鉄越美南線の開通を見るにありて商況頗る活気を呈せり商品の重（おも）なるものは紙類にして所謂美濃紙の本場たる牧谷を控へ其（そ）の取引殷盛（いんせい）なり。

明治四四年の美濃電気軌道開通や大正一二年の越美南線開通は街の商況を活気たらしめ、美濃紙の取引が賑わいをみせた。美濃紙本場の牧谷は、板取川流域一帯を指す呼称である。これまでの長良川舟運に変わり、鉄道輸送の時代を迎えたのである。なお、美濃電気軌道（昭和五年旧名鉄と合併）は、岐阜県一帯に路線を張り巡らし、岐阜市内線をはじめ美濃町線・揖斐線・高富線・鏡島線があった。参考までに「沿線案内」（年代不明、美濃電気軌道発行）〈図6〉を掲載する。

美濃町随一の見所が小倉公園である。慶長一〇年（一六〇五）、高山城を築いた金森長近が隠居するため長良川畔の小倉山に城を築いたが、ほどなく廃城となった。御料林に組み入れられていた城址の払い下げを受けて整備し、明治四〇年に小倉公園が生まれた。以下、公園からの眺めである。

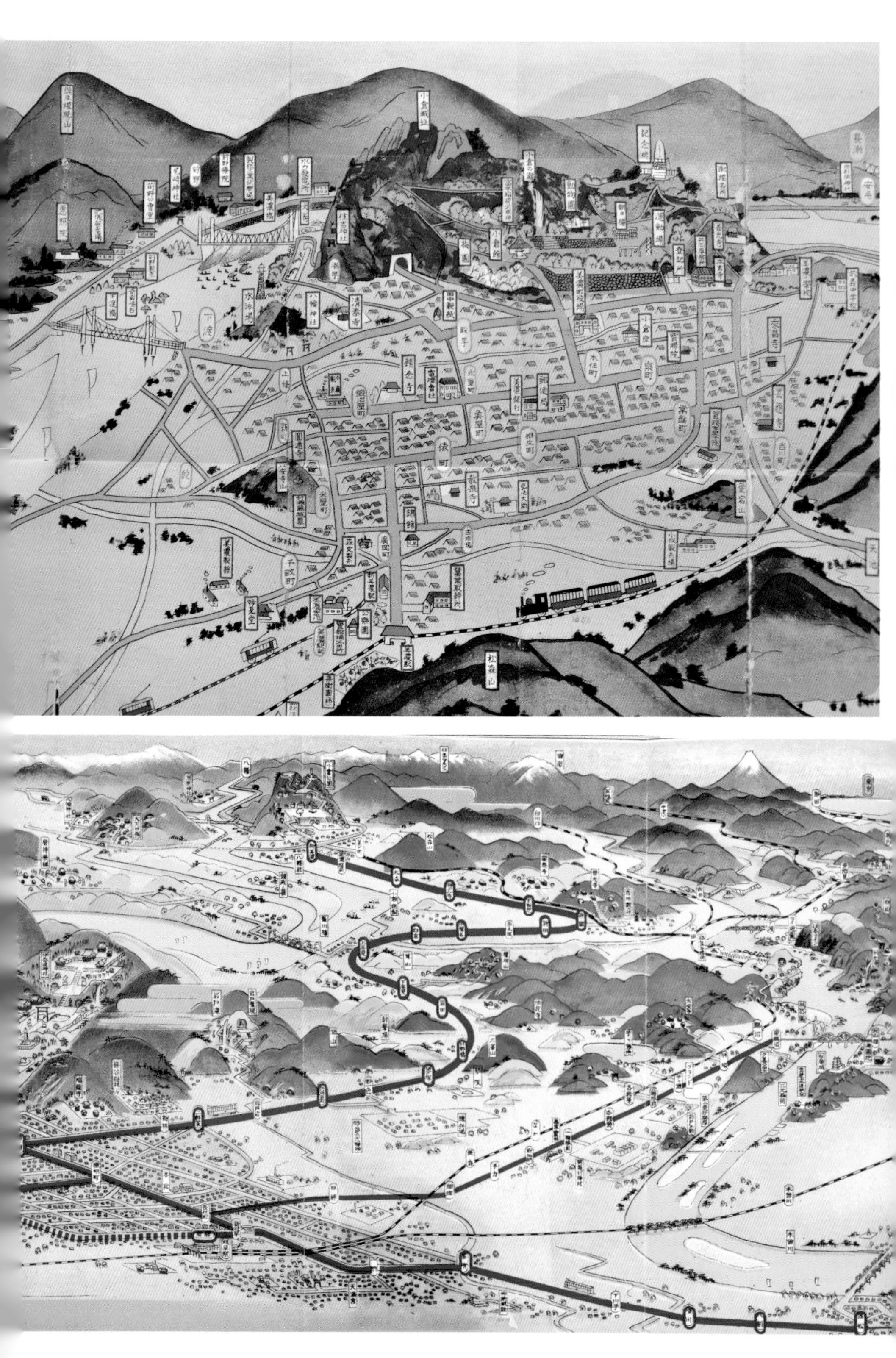

小倉城址
記念碑
長瀞
水力発電所
住吉神社
小倉の滝
動物園
運動場
梅園
小倉館
登記所
八幡神社
清泰寺
田中製紙
美濃町役場
小倉座
宝勝院
永昌寺
頭念寺
郵便局
美濃銀行
本住町
泉町
常盤町
俵町
相生町
吉川町

〈図5〉右2点「美濃町案内」
（昭和4年4月、美濃町役場）

〈図6〉下2点「沿線案内」
（年代不明、美濃電気軌道）

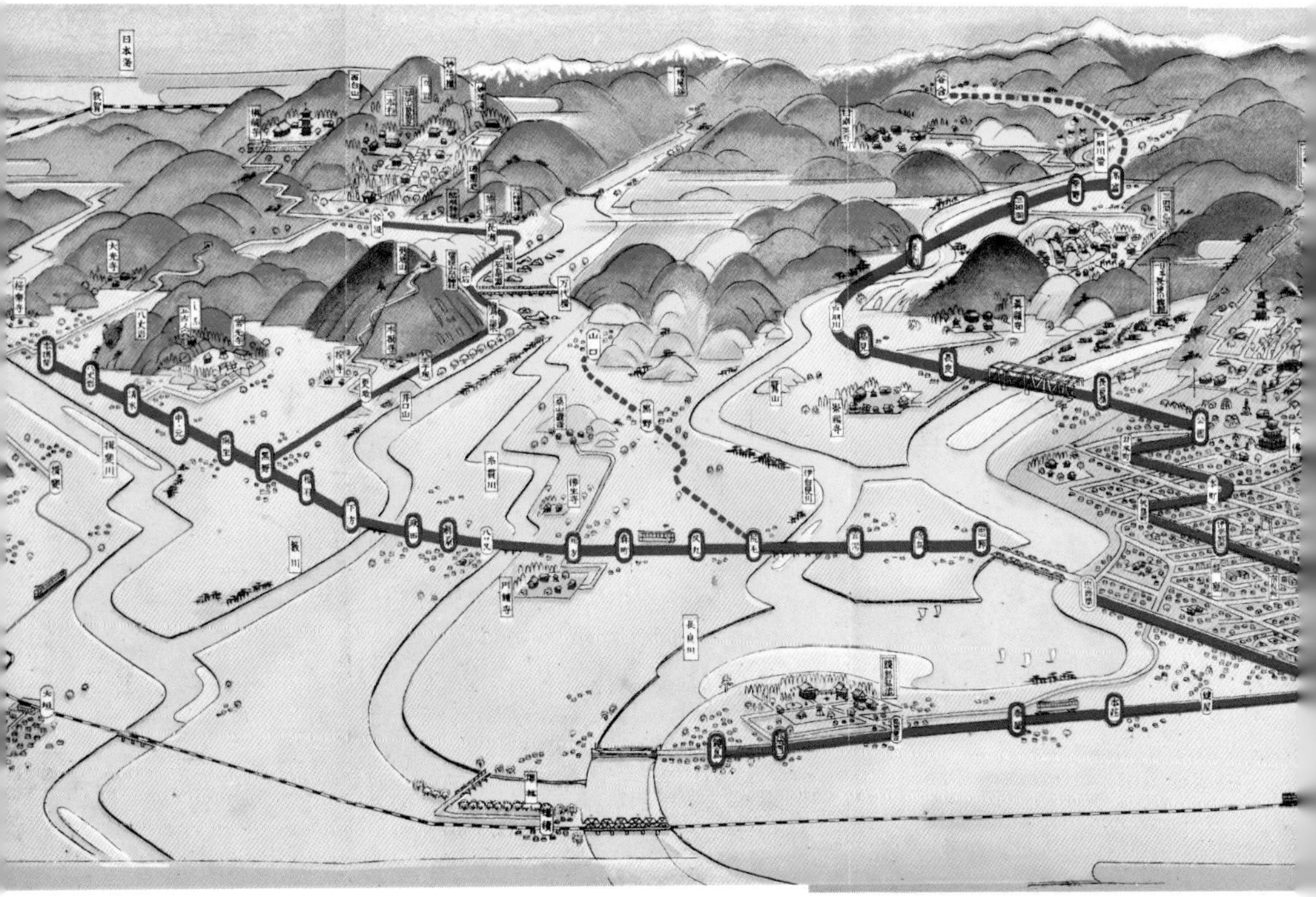

> 前面は市街を一望の中に収め東は近く秀麗雲に聳ゆる古城山に相対し北は遥に瓢ヶ岳一帯の山々蜿々として波濤に似たるありて殊に愛すべく山容背後には藍を流す如き長良川の清流の南流するありて時に帰帆の順風に遡りて一幅の活画を現出するあり。

目の前に市街地の町並みが広がり、東に古城山（鉈尾山城）、北に瓢ヶ岳（標高一、一六三m）一帯の山並みが波を打つように続く姿は今も変わりがない。山の間を流れる長良川は藍のように青く、帆舟が絵のような情景を見せる、そのような風景描写である。また、西南の平野を望めば村落が点在し佳景である、とも述べる。小倉公園は四季折々の楽しみがあった。

> 桜花爛漫たる春の一日清遊を恣にすべく盛夏の夕納涼に身を慰むべく榭亭に踞して長良清流鵜漁の美観に飽くを得べく（中略）秋季に至りては萩に紅葉に詩腸を豊かならしむるを得ん、冬期六花の繽紛たるを小倉庵に賞するも又最も佳なり……

小倉公園は、春は桜、すっきり晴れ渡った秋には萩や紅葉が楽しめた。夏の鵜漁について触れているが、鳥瞰図にも美濃橋周辺と上流の立花橋周辺で鵜飼の絵が描かれている。立花は御料鵜飼である。美濃橋周辺でも大正期から昭和一〇年代にかけて観覧鵜飼がおこなわれていた。また、冬は雪の散る姿を鑑賞するのもよし、と記す。

ほかの見所は、八幡神社や、金森家の菩提寺でもあった臨済宗清泰寺、美濃橋と下渡橋などである。大正五年架橋の美濃橋（国重文）は、和紙の産地である板取川流域に通じる牧谷街道に架かる吊橋で、架橋以前は渡し舟での往来であった。美濃橋は現存する最古の近代吊橋ともいわれ、人や自転車が時折通り抜けていく。いかにも鄙びた風情である。美濃橋一帯の長良川は、今も水辺の遊覧地として近在の人びとに親しまれている。美濃・飛騨路を歩く楽しみは、心地よい清流の街に出会うことにある。

第八章　北陸の名勝探訪

一、金沢

（一）加賀百万石の城下町

加賀百万石の城下町として知られる金沢は、伝統文化が息づく観光地として多くの人を魅了する。ところが、戦前の金沢は第九師団司令部の置かれた軍都としての性格が強く、観光地としての色彩は今ほど濃くなかった。

『旅程と費用概算』（昭和五年版）に「信越・北陸名所巡り」（東京から七日間）の旅程があるが、金沢は二時間余りの下車遊覧で、兼六園と卯辰山の二つを紹介するに過ぎない。『鉄道旅行案内』（昭和五年版）には、見所に兼六園をはじめ卯辰山公園・野田山・尾山神社、東西の本願寺別院・天徳院を挙げる。

また、『日本案内記』中部篇（昭和六年）には、金沢駅を起点とする廻覧順路を次のように示す。

駅—妙蓮池—本願寺別院—卯辰山公園—兼六園—天徳院—大乗寺—野田山—香林坊—尾山神社—駅

これが、戦前の金沢名所巡りの一般的なコースであろう。妙蓮池は持明院境内の蓮池で、夏に珍しい多頭蓮が花をつけた。本願寺は、のちに金沢城が築かれる小立野台地の先端にあった尾山御坊が起こりで、加賀一向一揆の拠点となったことで知られる。東西の別院は、いずれもが真宗王国北陸を象徴する大寺院である。卯辰山公園からは脚下に金沢市街地を望み、河北潟や日本海の見晴らしがよい。天徳院は前田利常の内室天徳院菩提のために建立、大乗寺は一三世紀半ば過ぎに富樫氏が建立した古刹、野田山には前田家累代墓所がある。有名な兼六園や尾山神社に加えて、これらの場所が金沢の見所になっていた。

（二）金沢の町並み

昭和初期の金沢の姿を知るものに、「金沢御案内」（昭和五年四月、吉田外二郎画、金沢商工会議所発行）〈図1〉、「金沢市」（昭和七年、吉田初三郎画、金沢市役所発行）〈図2〉などがある。まず、「金

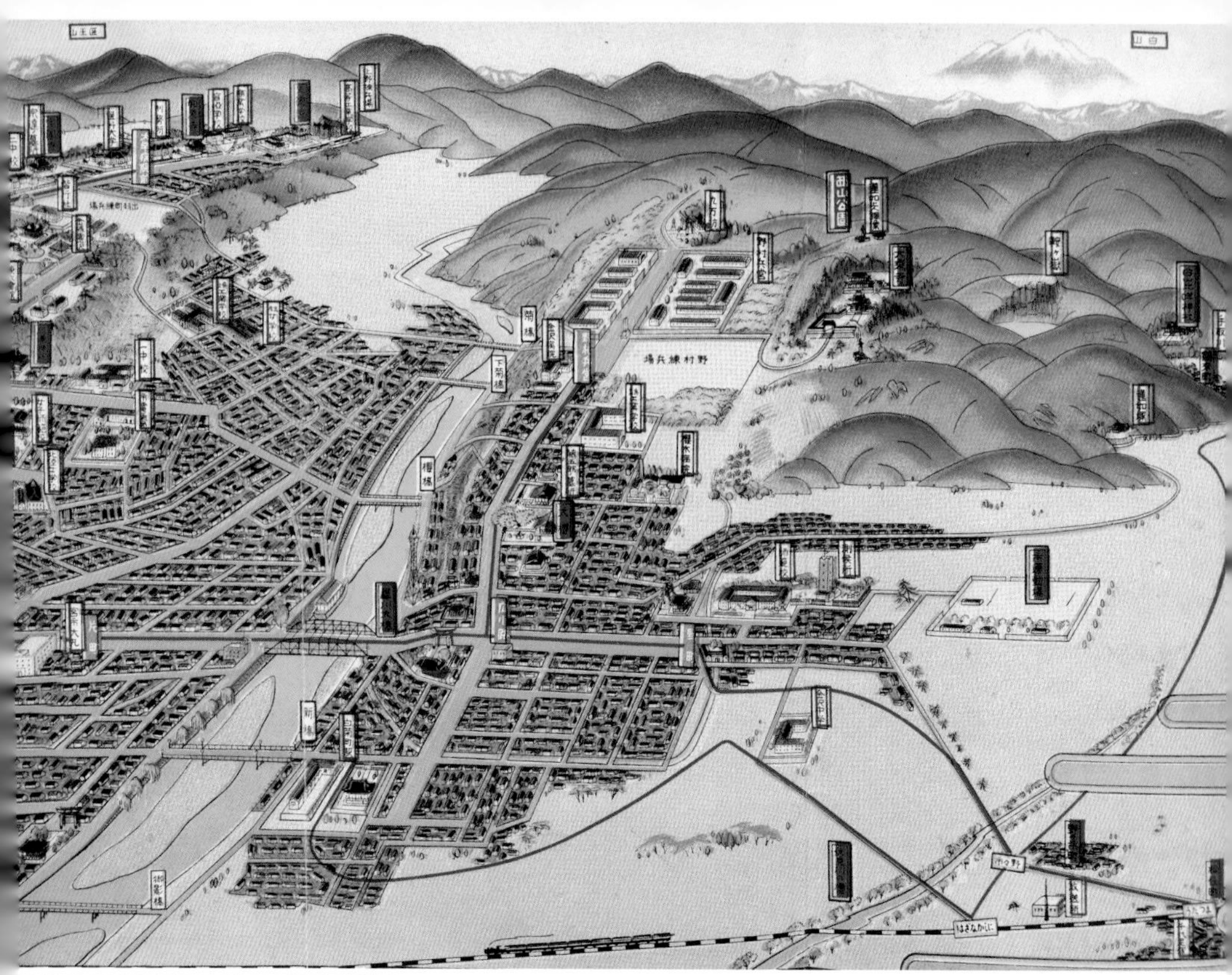

〈図1〉「金沢御案内」
(昭和5年4月、吉田外二郎画、金沢商工会議所)

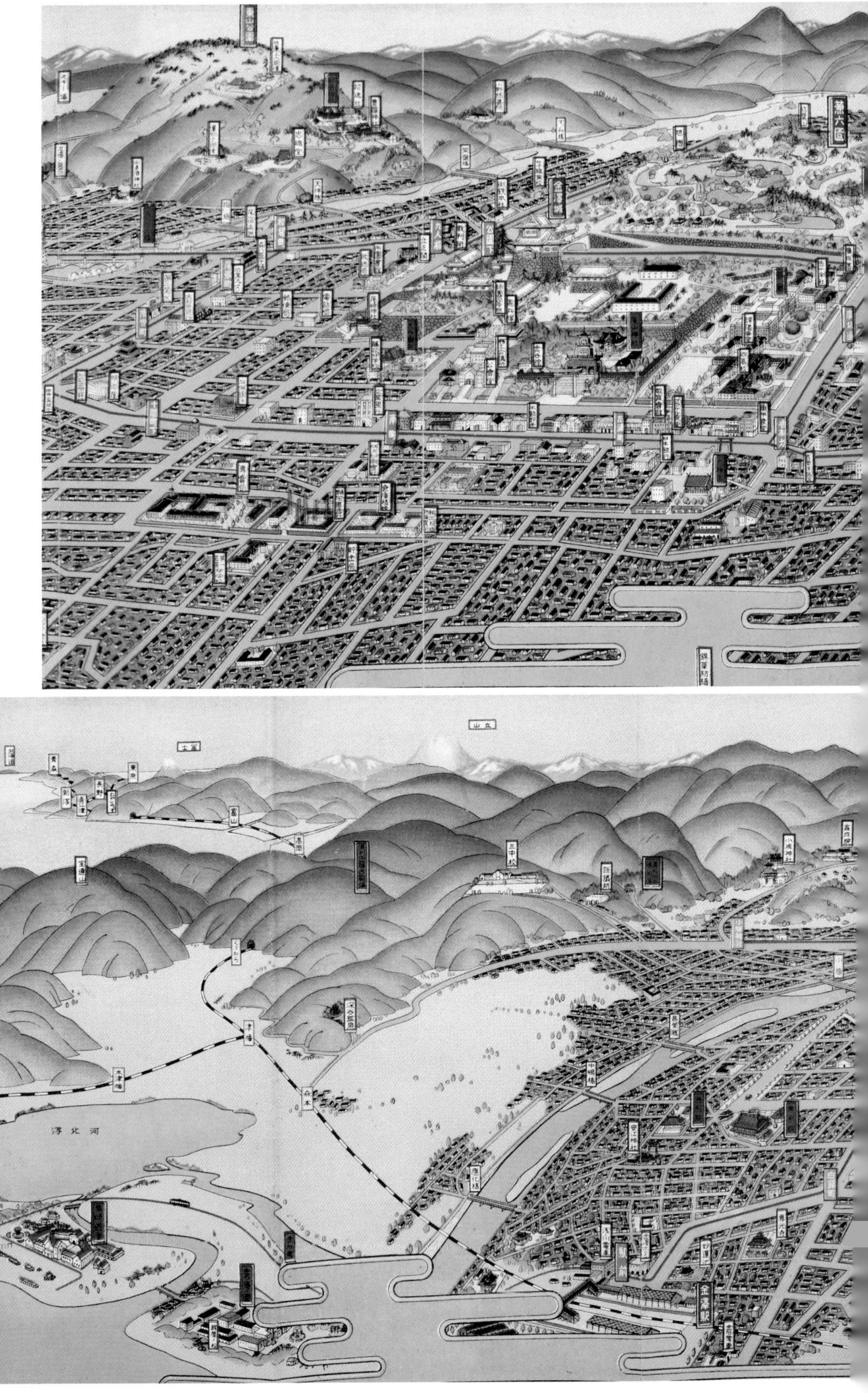

兼六園
公園下
立山
富士
青森
東京
新潟
長野
直江津
富山
高岡
宝達山
くりから
津幡
深谷鉱泉
三中校
八坂神社
河北潟
森本
安江神社
浅川電車
駅前
妙立寺
専光寺
白銀町
金澤驛

沢御案内」（昭和五年）〈図1〉を見よう。鳥瞰図は金沢駅から南東を望む構図で、左手に浅野川、右手に犀川が流れる。鳥瞰図作者の吉田外二郎なる人の来歴は明らかでない。浅野川東方の台地に卯辰山があり、東山公園となっている。犀川西方の台地には大乗寺が伽藍を構え、付近に野村兵営や練兵場が見える。

浅野川と犀川に挟まれた小立野台地先端部に金沢城があり、石垣上の二層の櫓は石川門である。城内の一角に師団司令部と憲兵隊を置くが、明治初年、金沢城は兵部省・陸軍省の管轄となり、明治八年に城址に陸軍歩兵第七連隊が配置された。明治一四年に金沢城は石川門・三十軒長屋・鶴丸倉庫（これら三棟は城内に現存、国重文）を残して焼失し、明治三一年には陸軍第九師団司令部が置かれて終戦にいたった。

城址手前（西）に尾山神社が鎮座し、鳥居の後に塔屋を備えた独特な建築様式の神門が見える。城址右手（南西）に第四高等学校・県会議事堂・県庁・赤十字社・広坂署が並び建つ。赤煉瓦の四校（国重文）と旧県庁舎（しいのき迎賓館として活用）が保存され、他の建物は取り払われ周囲は広場に整備された。

県庁前の広坂通りを挟んで市役所があり、付近は女子師範学校・第二高等女学校・第一中学校が集まる文京地帯をなす。これら学校跡地に瀟洒なガラス張りの金沢21世紀美術館が建つ。

城址背後（南東）は、路面電車が走る百間堀通りを挟んで兼六園である。園内は瓢池（蓮池）や霞ヶ池を巡る回遊式庭園であるが、詳しくは後述する。兼六園一角に藩主の母の隠居所であった成巽閣が建つ。その向かいに将校クラブの偕行社があり、出羽町練兵場一角に煉瓦倉庫が見える。偕行社と師団司令部は令和二年に移築されて国立工芸館となった。煉瓦倉庫は旧金沢陸軍兵器支廠兵器庫で、石川県立歴史博物館として活用されている。

兼六園から天徳院に向けて小立野台地を一筋の道が延び、辰巳用水が流れる。犀川上流から取水し、兼六園の曲水となり、金沢城内や城下に配水する水路である。道路沿いに陸軍の衛戍病院、医科大学があり、天徳院裏に高等工業学校が建つ。衛戍病院跡地は国立病院機構金沢医療センターに、医科大学・高等工業学校は戦後金沢大学となったが、医科大学敷地は金沢大学宝町・鶴間キャンパスとしてつかわれている。

金沢城址・尾山神社の手前（西）、香林坊から武蔵ヶ辻にかけての路面電車が走る大通りは、日本銀行などが集まる金沢の目抜き通りである。その手前（西）の用水沿いに専売局の赤煉瓦の建物や硬質陶器会社の煙突が見える。専売局の赤煉瓦の建物の一部は、玉川図書館として現存する。専売局の裏に鞍月用水を引く。金沢は、武家地の長町を流れる大野庄用水をはじめ用水網が張り巡らされた街である。水路は防火・融雪・生活用水などとして人々の生活に深くかかわっていた。

金沢を歩くと、この鳥瞰図に描かれた諸施設のいくつかが今も街中に残されていることに気づく。金沢は、歴史の重なりが息づく地で、その歴史風致を思う存分に現代に活かした観光文化都市を形成している。なお、今日、多くの観光客を集める長町武家屋敷街や東西の茶屋街はこの鳥瞰図には描かれていない。

(二) 金沢の郊外

次いで「金沢市」(昭和七年)〈図2〉を見よう。これは、昭和七年に開催された「産業と観光の大博覧会」と同時期に金沢市が発行したものである。鳥瞰図は日本海から東に金沢を望む構図で、左手に能登半島、右手に越前の東尋坊を配し、右上手に白山の山並みが連なる。金沢城址を中心とする市街地の姿は「金沢御案内」(昭和五年)とほとんど変わらないが、金沢の周辺部を描き入れ、郊外に延びる鉄道が示されている点が注目される。

鳥瞰図を眺めると、市内の路面電車を運行する金沢電気軌道のほか、日本海方面には河北潟付近の粟崎に向けて浅野川電気鉄道(現、北陸鉄道浅野川線)、大野川河口の金石・大野湊に向けて金石電気鉄道(昭和四六年廃止)が延びる。さらに、犀川左岸の白菊町から鶴来の白山比咩神社を経て白山下まで名金鉄道(現、北陸鉄道石川線)が走る。金沢電気軌道(大正五年設立)は、最初に金沢駅前から兼六園下まで路面電車市内線を走らせた(大正八年)。金石電気鉄道は、金石馬車鉄道(明治三一年に長田町—金石間開業)が電気鉄道に改称(大正三年)したもので、金石と大野湊の間に濤々園という遊園地を営業していた。浅野川電気鉄道(大正一三年設立)は昭和に入って金沢駅前—粟ヶ崎遊園前を全線開業するが、この鉄道会社も粟崎遊園地を開園する。名金鉄道(大正一四年設立)が全通したのは昭和二年のことである。大正から昭和初期にかけて金沢市街地及び市街地と周辺を結ぶ鉄道網が整えられ、人々の往来が便利になった。

粟崎遊園及び金石の濤々園は、いずれも近くに海水浴場を控える電鉄会社経営の遊園地であった。大正一四年、粟崎遊園が開園する。鳥瞰図に内灘の砂丘地帯に瀟洒な建物を構えた遊園地を描く。粟崎遊園は、本館・温泉浴場・余興場などを備えた一大娯楽施設で、レビュー・歌劇・大衆演劇が人気を博した。園内には「こどもの国」もあって、巨大な「大山すべり(台)」が人目を引いたが、第二次大戦開戦直前の昭和一六年八月閉園となった。本館入口が内灘町歴史民俗資料館に移築されたほか、跡地に浅野川電鉄と遊園を創設した平沢嘉太郎の石碑が忘れら

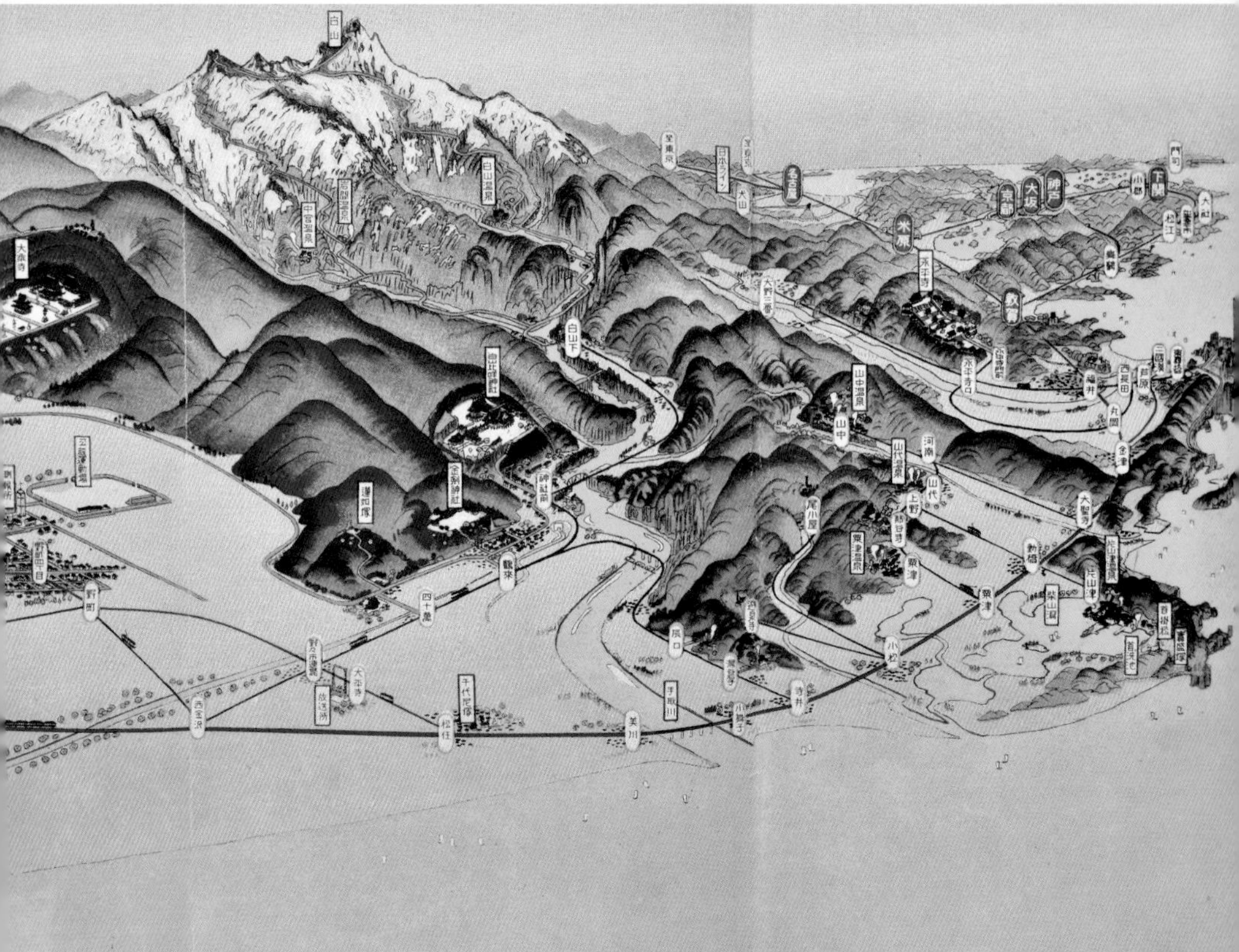

〈図2〉「金沢市」
(昭和7年、吉田初三郎画、金沢市役所)

金澤

昭和七年春
初三郎

和倉
七尾
富山

れたように立っている。

濤々園は、粟崎遊園の三か月後に開園して、昭和六年に濤々園前駅が開業して賑わったが、戦時中の昭和一八年に閉園した。園内の鳥瞰図に「銭屋松」を描くが、金石港を拠点に富を築いた海商・銭屋五兵衛にちなむものである。金石小学校一帯が跡地で、隣接する金石銭五公園の松林の中に銭屋五兵衛像が立つ。北陸の海辺の砂丘上に競い合うようにつくられた鉄道終点近くの遊園地、その昭和初年の夢の世界はわずか十数年でいずれも消え去り、海水浴場も索漠とした海辺に化した。

(四) 観光の金沢

金沢商工会議所発行の「かなざは」(昭和一一年頃)〈図3〉は、金沢の暮らしぶりが伝わる観光パンフレットである。表紙は大名行列の絵柄に兼六園の写真を付したもので、内容は産業・観光・季節料理・年中行事・芸能・祭礼・遊びなど多岐にわたる。発行年は記されていないが、紹介文に「人口拾七萬余……」とあるから、昭和一一年(人口一七五、〇四九人)頃のものと考えられる。冒頭文を見よう。

> 前田候百万石提封の地であり、天下三公園唯一の兼六園あるを世に誇る金沢市は亦伝統の優美絢爛たる美術工芸のみやこ、さては謡曲加賀宝生の発祥根拠地として普く人口に膾炙してゐる所である。

まず、加賀百万石の城下で天下の名園兼六園を誇る金沢は、伝統的な美術工芸や能楽宝生流の発祥地として人々の評判になって知れ渡っている、と説く。

> 卯辰山公園から或は野田寺町の高台からの市の俯瞰、森の都にふさはしく老樹鬱蒼たる中に点綴せる家、街、宏壮なる金沢城址は巍然として歴史を語って盛夏尚白雪戴く秀嶺白山と相対し、兼六園はその東南に隣す、遥か順風を孕んで日本海の白波の上を滑る帆船、市内を貫流する犀麻の清流、山容秀麗の医王山を背景とする活画は誰か金沢が絶好の観光都市たることを否定するものがあらうぞ。

「犀麻」は、犀川と浅野川(古くは麻野川とも表記)を指す。卯辰山公園などからの眺望、緑の樹木に包まれた家並み、金沢城址、白山、日本海を往く帆船、犀川や浅野川の流れと、自然豊かな金沢は観光都市として否定するものは誰もいないだろう、と述べる。あえてこのような書き方をするのは、観光都市としてもっと知ってほしい、という気持ちを込めてのことであろう。

金沢の五大産業として、絹織物をはじめ箔・力織機・清酒・漁網の製造を挙げるが、この中で生産額の四割以上を絹織物が占めていた。金沢の特産品として、九谷焼・金沢漆器・加賀友禅・加賀象嵌・桐火鉢・加賀鮎釣針を紹介し、「金沢と言へば九谷焼を思ひ加賀羽二重を知るは天下周知の事」と誇る。金沢で多くの特産品が生まれたのは歴代藩主がこれを奨励し、各地の名工を招いたからである、とも述べる。

金沢駅を起点とする三つの金沢遊覧コース（三・六・十時間）も提示する。一日がかりの金沢遊覧は、次のとおりである。

尾崎神社―尾山神社―香林坊・犀川大橋―大乗寺―天徳院―宝円寺―兼六公園―卯辰山公園―西本願寺別院―東本願寺別院―持明院

最も手軽な三時間コースでは、この中の尾崎神社・兼六公園・卯辰山公園の三か所を選んで回る。徳川家康を祀る尾崎神社が金沢三大名所に入っているが、現在、訪れる観光客は少ない。パンフレットは、兼六園と卯辰山の写真を下地に敷き、金沢城石川門と尾山神社神門の写真をはめ込む。むしろこれら四つが金沢を代表する観光名所であろう。

金沢で味わう加賀料理は、今も観光客を魅了する。このパンフレットでは金沢の季節料理として、次のものを挙げる。

一月　鴨じぶ、寒鮒刺身、くちこ／二月　づわい蟹／三月　乾くちこ／四月　岩魚、似嘉魚、石斑魚の田楽、刺網鰯／五月　鮴の吸物、鮴の佃煮／六月　若鮎の塩焼／七月　牡蠣料理、河豚粕漬、鰯の糠漬／八月　あはび料理／九月　鯛料理／十月　鶫のじぶ／十一月　「ばい貝」料理／十二月　蕪鮨、湯どうふ

鴨の治部煮や、海や渓流の魚をつかった数々の季節料理を月ごとに紹介する。「くちこ」はナマコの生殖巣で能登半島特産の珍味、蕪鮨は蕪に切り込みを入れて鰤を挟んだ加賀特産のなれずしである。今日の観光ガイド記事にグルメは欠かせないが、戦前の観光パンフレットでこのように地域の食文化に焦点を当てるものは必ずしも多いとはいえない。その中で、金沢は郷土料理の数々を売りにしていることが特筆される。

年中行事の紹介も、その土地の暮らしぶりをあらわすものとして興味を引く。金沢の年中行事の概略（原文を適宜省略）を次に示そう。

一月二日　全市一斉売初め
一月十五日　左義長
三月廿一日　彼岸詣り　各寺の彼岸会に参詣する善男善女で市中は賑わふ、蓋し春行楽の魁。
四月八日　釈尊降誕花祭り　市内全仏教宗団挙げての花祭り行列は全市を花と飾る。

四月廿五日　蓮如忌　卯辰山公園蓮如上人銅像を巡り一瓢一菜を肩にした行楽の人は渦を巻く。
四月中旬　伏見川堤観桜
六月十四、十五日　金沢市祭　藩祖前田利家卿を祀る、両日市中は奉祝、余興、歓楽の坩堝。
八月一日　東西両別院のお花揃　市内各流儀の生花一堂に集められ典雅、幽邃誠に眼をあやなすものあり。
九月九日　歩兵七聯隊軍旗祭　聯隊軍旗拝授記念祭
十月中旬　△招魂祭　第九師団管下を挙げてのもので各町より練出される催物等で市中は身動きならぬ雑沓を呈す。△東西両廓温習会　京のあしべ踊に匹敵すべきもの、各廓の絢を競ふこの催は蓋し待たるるものの一つ。
十一月中旬　ゑびす講

金沢は真宗王国の土地柄ゆえ、仏教的な行事が目立つ。なかでも、晩春の蓮如忌には酒肴を手にした人々が卯辰山公園に参集して行楽を楽しんだ。それは、雪に閉ざされた北国の人々の心待ちにした一日であったに違いない。その他、藩祖や軍都にちなむ祭事、廓の温習会といった金沢ならではの行事も目を引く。

金沢での遊びとして、盛り場や花街の案内文も載っている。金沢には六つの花街、東廓・西廓・北廓・主計町（かずえまち）・愛宕遊廓・石坂遊廓があった。歴史ある茶屋に新興の遊廓を加え、当時、合わせて茶屋二八八戸、芸妓七四〇人を数えた。伝統文化を重んじる金沢は、また昔ながらの遊芸が受け継がれた土地である。東・西・主計町には今も古い町並みが残り、とりわけ、ひがし茶屋街には訪日外国人をはじめ多くの観光客が足を運び、賑わいをみせる。

（五）兼六園

金沢を代表する観光スポットが兼六園である。「金澤の兼六園」（昭和一三年頃、金澤観光協会発行）〈図4〉を見よう。表紙は徽軫（ことじ）燈籠の写真、裏表紙は金沢観光案内図、中に兼六園の絵図と兼六園案内を掲載する。徽軫燈籠とは、燈籠の二股の脚が琴の糸を支える琴柱（ことじ）に似ていることから名づけられたという。発行年は記されていないが、紹介文に「人口拾九萬……」とあるから、昭和一三年（人口一九〇、七三七人）頃のものと考えられる。冒頭文を見よう。

金澤の兼六か、兼六の金澤か、金澤に来て兼六に杖を引かざる人なく、兼六に来て世に名ある所以（ゆえん）に讃嘆（さんたん）久しくせざるものなしである。

兼六園は金沢を象徴する観光名所であることを「金澤の兼六か、兼六の金澤か」と表現する。次は名称の由来である。

〈図3〉「かなざは」
（昭和11年頃、金沢商工会議所）＊

〈図4〉上・下「金澤の兼六園」
（昭和13年頃、金澤観光協会）＊

白河候松平楽翁が宋の李格非の洛陽名園記により宏大・幽邃・人力・蒼古・水泉・眺望の六勝を兼備せりとして名づけられたものである。

楽翁とは東北の白河藩三代藩主松平定信のことで、寛政の改革を断行して幕府の立て直しをおこなった人として知られる。李格非は中国北宋時代の詩人で、『洛陽名園記』は洛陽にあった一九の名園を紹介する。その一つ湖園の記述「洛人の云う、園圃の勝、相い兼ねるあたわざるは六。宏大を務むるは幽邃少なし、人力勝れるは蒼古少なし、水泉多きは眺望艱し。この六を兼ねるは、ただ湖園のみ」を引き、六勝を兼ねた庭園として「兼六園」と名づけられた。この由来は、今も兼六園の案内文に必ずといっていいほど現れ、なじみ深い。

兼六園の沿革を要約すると次のとおりである。慶長年間（一五九六〜一六一五）、加賀前田家二代利長（初代藩主）の時代、林叢の地を拓いて邸宅地とした。延宝四年（一六七六）、五代綱紀の時に蓮池亭を築き、文政五年（一八二二）から十二代斉広が壮麗な竹沢殿を建てて新たに山を築き水を引き人力の極致を尽くした。さらに十三代斉泰が名木珍石を集め庭園としての結構を完備した。長い時代をかけて築造されたこの地が「兼六園」と命名されたのは、斉広の隠居所である竹沢殿が造営された文政五年のことである。近代に入った明治七年、兼六園は公園として開放され、大正一一年には史蹟名勝天然記念物保存法により名勝地に指定された。

絵図を見よう。金沢城址を右手に置き、上が南西方向となる平面的な図に建物を立体的に描く。藩主の出入りに使われた蓮池門（正門）には「兼六園」（楽翁書）の扁額を掲げていたが、明治初年に公園として開放された際に門が取り払われた。この扁額は、戦前、園内にあった石川県商工館を経て、現在、石川県立伝統産業工芸館の階段踊り場にさりげなく掲げてある。

園内は霞ヶ池を中心に北西に瓢池（蓮池）を配し、曲水を巡らす。霞ヶ池ほとりにある虹橋から望む徽軫燈籠や唐崎松が多くの観光客がカメラを向ける場所である。案内文には、徽軫燈籠は「冬季此の処より池を望んだ雪景は美観である」、唐崎松は「近江八景を模したる唐崎松あり樹幹半ば池面を這ふ。池心にある小島を蓬莱山と云ふ。水泉の妙宛然一幅の画をなして居る」と見える。雪吊りがなされた唐崎松は、金沢の冬の風物詩でもある。

兼六園で古いのが瓢池で、この池に注ぐ翠滝は安永三年（一七七四）に築造された。今、兼六園の中心をなす霞ヶ池は天保八年（一八三七）に掘り広げられたものである。

再び案内文を見ると、翠滝は「この辺一帯は兼六園六勝の一つで幽邃の境地である」、瓢池〜霞ヶ池間の苔むした暗がりにある獅子巌・虎石は「この辺一帯は兼六園六勝の一である蒼古の風色に富んでをる」とある。水泉・幽邃・蒼古など、兼六園の見るべきところをおさえた案内文といえよう。

園内南西端に「金城霊沢」なる泉が忘れられたように残る。

昔芋掘藤五郎と呼ぶ里人が山中で掘った沙金をこの泉で洗ひ貧者を潤したと云ふ伝説から、この泉を金洗澤と呼びなし之（これ）が金澤市の名称の起りになったと云ふ。

観光パンフレットを見ながらこのような豆知識を得るのも旅の楽しみのひとつであったのであろう。兼六園内には、成巽閣や金沢神社のほかに、今はなき県立図書館・石川県商品館・兼六会館の諸施設が建っていたことも鳥瞰図から知ることができる。

二、立山と黒部

（一）秘境であった立山と黒部

昭和九年に中部山岳国立公園に指定された立山・黒部は、登山者以外の一般観光客が気軽に足を運ぶところではなかった。高度経済成長が始まる少し前の昭和二九年、立山開発鉄道（現、立山黒部貫光）の千寿ヶ原（現、立山駅）―美女平間の立山ケーブルカーが開業し、翌年には立山高原バスの運行が開始された。高度経済成長期に入った昭和三九年、立山高原バスの美女平―室堂（むろどう）間の直通運行が始まり、立山への交通の便が整えられた。昭和四六年、室堂から長野県側の扇沢へつながる「立山黒部アルペンルート」が全通し、多くの観光客が訪れるようになった。とりわけ、アルペンルートにある黒部ダム（昭和三八年完成）の観光放水は人気が高い。また、室堂近くの「雪の大谷」は、近年、台湾をはじめとする雪の少ない東南アジアからの訪日外国人観光客の人気スポットとなっている。

一方、人が踏み入るのを拒む秘境であった黒部峡谷は、大正一四年に冠（かんむり）松次郎（一八八三〜一九七〇）が黒部川遡行（鐘釣―平）に成功して以来、その名がアルピニストの間に知れ渡った。大正後期、黒部川の発電所建設を目的に日本電力の資材運搬専用鉄道の軌道敷設工事が始まり、宇奈月―猫又間の運転が開始された（大正一五年）。軌道が小屋平、小黒部を経て欅平に延びたのは、中部山岳国立公園指定三年後の昭和一二年のことである。この軌道は、登山者や観光客を「便乗」させたが、生命の保証はしないことを「便乗券」に謳っていたという。戦後、軌道は日本発送電を経て関西電力に譲渡され、昭和二八年に地方鉄道法の免許を取得して黒部鉄道（昭和四六年黒部峡谷鉄道）として営業を開始する。この鉄道が運行するトロッコ列車は新

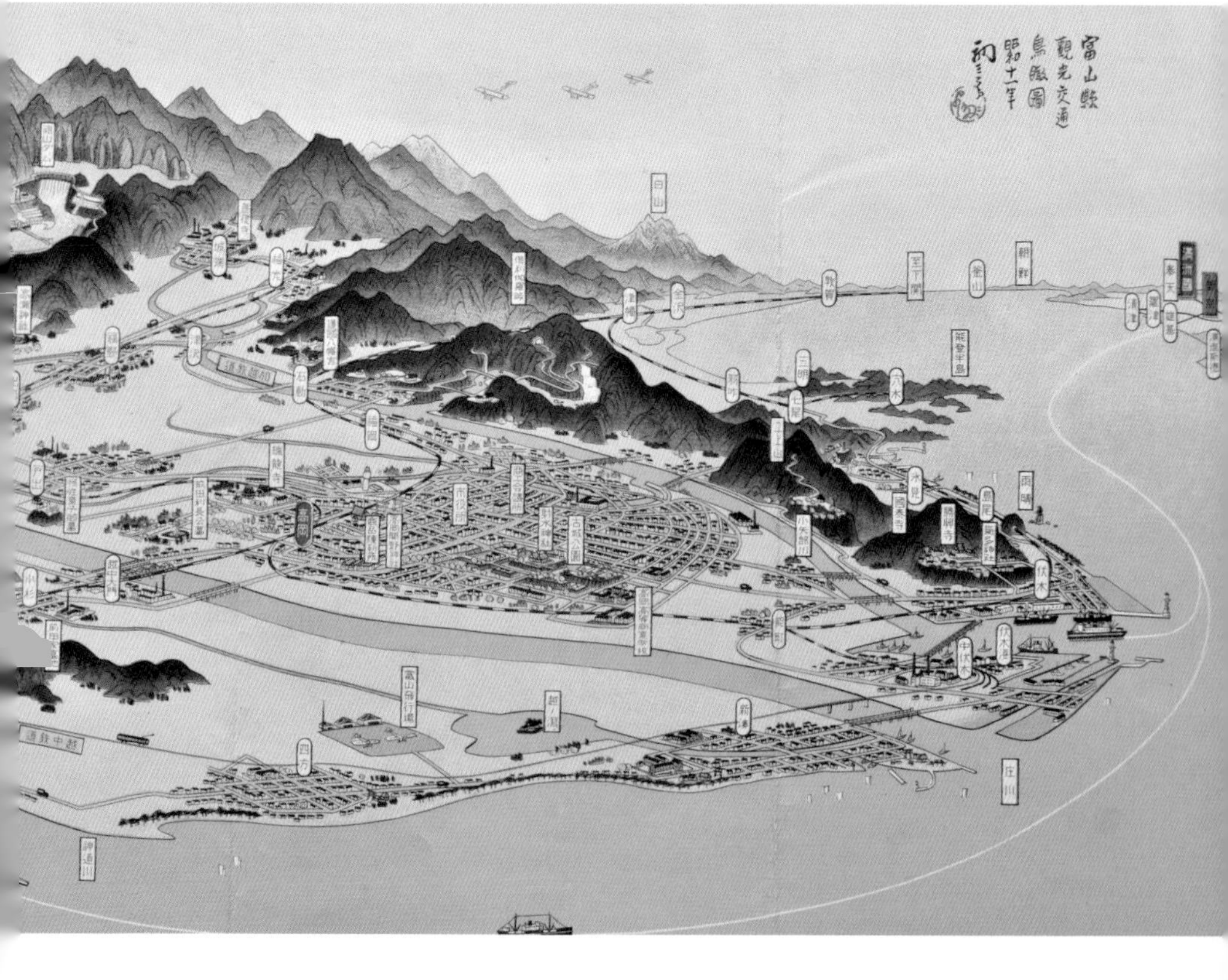

富山縣
観光交通
鳥瞰圖
昭和十一年
初三郎

富山
白山
能登半島
富山飛行場
四方
伏木
雨晴
庄川
釜山
朝鮮

〈図5〉上2点・右「富山県」
(昭和11年3月、
吉田初三郎画、
日満産業大博覧会協賛会)

〈図6〉
「県営電気と立山」
(昭和12年7月、
富山県電気局)＊

緑や紅葉を探勝する観光客に人気が高く、宇奈月駅を出て鉄橋を渡る列車を野猿が見送ってくれる。

（二）立山

立山の姿を俯瞰するのに「富山県」（昭和一一年三月、吉田初三郎画、日満産業大博覧会協賛会発行）〈図5〉が参考になる。これは、昭和一一年四月から五五日間にわたって富山市で開催された博覧会を記念して作成されたものである。鳥瞰図は富山湾から南に陸地を望む構図で左（東）に黒部川、中央に常願寺川・神通川・富山市街地、右（西）に庄川・高岡市街地を置く。黒部川上流に黒部峡谷が深い谷を刻み、常願寺川上流には雪化粧した立山連峰が聳える。また、庄川上流に庄川峡なども見え、富山県の姿が一望できる図である。冒頭に、富山県内の観光地をこのように紹介する。

> 中部山岳国立公園としての雄大豪壮なる霊峯立山の別天地、弥陀ヶ原、五色ヶ原の絶勝地を初め、神秘境黒部峡谷の絶景、東洋一の庄川峡小牧ダム、大牧温泉、立山、宇奈月、鐘釣温泉等誇るに足るべき、……

ここに記された場所が、富山県を代表する観光地とみてよいであろう。その筆頭は立山であることに異論はないだろう。鳥瞰図の立山連峰に目をやろう。富山市街地から県営鉄道が岩峅寺を経て千垣まで延びる。千垣から室堂に向けて三つの道があり、称名ヶ滝・弥陀ヶ原・立山温泉を通って室堂にいたる。室堂付近に地獄谷、やや離れて立山温泉が見える。室堂から雄山神社に向けて登山道が延び、雄山神社を中心に別山・剣岳・大日岳・浄土山・薬師岳の立山連峰を描く。浄土山と薬師岳の中間に五色ヶ原も示す。

立山の見所として立山頂上をはじめ弥陀ヶ原・五色ヶ原・称名ヶ滝などを紹介する。立山頂上は「古来富士、白山と共に日本の三霊山と称せらる。頂上展望の壮観は日本アルプス中他に比類を見ず」と、眺望のすばらしさを称える。山頂には雄山神社を祀る。弥陀ヶ原は「広漠たる一大高原なり。雄大なるスロープを有する絶好のスキー場として夙に本邦随一の山岳スキー場を以て世に聞こゆ」と、山岳スキー場を強調する。今日ではラムサール条約登録湿地としての弥陀ヶ原の方が有名であろう。

立山登山の異色なパンフレットとして「県営電気と立山」（昭和一二年七月、富山県電気局発行）〈図6〉がある。発行元の富山県電気局は、県下の産業振興を図ることを目的に常願寺川水系の発電事業を行うために大正九年に設置された組織である。同局は、発電所建設に伴う付帯事業として鉄道敷設・水源涵養事業のほかに、名勝地経営も併せておこなっていたことが特筆される。大正一〇年、富山県営鉄道（昭和一八年富山地方鉄道立山線）を南富山から岩峅寺まで敷設・開業し、開発の基礎が固まった。また水源涵養事業として大正九年に有峰の民有林一万四千町歩を購入して整備を始める。ここで注目したいのは、県電気局業務のひとつである名勝地経営である。

> 中部山岳国立公園立山一帯の開発紹介に専ら努め現在は主として之が登山道路の改修並宿泊所の建設等に意を注ぎつつあり、立山を盟主とする幾多峻嶺の豪壮雄大、荘厳崇高なる山容は、実に日本アルプス中の王座にして展望の壮観又海内に比なし、広漠たる一大高原弥陀ヶ原は早春、初夏の山岳スキー場として本邦随一の称あり。

国立公園立山一帯の開発として、登山道路の改修や宿泊施設の建設も電気局の仕事であった。また、この案内文にあるように、立山とその周辺の観光案内にも力を入れていた。

本パンフレットの一面は、立山から黒部にかけての登山地図で、山小屋・温泉・名勝地・発電所を記入する。裏面は「立山登山日程」「立山沿道案内略記」、距離・歩行時間を示す「立山連峰行路概要図」である。

立山登山日程は、三日～五日行程の計七案を紹介する。一例として初心者向きと思われる三日行程第一案を示そう。

> （第一日）南富山初発電車にて千垣駅下車、立山本道又は称名新道、追分を経て室堂泊。（第二日）室堂発雄山神社参拝、浄土、五色ヶ原を経て立山温泉泊。（第三日）立山温泉発、藤橋を経て富山市帰着。

その歩行は、初日約二七km（一〇時間）、二日目約二四km（一一時間）、三日目約二四km（六時間）である。立山に近づくには、ひたすら歩かなければならなかった。案内略記には、室堂・県営天狗平小屋などの山小屋一四や、立山温泉など三十余りの見所を紹介する。まず室堂をみよう。

> 室堂高原にあり、高距実に二、五〇〇米。古来立山唯一の宿泊所として建築豪壮なり。

立山は、古来、霊山を仰ぎ見る山岳信仰の山であった。江戸時代には多くの人が立山に登拝するようになり、元禄八年（一六九五）、加賀藩主は室堂平に登拝者のための参籠所を設けた。風雪を凌ぐムロのようなお堂、それが室堂の名の起こりであろう。板葺切妻屋根、四囲に板壁をめぐらす室堂は、山小屋として全国唯一の国の重要文化財に指定（平成七年）されている。隣接して室堂の新山小屋が建設（昭和六二年）されるまで、この昔の建物が利用されていた。今はなき立山温泉は次のように紹介する。

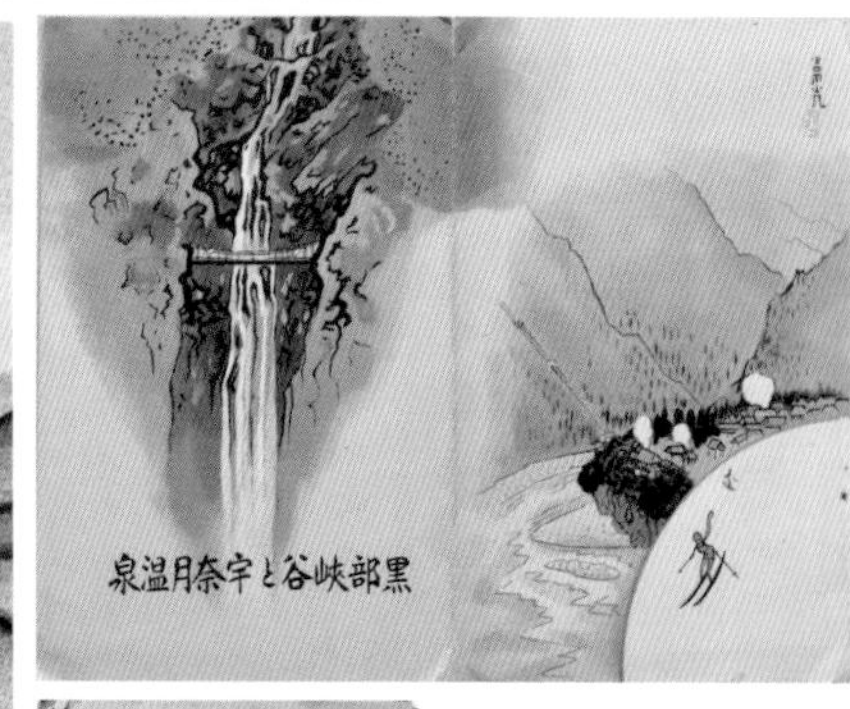

〈図7〉左・下
「黒部峡谷と宇奈月温泉」
（昭和8年8月、
金子常光・中田富仙画、
黒部鉄道）

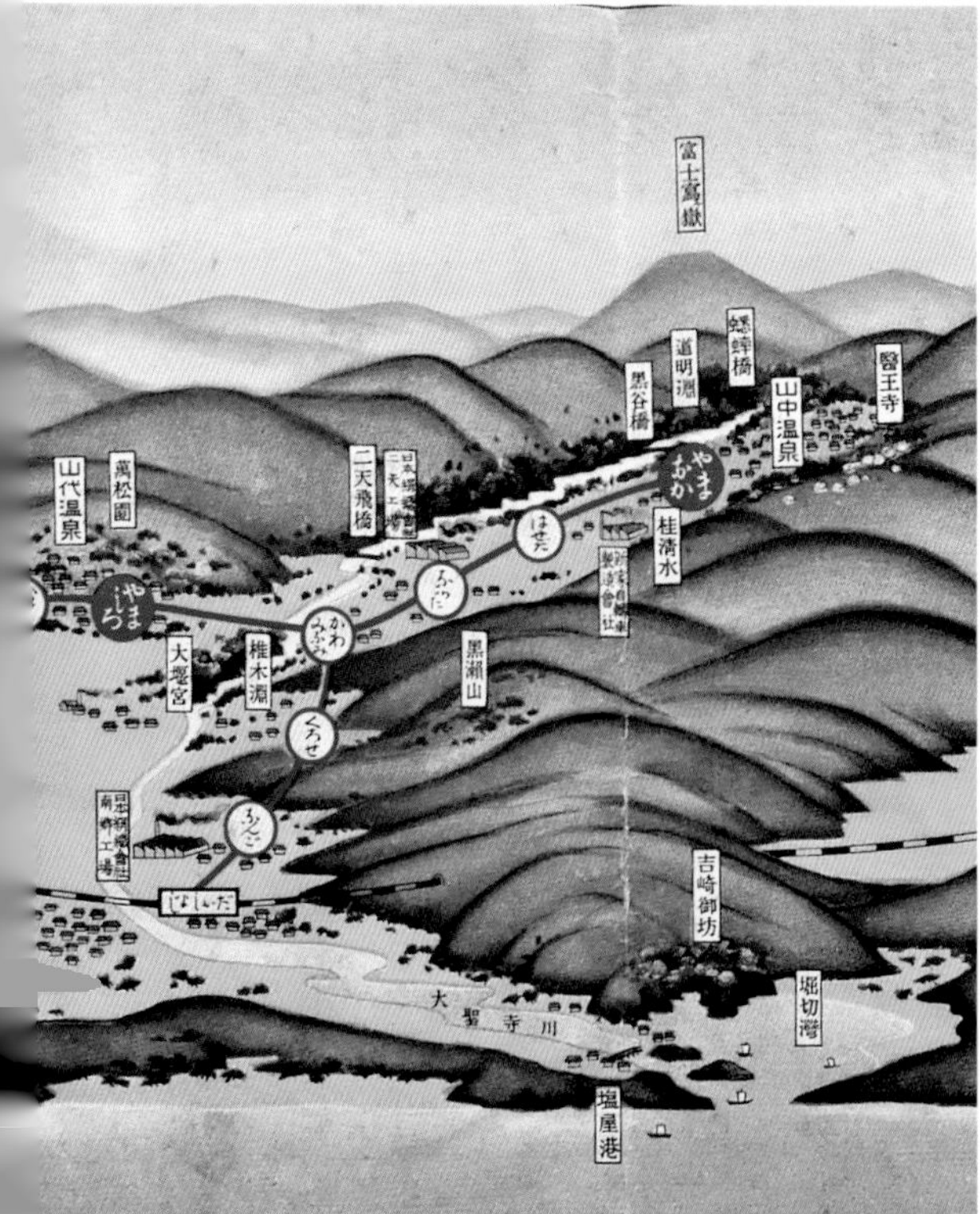

〈図8〉左・上「温泉電軌御案内」
（大正10年〜、温泉電軌）

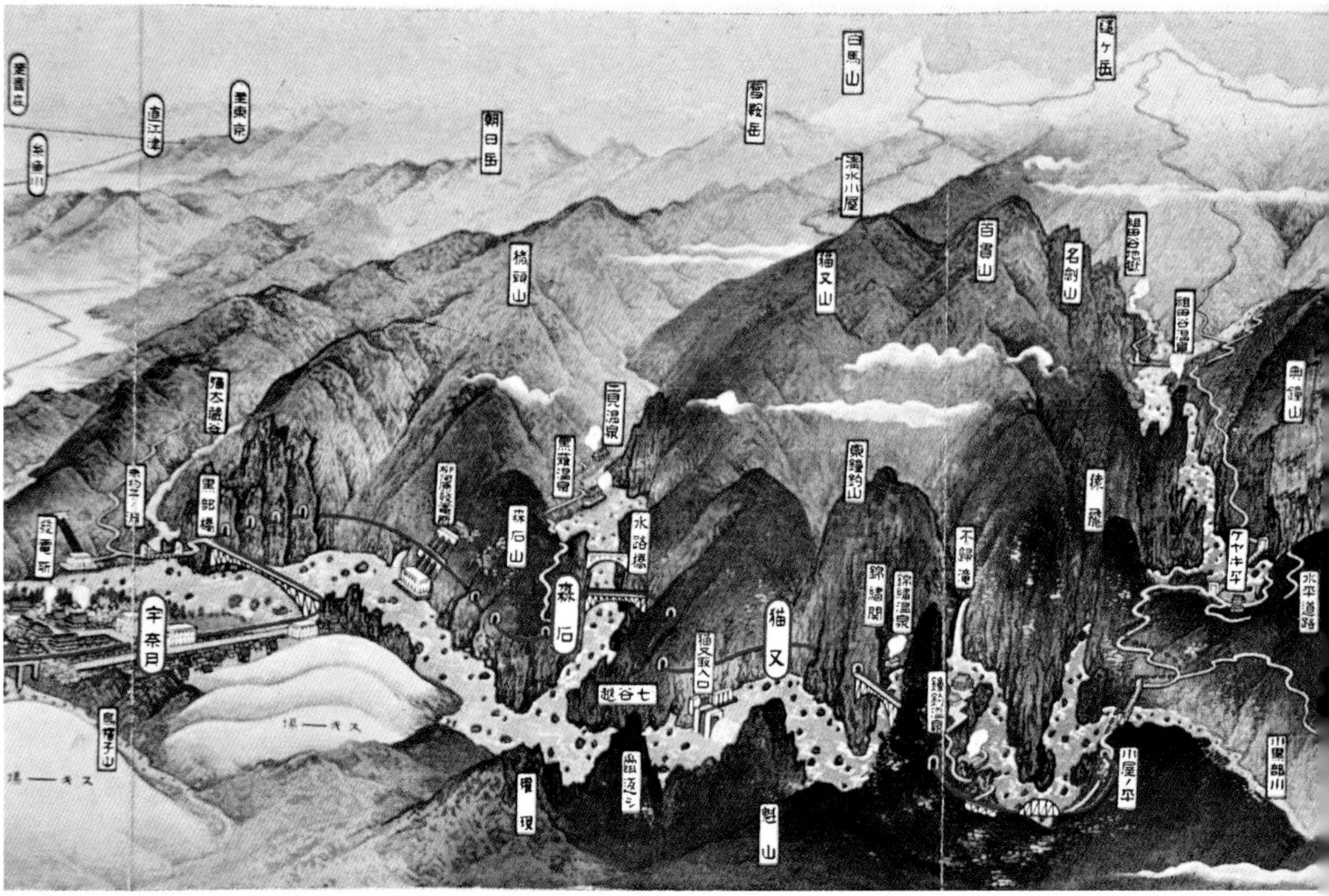
白馬山
鑓ヶ岳
雪鞍岳
朝日岳
清水小屋
百貫山
名剣山
猫又山
二見温泉
黒薙温泉
水路橋
森石山
森石
宇奈月
猫又
七谷越
不帰滝
錦繍関
小屋ノ平
小黒部川
水平道路
奥鐘山
魁山

立山
那谷寺
鶴ヶ滝
法皇山
横穴
粟津温泉
順成寺
今江
木場潟
三湖台
今江潟
柴山潟
片山津温泉
首洗池
實盛塚
小塩浦
千崎
尼御前
片野鴨池
安宅關趾
伊切濱

常願寺川上流湯川の傍に在り、客舎数棟、立山登遊者は勿論

> 日本北アルプス探勝者の策源地たると共に又休息慰安所たり。

昭和四四年の豪雨で立山温泉にいたる道が流され、惜しくも昭和四八年に立山温泉は廃湯となった。アルペンルートが開通すると、立山温泉経由の道をたどる人が少なくなったことも、温泉が再興されなかった理由のひとつであろう。

(三) 黒部峡谷

黒部峡谷の姿は「黒部峡谷と宇奈月温泉」(昭和八年八月、金子常光・中田富仙画、黒部鉄道発行)〈図7〉の鳥瞰図からありありと伝わる。一般人が足を踏み入れることが至難の、あの秘境をここまで描き込むのは、並大抵のことではないだろう。鳥瞰図は黒部峡谷を挟んで東を望む構図で、左手に富山湾や宇奈月温泉、右手に立山を配す。遠くに雪を戴く北アルプスの白馬岳・鑓ヶ岳・唐松岳・鹿島槍ヶ岳・赤沢岳・鉢ノ木岳が連なる。宇奈月から渓谷に沿って日本電力会社軌道が小屋平まで延びる。また宇奈月から鐘釣温泉を経て祖母谷温泉方面に向かう道路がつくが、これは林道である。軌道についての説明である。

> 宇奈月より林道に沿ひ猿飛付近迄開通の予定。目下小屋平の南方迄(宇奈月より約一一哩)開通、夏秋の候(六月より十一月迄)電車の運転あり、黒部探勝者には極めて便利である。

軌道はまだ工事の途中で、終点の欅平に到達したのは四年後の昭和一二年である。猿飛は黒部峡谷の名勝地である。現在、旅客を載せて走るトロッコ列車はやや長めの期間(五月一一日～一一月三〇日)運転する。当時、旅客営業をおこなっていないものの、探勝者を便乗させていたことがわかる記述である。

黒部峡谷は、このような冒頭文でその魅力を表現する。

> 北国の片隅に在りて、永らくの間山又山の奥深く、八重立つ白雲に鑽されてゐた、「大自然の王国」黒部の一大峡谷であります。奇抜なる其の山容、豪宕なる其水態、黒部の峡谷は披けば披く程、変幻の妙を極めて、洵に端倪すべからざる絵巻物である。

奇抜な山の姿、豪放な水の有様、展開すればするほど現れては消え、まことに予想できない風景である、と黒部に誘う。

> 陽春四月、沿道の堆雪漸く消えて、山々の春色に眼醒める頃より、満山紅葉に燃えたつ晩秋に至るまで、「黒部」は常に門戸を開いて笻曳く人の跫音を待ってゐます。

一般探勝者が足を踏み入れるのは、あくまでも欅平、祖母谷温泉付近までである。欅平から上流の探勝について、十字峡、下廊

下、神仙峡を経て平ノ小屋にいたる難路は毎冬破壊を免れぬから修復されない間は通行不可能な部分が多い、とも記す。欅平から上流は、昭和初期の旅行案内書にこのような記述がある。

黒部渓谷の真髄に触れやうとするには、先づ宇奈月温泉から黒部川本流に沿うて下廊下付近を探り、平ノ小屋まで探るべきであるが、この溯行は凡そ一週間の日子を要し、相当な経験と登山技術とを必要とする。(『日本案内記』中部篇、昭和六年)

欅平から先は高度な登山技術がないと分け入ることができない秘境であった。普通、黒部探勝は祖母谷付近までであり、それでも渓谷美を充分味わうことができる、とも述べる。

黒部峡谷門戸にあたる北陸地方有数の温泉地が宇奈月温泉で、大正一二年に黒部川上流の黒薙温泉から引湯して開発された。再びパンフレットに眼をやろう。

白馬立山両山脈余脈の翠巒に取巻かれて、黒部の清流其山脚を繞くり、良に山紫水明の別寰区である。

当時、宇奈月は、日本電力会社出張所をはじめ郵便局・銀行・医院・仏教会堂・温泉旅館・劇場・料亭・別荘・商店など二百戸を数える町場をなし、黒部峡谷探勝の基地となっていた。黒部峡谷入口の台地に開けた宇奈月温泉は、周囲に遊園地やテニスコートを備え、近くにスキー場もあり、黒部峡谷の山峡のひなびた秘湯とは趣の異なる賑やかな温泉街をなしていた。

三、北陸の温泉郷

(一) 加賀温泉郷

石川県加賀温泉郷の四つの温泉地、山中温泉・山代温泉・片山津温泉・粟津温泉を結ぶ鉄道に、温泉電気軌道(温泉電軌、大正二年設立)があった。明治三〇~四〇年代に開業した山中馬車鉄道・山代軌道・片山津軌道・粟津軌道の四路線は、大正二~三年に温泉電軌に統合された(昭和一八年北陸鉄道に合併)。

加賀温泉郷のあらましは、「温泉電軌御案内」(大正一〇年~、温泉電軌発行)〈図8〉が参考になる。これは、路線図に近い素朴な沿線鳥瞰図と四温泉の案内文からなるパンフレットである。発行年代はないが、文中に「日本絹織会社南郷工場　大正十年の操業」とあるから、それ以降のものであろう。路線図を主体とした表現手法から、昭和初期頃までのものと推定される。案内文を見よう。

山中・山代・粟津・片山津の四温泉と、那谷を首めとした数多の勝景及び名所旧蹟とを結び、大聖寺・動橋・粟津の省線各駅で北陸線と連絡するのが我社の電軌鉄道である。

日本海から南東方向を望む鳥瞰図には、省線を旗竿線として、温泉電軌を朱線、四温泉を赤丸白抜き文字で示す。左手に柴山

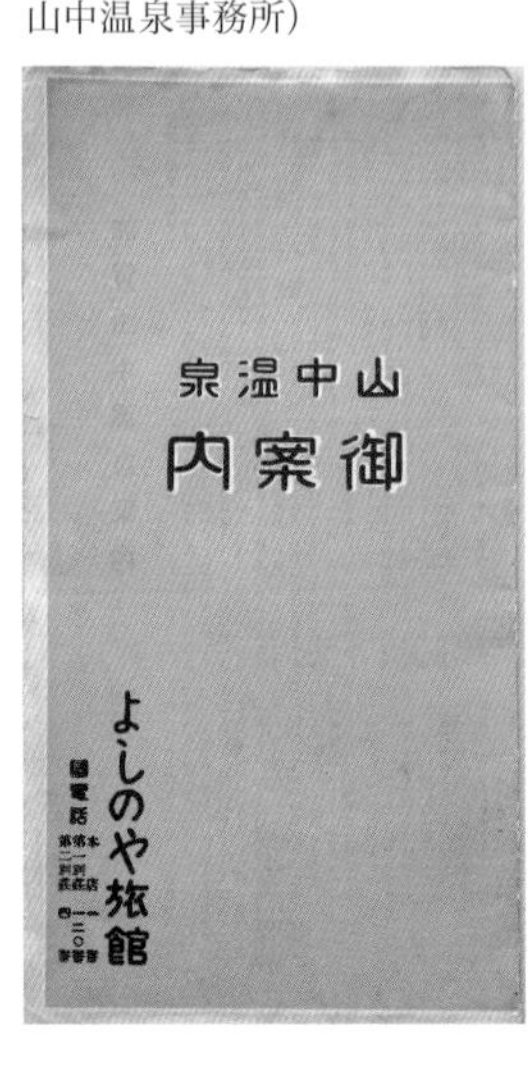

〈図9〉
「山中温泉御案内」
（大正13年5月、金子常光画、山中温泉事務所）

潟・今江潟・木場潟の加賀三湖を配し、柴山潟湖畔に片山津温泉、木場潟奥の山麓に粟津温泉がある。今江潟は戦後埋め立てられ、今その姿を見ることができない。右手は大聖寺川が日本海に注ぎ、上流に山中温泉、中流域に山代温泉がある。加賀温泉郷背後に緑の山々が連なり、遠くに白山がかすむ。

　沿線の風調悉く雅趣ならざるはない、湖山悠遊の快、境幽静にして展望開闊、東風に唆られて人心浮き立つ春は固より、夏は湖上に舟を泛べ、秋は松間に香蕈を採り、また冬に掛けては江上に水禽を猟るべし。

沿線の趣きはことごとく風雅で、湖や山はゆったりしていて、佇まいは静かで展望が開ける。春はもとより、夏の舟遊び、秋の茸狩り、冬のカモ猟と楽しみが多いことを述べる。

　宏壮なる旅舎、清冽なる天然の泉、一浴俗塵を洗ひ去って心下爽々たるべく、而かも地は塵外にありて人は淳、沿線一帯が已に自然の一大遊園境を成すのである。

広く立派な旅館があり、温泉でひと浴びして俗事を洗い流せば心は爽快、温泉郷は俗世間のわずらわしさを離れたところにあって人情も厚い。沿線一帯はもはや一大遊園境である、とその魅力を説く。ここでは一例として山中温泉を取り上げよう。

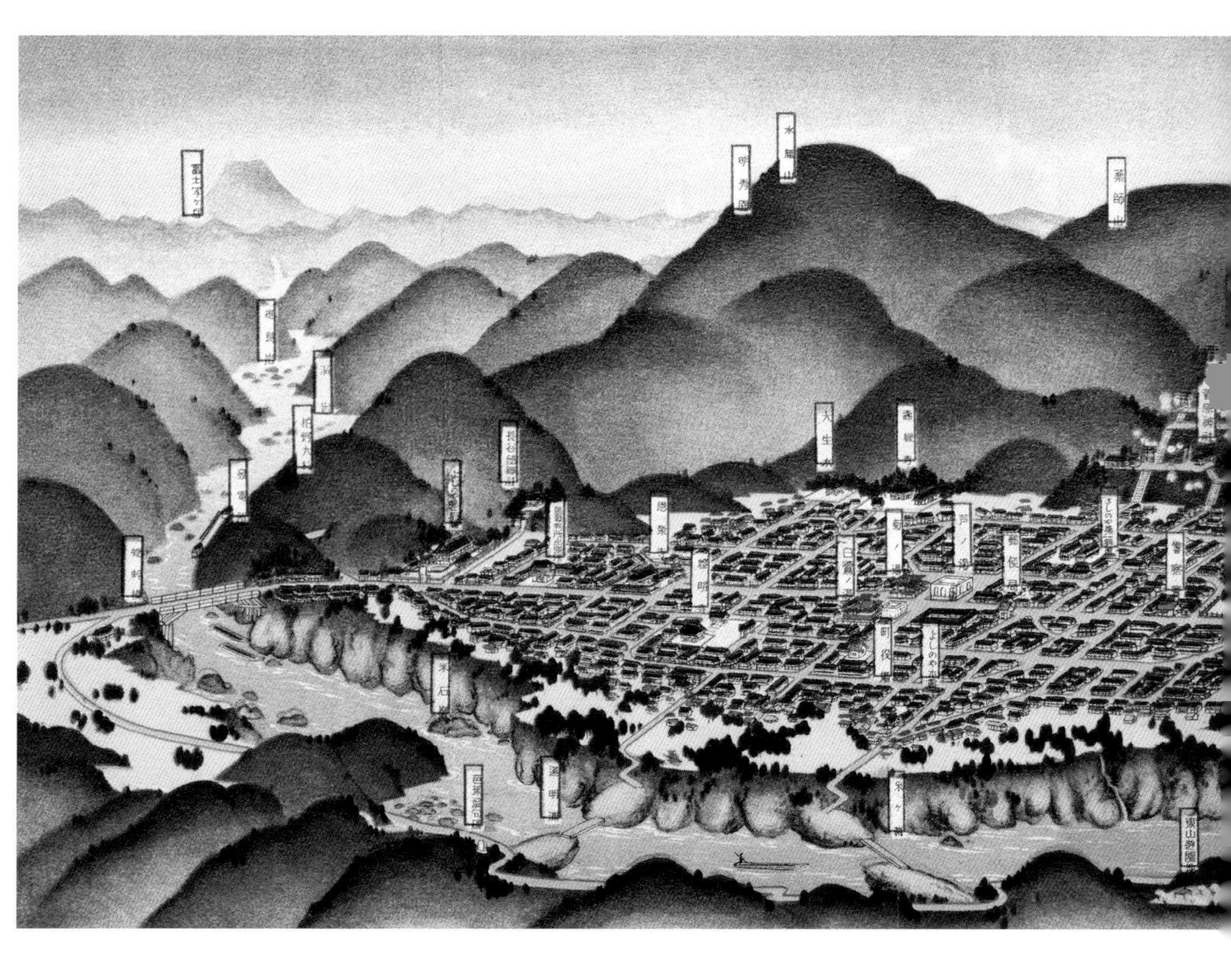

（二）山中温泉

大聖寺川上流・黒谷川の渓谷沿いに立地するのが山中温泉である。明治三〇年の官設鉄道（後の北陸本線）大聖寺駅開業後間もなく、地元の温泉旅館主らが中心となって山中馬車鉄道を設立する（明治三一年）。山中馬車鉄道は、山中電軌・温泉電軌を経て北陸鉄道山中線（昭和四六年廃止）となり、温泉客輸送に力を発揮した。昭和初期の旅行案内書にこのような一文がある。

黒谷川の清流を控へ、峯巒四周、空気清澄、常に松籟を聞く境で、古来有名な温泉で菊ノ湯、葦ノ湯、白鷺ノ湯の三浴槽がある。（中略）野趣に富んだ山中も今日では遊楽気分の濃厚な湯街になってゐる、これまでは旅館に内湯はなかったが、最近になって内湯を引くことになった。（鉄道省『温泉案内』昭和六年版）

黒谷川の清流に臨む山中温泉は、山々がとりまき、空気も澄みわたり、松の梢に吹く風の音も心地よいところである。以前は旅館に内湯がなくて、菊ノ湯・葦ノ湯・白鷺ノ湯の三つの総湯（共同浴場）を利用していた。この野趣に富んだ温泉地も遊楽気分が濃厚になっていた。遊楽気分濃厚な湯街は、山中に限らず加賀温泉郷に共通するところである。関西から交通の便がよいことがその背景であろう。同書にこのような記述も見られる。

十数年前までは「ゆかたべ」といふ少女が湯宿にゐて、外湯へ行く客の送迎をした処で、これが浴衣を抱へて客の湯から上るのを待つ情調はここ特有のものとされ、「浴衣肩にかけ戸板にもたれ、足で、ろの字を書くわいな」の俗謡に当時の様が偲ばれてゐる。（同右）

十数年前というから、大正中期頃までの習俗であろう。旅館に内湯がなかった時代は、客は菊ノ湯などの総湯に通っていた。各旅館には客を湯に送迎し、衣類を預かる「ゆかたべ」という少女がいた。客がのんびり湯につかっている間、これを待つ少女の所在のない姿を唄う山中節の一節を紹介する。旅館の設備が整えられるとそのような趣もしだいに薄らぐが、それを懐かしむ一文であろう。

昭和改元の二年余り前に発行された「山中温泉御案内」（大正一三年五月、金子常光画、山中温泉事務所）〈図9〉は温泉街を写実的に描く。鳥瞰図は黒谷川から西を望む構図で、河岸段丘上に温泉街が開け、背後に水無山が聳える。黒谷川の左手（南）に蟋蟀橋（こおろぎ）、右手（北）に黒谷橋があり、これらの橋に挟まれた渓谷の道明淵、糸ヶ淵にも小橋が架かる。水無山の麓に白山神社が鎮座し傍らに医王寺が建つ。黒谷橋近くが温泉電軌山中駅である。

山中駅から上流の蟋蟀橋に向かう通りの町並みほぼ中央に菊ノ湯・葦ノ湯・白鷺ノ湯の三つの総湯があり、町役場や郵便局が隣接する。町並みの南に裁判所出張所、北に警察署・山中尋常高等小学校・山中劇場が建つ。蟋蟀橋上流に発電所もあって、街に電気が供給されていた。当時、山中温泉は、戸数約九百、人口五千余りを数える町場をなし、山中漆器や九谷焼の特産品があった。昭和六年、山中温泉は大火に見舞われて街の様子が一変するが、それ以前の温泉街の姿が描かれた貴重な鳥瞰図である。

「入浴の栞」によると、菊ノ湯は、温泉草創当時の位置にあって構造宏大、浴槽内は広く、数百の浴客が同時に入浴できたという。葦ノ湯は清楚で室内は閑静、白鷺ノ湯は家族浴槽が十個あって貴紳の入浴に適した。古くは、総湯は一つであったが、北陸線延伸（明治三〇年）に先立ち、遠来の客を誘致する目論見もあって、明治二八年に葦ノ湯（上等湯）ができた。そのとき旧来の総湯が菊ノ湯と名づけられた。また、明治四一年には白鷺ノ湯（高等湯）もできた。これら貴紳の入浴に供する湯は各旅館に内湯が完備すると廃され、昔からの菊ノ湯が残った。

当時、山中には旅館二六軒を数え、酒楼・娯楽場・玉突その他の遊技場もあった。案内文を見よう。

大聖寺川の渓間漸く（ようや）開けたる位置に介在して、地勢崇高にし

> て三面翠巒で囲まれ、黒谷川の清流は淙々として山脚を洗ひ真に山紫水明の郷で、空気清新気候また寒暑共に甚だしからず、避暑避寒の好適地で其名内外に顕著たる温泉場である。

緑の山々に囲まれ、水が音を立てて流れる清らかな山里にあり、その名が際立つ温泉地が山中である。渓谷は鶴仙渓ともいい、蟋蟀橋から黒谷橋にかけての遊歩道を往くと、清流のせせらぎに心洗われる思いがする。

山中温泉は行基菩薩の発見とされるが、一時中絶。その後、治承年間（一一七七〜八一）、この付近に鷹狩りに来た長谷部信連は白鷺が葦原の流れに傷脚を癒すのを見て鉱泉の湧出するのを知り、浴場を設けて再び世に知られるようになった、と由来も記す。山中温泉はただ自然豊かだけの温泉地ではなく、文明の利器も整い、品物の供給も完全に備わっていて、都会人にも不自由を感じさせない、と謳う。併せて、食膳にのぼる食べ物に触れる。

> 東南の山脚を洗ふ清流には鮎、鱒、鰻、鮭、アマゴ、鮴等を産す、殊に鮎は此地名産の第一に屈せられ香味喩ふ可くもあらず、亦海魚の溌溂たるは程近き漁村より須臾にして運ばるるを以て、日々食膳を賑はすに足る可く、……

この記述からして、当時、大聖寺川を鮭が遡上していたのであろう。渓流魚の中では鮎が名産で、香味がたとえようもなく素晴らしかった。また、日本海の海魚も短時間で運ばれて食膳にのぼっていた。魚ばかりでなく蔬菜も豊富で、牛乳や鶏卵も新鮮なものが手に入ることも強調する。

年中行事として、菖蒲湯、「うし湯」の習俗が出ている。菖蒲湯（五月五日）には、長谷部神社（祭神は長谷部信連）に供えた菖蒲と蓬を混ぜた数個の俵をもって囃子方とともに町内を練り回り、日没頃浴槽に投げ入れる。その時の様子を次のように描写する。

> 此時槽内の混雑言はん方なく諸人手に手に菖蒲を摑みて投げ合ふ様凄まじくも亦壮んなり斯くて此菖蒲、蓬を持ち帰りて枕下に敷き一夜を明かさば逆せ頭痛の疾を起すことなしと言い伝ふ……

これは、総湯での光景であろう。病邪を払う行事の賑わいが伝わる。この地では、菖蒲湯はとくに頭痛に効果がある、と信じられていた。翌朝、浴槽に幔幕を張り、提灯を吊るすが、それもまた温泉街に美観を添えた。

次いで、「うし湯」（土用丑の日）である。この日に薬湯に澡浴すれば諸病平癒するといわれ、各地より浴客が参集した。

> 同日午（ママ）の刻（午前二時）を見計らひ数多の浴客が一時に入浴せんとすることなればさしもに広き菊の湯槽内も人を

以て塡めん許り真に立錐の余地もなし左れば此日は各宿舎殆んど徹夜の有様にて混雑言はん方なし。

午前二時ならば丑の刻である。この日の旅館は、夜を徹する賑わいを見せた。土用の丑の日には体力をつけるために鰻を食べる風習が有名であるが、このように薬湯につかり諸病平癒を祈願することもあった。

現在、菖蒲湯は俵をもって練り歩くことはしないまでも続いている。しかし、「うし湯」の習俗は早い時期に途絶えてしまったようで、八十歳過ぎの古老に尋ねてみても、その記憶は遠ざかっている。温泉の観光パンフレットも丁寧に読んでいくと、面白い記述が見当たるものである。

四、永平寺と東尋坊

（一）永平寺鉄道に乗って参拝

寛元年間（一二四三～四七）、道元禅師の開いた曹洞宗の道場が永平寺である。修行道場であるものの、一般客も少なからず訪れる。大正一四年、越前電鉄の永平寺駅（現、永平寺口駅）から永平寺門前駅（昭和一三年永平寺駅、平成一四年廃駅）に永平寺鉄道が延び、参詣が便利になった。また、昭和四年、北陸線金津駅（現、芦原温泉駅）から永平寺鉄道が永平寺口駅ま

〈図10〉「大本山永平寺近道御案内」
（昭和13年頃、永平寺鉄道）

で延伸し、芦原温泉・東尋坊への便もよくなった。

永平寺鉄道は、「大本山永平寺近道御案内」（昭和一三年頃）〈図10〉を発行する。発行年代は記されていないが、「永平寺鉄道延長線開通」「同時に駅名も『永平寺』と改めました」と刷り込んだ紙が付してあるので、永平寺門前駅が永平寺駅に改称された昭和一三年頃のものと思われる。ただし、路線図には旧駅名を示すので、もう少し前かもしれない。従来、駅から永平寺まで約八丁（約八七二m）あったが、旧駅から約四〇〇m延長して新駅を設け、総門間近に電車が着くことになった。「御老人方やお子供さんも永平寺お参りが頗るお楽になりました」とも謳う。

表紙は木立に囲まれた石段の先に唐破風の門と建物を描くが、道元禅師を祀る承陽殿と承陽門と思われる。この表紙は、図らずも温泉のマークで縁取られている。また、路線図には芦原温泉をはじめ、山中・山代・粟津・片山津の北陸の温泉を示すとともに、有名観光地の東尋坊もしっかり描き込む。路線図の右手に永平寺の伽藍を示す鳥瞰図があるが、修行道場と温泉地が一枚に納まる穏やかならぬ絵柄である。

鳥瞰図から永平寺の伽藍配置を見ていこう。図は北を望む構図である。通用門を潜ると総受付の瑠璃閣があり、御斎（おとき）・

案内・参籠(さんろう)・回向(えこう)・祠堂(しどう)・納骨を願う人はここに申し出た。現在も総受処が同じ場所にあり、宝物を納める瑠璃聖宝閣が別に新築された。瑠璃閣から回廊を往くと傘松閣となる。傘松閣は参詣者の研修・宿泊の部屋で、創建（昭和五年）間もない建物であった。傘松閣を過ぎると、山門・中雀門・仏殿・法堂(はっとう)が一列に並び建つ。本尊の釈迦如来を祀る中心的な建物が法堂で、禅宗寺院の伽藍配置がよくわかる。法堂の西に承陽殿、仏殿の西に僧堂、東に庫院を配する姿は、今日もほとんど変わっていない。境内の建物一九棟が国の重要文化財に指定されているが、江戸期のものは山門・勅使門・中雀門・経蔵・松平廟・舎利祠堂殿で、ほかは明治期から昭和初期にかけて再建されたものである。このような案内文がある。

> 渓谷幽邃(ゆうすい)の間に七堂伽藍を中心に大小七十余棟の楼閣が玲瓏(れいろう)として結構壮麗を極め、海内無双の霊場であり工芸美術の殿堂であります（中略）我国寺院中の巨刹で斯(か)くの如く完備されて居るのは独り永平寺のみで、参詣者四時(しじ)其(そ)の跡を断たない、……

静まりかえった山中に七十余りの建物が冴えざえと並び、規模が大きくて美しい境内の様子を叙述する。その凛と張りつめた空気は今も変わらず漂っている。参詣者は年中途切れず、とりわけ、受戒会（四月二三～二九日）と開山忌（九月二三～二九日）には全国の老若男女一山に群集し、大いに賑わった。

（二）永平寺参拝団御優待

昭和五年、永平寺で二祖孤雲禅師六百五十回忌がおこなわれた。四月二四日から五月一四日までの三週間の大遠忌であった。当時、末寺一万五千、信徒二百万戸ともいわれた永平寺最大の行事に、福井商工会議所は色めき立った。同会議所は「永平寺大遠忌歓待会」なる組織を立ち上げ、ここぞとばかり福井への誘客に血道をあげた。

「参拝団体各位御優待」（昭和五年、福井商工会議所発行）〈図11〉というパンフレットがある。一面が鳥瞰図、裏面が七つの優待事項を記したもので、このような冒頭文である。

> 福井！それは　北国の片田舎の小さな町に過ぎません（中略）大本山へ御参拝の御途次　一度はお立寄り下さい　全市民は　心からお待ち致して居ります　旅のお疲労をどうしてお慰安いたさうかと　それはそれは心を砕いて居ります　恰度(ちょうど)　近親の者が幾年振りかで訪ねてくれるのを待つかのやうに……。

片田舎の街ではあるが、ぜひ福井に来てほしい、そんな熱いメッセージである。どこか素人ぽい文体に親しみがわく。観光案内は一切なく、文章すべて優待事項を綴っているのが徹底している。鳥瞰図は、パンフレットの趣旨から必要とは思われないが、それでもつけているのは当時の流行に乗り遅れまいとしてのことだろうか。福井市街地を中心におく鳥瞰図は、永平寺・東尋坊・芦原温泉なども描き込むが、洗練されているとは言い難い絵柄もまた親しみを覚える。

パンフレットに、七つの「御優遇」を記す。御優遇その一として、入浴無料・理髪無料・紅茶献呈・活動写真観覧無料・茶代謝絶、と出ている。入浴無料とは市内の銭湯が一斉に無料になり、どこでも自由に一浴できる、とある。理髪無料とは、市内の理髪店が汽車の待ち時間などに無料で髭剃りなどをするという。紅茶献呈とは、市内の喫茶店が紅茶やコーヒーをサービスするという。これで商売が成り立つのか、と要らぬ心配をしてしまう。活動写真観覧無料とは、市内三つの常設館で帝キネ・マキノ・松竹・日活の封切り映画への招待である。

御優遇その二は、大遠忌の二十一日間、演芸の催しである。演芸は、新劇・奇劇（ママ）・新国劇・舞踊・実演・音楽・奇術と多種多様で、福井に宿泊の参拝団が無料で自由に観覧できるように交渉中とのお知らせである。「奇劇」は田宮貞楽一座とあるから、喜劇であろう。交渉中でも印刷する勢いに脱帽する。

御優遇その三は、各種競技大会を開催し、観覧に供すというもので、東京の大学チームや全国選抜中等学校の野球団を招いての野球戦、高等専門学校や実業団チームを招聘しての庭球戦、運動会（短距離・長距離・リレー・幅跳び・高跳び・槍投げ・円盤投げなどの記録保持選手を招聘）をはじめ競馬大会、花火大会が企画された。御遠忌に駆り出されるスポーツ選手や馬も大変である。

御優遇その四は、福井市内各商店で二十銭以上の買い物をした人に福引抽選券を進呈するというものである。景品は次の通りである。アメリカ旅行費（三千円現金）・自動車一台（二千円現金）・支那旅行費（五百円現金）各一本、夫婦での西国三十三ヶ所参拝費（百二十円）各五本、永平寺参拝費（実費現金）・特産富士絹一反・特産絹紬一反・特産人絹羽二重一反各百本と威勢がよい。

戦後の東京オリンピックを前に「トリスを飲んでハワイに行こう」という夢のハワイ旅行が当たる企画が一世を風靡したが、それ以前にアメリカ旅行の福引景品を「片田舎」の商工会が思いついたのである。しかし、あまりにも桁外れな景品だったため、国からお達しがあって、アメリカ旅行と自動車一台の景品はやむなく取り下げることになったという。永平寺参拝費実費とは、団体客の場合は参加費全額、個人参拝なら三等往復汽車・

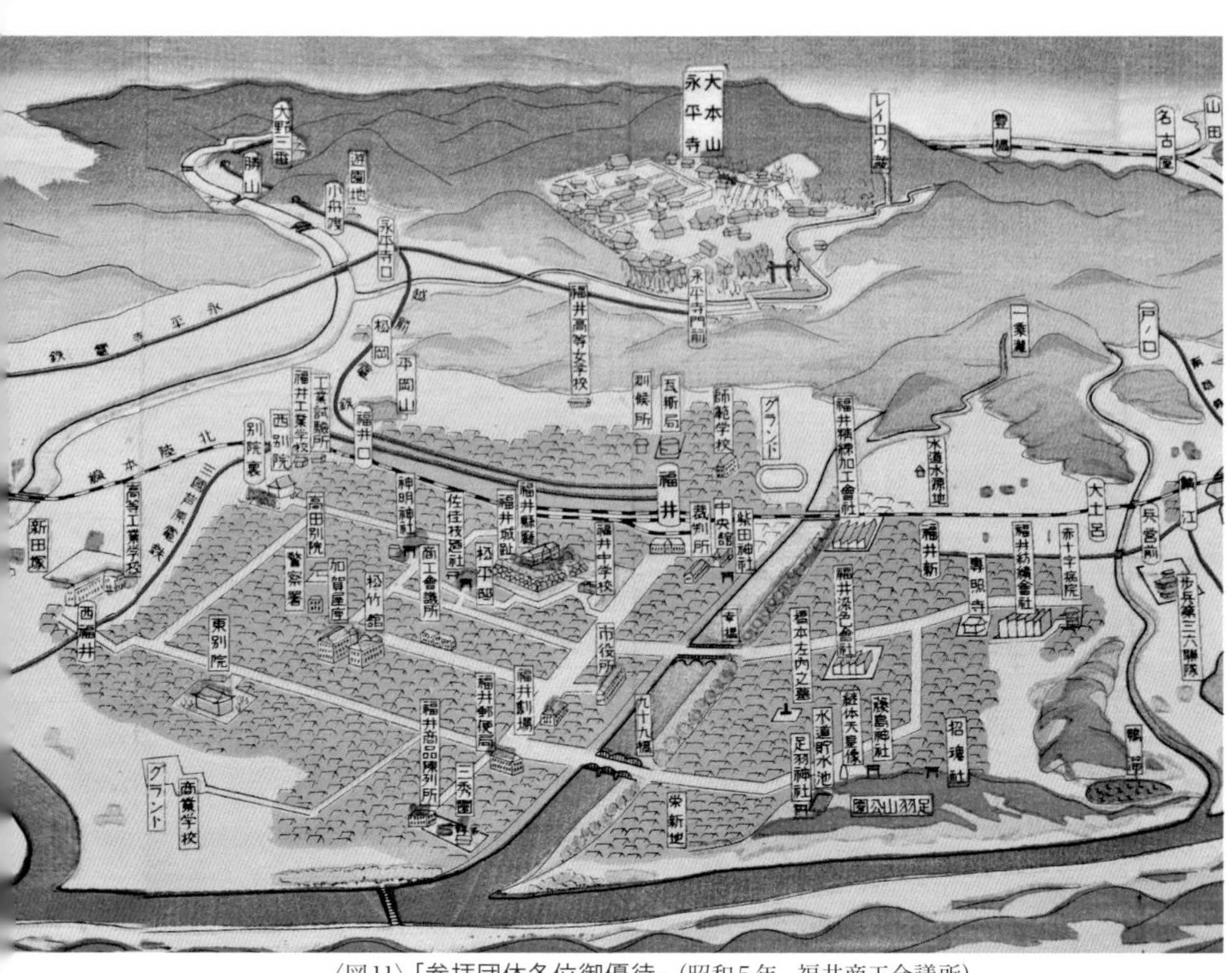

〈図11〉「参拝団体各位御優待」（昭和5年、福井商工会議所）

汽船・電車賃である。

御優遇その五は、団体参拝客の記念写真を無料で撮影し、大中版に焼き増しして贈呈するもので、福井城址が撮影場所であった。福井の写真師は大忙しである。

御優遇その六は、曹洞宗寺院住職に対するもので、福井市内の特定の寺院を開放して無料宿泊の接待をするものである。お寺のご住職婦人は腕の見せ所である。

御優遇その七は、福井県特産の織物、塩瀬・羽二重・縮緬・絹紬・富士絹・白山紬・人絹各種、その他食料品や塗物・焼き物などの土産物の特価販売である。塩瀬とは塩瀬帯のことであろうか。河和田（かわだ）の越前漆器、宮崎・織田地区の越前焼は、福井県を代表する伝統工芸品である。

以上七つの御待遇は、福井県外居住の団体参拝客を対象とするもので、大遠忌参拝計画の際、日程・人数の連絡があれば宿屋組合と交渉して便宜を図るという。また各種優待券は、本山団体事務所と打ちあわせの上、各団体主催者の手許まで送付、少人数で計画の場合も優待券を送る、と記す。あの手この手の観光客誘致策は、すでに戦前からあった。それも、お国に頼らず地元が一丸となって盛り上がりを見せた誘致の取り組みであった。

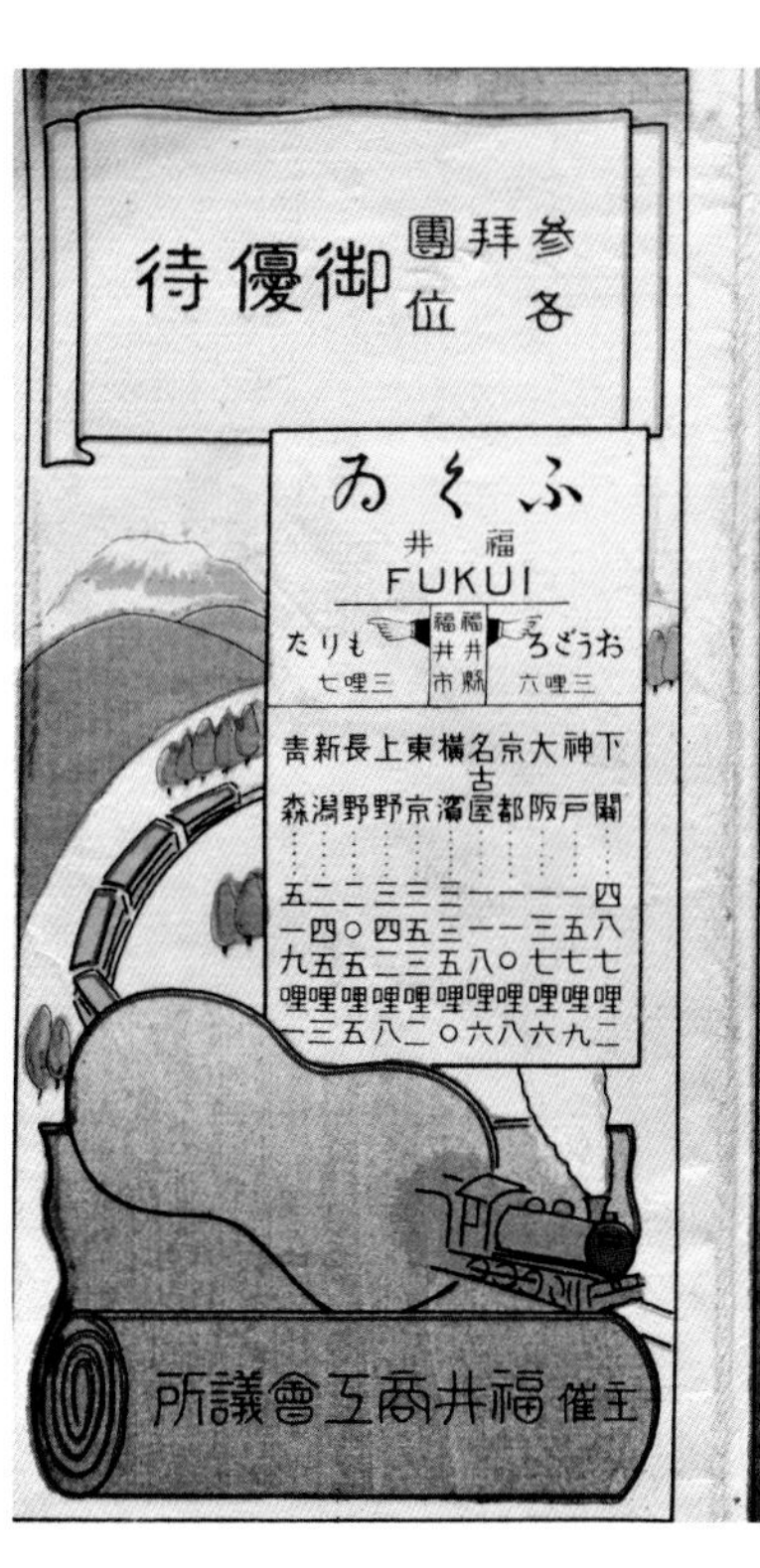

（三）越前海岸を往く三国芦原電鉄

昭和三年、三国芦原電気鉄道（三国芦原電鉄、昭和一七年京福電鉄に合併、平成一五年えちぜん鉄道三国芦原線）の福井口—芦原間が開業し、翌年に三国まで延伸した。沿線には東尋坊をはじめ名所旧跡が多く、これに永平寺・勝山方面への路線を含めた京都電燈の沿線名所は「天下の絶勝東尋坊三国芦原電鉄図絵」（昭和四年一月、吉田初三郎画、京都電燈発行）〈図12〉に詳しい。

鳥瞰図は日本海から東の陸地を望む構図で、右に福井市街地、中央に芦原温泉、左に東尋坊を配し、九頭竜川河口に三国の街がある。福井市街地の奥に曹洞宗大本山の永平寺が大伽藍を構える。また、芦原温泉の背後に蓮如上人の聖蹟・吉崎御坊もあり、近くに北潟湖も見える。九頭竜川流域には、勝山や越前大野の街があり、白山登山口にあたる平泉寺や六呂師スキー場も描く。三国芦原電鉄のほか、九頭竜川を遡って勝山を経て大野三番に到達する越前電気鉄道（越前電鉄）や、永平寺口から永平寺門前に分岐する支線も描く。勝山手前の小舟渡には越前電鉄経営の小舟渡遊園地があって、「電気浴場」なる施設を備える。背後の山はスキー場である。三国芦原電鉄の案内文を見よう。

越前電鉄福井口駅より分岐し、（中略）九頭竜・竹田の二大川を渉り、広茫たる越前平野を一直線に、芦原温泉を経て東尋坊口に至る延長十六哩の電気鉄道で、普通五十分、急行四十分にて到達します。

三国芦原電鉄は、福井市街地を過ぎて九頭竜川を渡り、芦原温泉の手前で竹田川を越えて九頭竜川河口の三国に到達する路線である。鳥瞰図には東尋坊口までの路線を描くが、三国―東尋坊口間が延伸したのは、パンフレット発行三年後の昭和七年のことである。

本電鉄によれば、福井市より僅かに三十分で情緒纏綿たる北越の名泉芦原のいでゆに至り、夫れより天下の絶勝東尋坊を探ね、三国海水浴場の明浄なる白砂と絵の如き風光に親しみ、或は吉崎御坊に詣で北潟湖の明鏡をわたり、或は九頭竜の大河を遡って汐見桜を賞し新保の長橋を仰ぐ等、興趣はなかなかに尽きないのであります。

芦原温泉へは福井から電車で三〇分と近い。沿線には東尋坊や三国の海水浴場があるばかりか、九頭竜川河口に汐見桜の名所があった。また、芦原駅から足をのばして蓮如上人の聖蹟・吉崎御坊に詣で、北潟湖を遊覧する楽しみもあった。さらに、姉妹線である越前電鉄を利用すれば永平寺参拝も便利で、白山登山口や六呂師スキー場に到達することができた。

（四）港町三国

九頭竜川・竹田川の河口右岸に発達した三国は日本海有数の港町で、室町末期には「三津七湊」のひとつに数えられた。また、江戸時代には北前船が寄港する港町として大いに賑わい、昭和の終わり頃まで古い港町の残照が町並みのあちこちに見られた。「天下の絶勝東尋坊三国芦原電鉄図絵」（昭和四年）に描かれた三国の街は、河口に人家が集まり、河岸に小船が停泊する。港から日本海に突き出た堤防を隔てて砂浜が広がり、三国海水浴場となっている。案内文を見よう。

三国小女郎の嬌名天下に高かった要港であったが、時世の変遷は幾分此の裏日本の要津を衰退せしめた観がないでもない。（中略）河岸に並んだ白壁に輝く朝暾夕陽の美しさ、日本海のただ中へ鯛、烏賊、蟹、鰮、鯖等の出猟にでかける発動機船の舳艫相含んで出帆する雄壮さ、昔ながらの絵のやうな港情緒が横溢したところである。

三国小女郎が現れる芝居、浄瑠璃は江戸や上方で大当たりしたといわれ、港町三国の遊廓は名が知れ渡っていた。河岸に並ぶ白壁とあるから、昭和初年当時、港町の問屋商人の土蔵が残っていたのであろう。その白壁に差す朝日や夕日の美しさは、港の賑わいが去った寂しさをどこか漂わせている。廻船に変わって、艫や舳先がふれあうほどひっきりなしに出漁する漁船の姿は、物資の取引で賑わった港町が漁港へと性格を変えたことを物語る。次いで三国海水浴場である。

> 三国港口の防波堤から絵のやうに湾曲した蜒々四町余の美しい砂浜がそれである。砂は銀色、水は琅玕、波穏やかに遠浅で、北陸には稀らしい好海水浴場、……

海水は青々と美しく、波静かな三国海水浴場は、設備も完備していた。夏期は諸方からあらゆる階級の人たちが集まって、華やかな海水着にロマンスの花を咲かせる、と続ける。そこはかとなく浜辺の恋を匂わせる一文が読む人の気を引く。

(五) 東尋坊

三国海水浴場を過ぎると、東尋坊である。輝石安山岩の柱状節理の断崖絶壁は、国の天然記念物・名勝に指定（昭和一〇年）され、越前加賀海岸国定公園（昭和四三年指定）の特別保護地区になっている。

「天下の絶勝東尋坊三国芦原電鉄図絵」（昭和四年）の鳥瞰図は黒々とした断崖絶壁がそそり立つ光景を描き、「天下の絶勝」と赤い短冊を付す。海上には遊覧船や小舟が浮かぶが、東尋坊見物の船であろう。やがて開業する三国芦原電鉄の東尋坊口駅前には、「三国遊園地」なる施設も設置されている。東尋坊を見下ろす岬の先端に数軒の家屋を描くが、茶店であろうか。東尋坊から道は安島に延びる。この道沿いにも断崖絶壁が続き、途中に屏風岩や弁慶くぐり穴がある。安島の先は雄島で、島の入口に鳥居が建つ。安島の右手に崎浦集落があって、材木岩が見所として出ている。崎浦周辺に点在する小島に名前はついていないが、のちに「越前松島」と呼ばれる景勝地である。案内文を見よう。

> 三国浜駅から海辺に沿って雄島の勝景を眼前にしつつ瀟洒な松林を縫ふこと暫し、丘陵海に尽きんとして茲に奇巌矗立重畳する所を東尋坊といふ。

案内文は、三国から陸路と海路の二つがある。海辺に沿う陸路は、雄島を眺めつつ松林の道を往く。「三国浜駅」と出ているが、そのような駅名はないので三国駅のことであろう。次いで海路である。

> 海よりすれば駅前の小波止場からモーターボートによって九頭竜の河口を海にぬけ、絵のやうな三国海水浴場を右手にして、澎湃たる日本海の浪をしのぐこと暫時、既に亀岩、七ツ岩等の奇巌双眸に迫って早くも東尋坊の大景は眼前に展開してくる。

当時、東尋坊には遊覧船乗り場はなかったようで、三国駅か

大野三番
大野口
大袋
勝山
小舟渡
金津
芦原温泉
芦原
三國町 
東尋坊口
名古屋
京都
大阪
神戸
敦賀
新福井
福井

初三郎作

〈図12〉「天下の絶勝東尋坊三国芦原電鉄図絵」
（昭和4年1月、吉田初三郎画、京都電燈）

ら乗合や貸切のモーターボートが出ていた。また、東尋坊の先にある福浦や崎浦を往復するモーターボートもあった。亀岩や七ツ岩の奇岩を見つつ、海上より東尋坊の絶勝を味わうのである。いよいよ、東尋坊最大の見所、大池の描写である。

> 望めば断巌（だんがん）絶壁峭立（しょうりつ）屏曲するもの七つ、殊（こと）に大池のあたり、巌壁（がんぺき）直立七十三尺、紺碧の深潭（しんたん）白波を噛んで深く堪（たた）へるもの五十五尺、正（まさ）に巌（いわお）の大殿堂であり、水の大洞窟である。

大池という大洞窟に「直立七十三尺」の岩壁が立ちはだかる。今風に言うと二二mであるが、今日の観光ガイドブックの大半は二五mと示す。恐ろしいことにこの高さを計ろうとした人が昔もいたのである。さらに続く。

> 直下と観れば目眩（くる）めき、仰げば廓寥（かくりょう）として一碧（いっぺき）の天空を限るもの、壮観といはんよりは寧（むし）ろ凄絶なる壮美さに魂を打たれるのである。

かくも大げさな情景描写は、昭和初期の観光パンフレットによく用いられる手法である。東尋坊の名の由来は、平泉寺の「東尋坊」なる悪僧が馬もろともこの断崖から海に蹴落とされたことによると紹介するが、よく知られた話である。東尋坊の沖に浮かぶのは雄島である。

> 岩頭遥（はる）かに瞳を放てば、満目ただこれ漂茫（ひょうぼう）たる日本海、右手の方安島岬の海上二丁ばかりに一個の雄偉なる浮島を見るのみである。

雄島は、三保大明神・少彦名命（すくなびこなのみこと）・事代主命（ことしろぬしのみこと）を祀った島で、源義経が家臣の兜を寄進して武運長久を祈った故事にふれる。島の南岸には巌を重ねた絶壁が続く。東尋坊から安島へ向かう途中の福浦の地には、弁慶潜り岩などの奇勝があることを記す。安島岬から崎浦にかけても見所が少なくない。

> 安島岬から梶浦に至る沿岸約一里の間は所謂（いわゆる）崎浦の奇勝をなして、巨木を竪横斜めに積み重ねたやうな奇巌がフィルムのやうに連続して展開され、日本海の怒濤（どとう）之れを襲って景観真に雄大豪壮、見る程の人を驚嘆せしめずにはおかないのである。

崎浦海岸の材木を積み重ねたような奇巌もまた柱状節理の岩石である。フィルムのパトローネの喩えであろうか。日本海の荒波と火山活動により生じた大地の造形、それが東尋坊とその周囲に広がり、越前海岸を代表する見所になっていた。それらの雄大豪壮な自然に仰天し、肝を冷やしながらも非日常的な世界を楽しみ、日常生活で疲れた心を癒し、活力をもらった人々は少なくなかったであろう。

おわりに

私が旅や観光に関心をもったきっかけなどを記し、あとがきに代えたい。

昭和四〇年代半ば、我が国は「ディスカバー・ジャパン」ブームに沸き立っていた。高度経済成長も最高潮に達したその時期、消えゆく自然や伝統文化を求めて、日本再発見の旅のブームがあった。それは、大学生活を過ごしていたころのことであり、あの旅の熱気が甦る。日本各地の伝統的な民家や、古い町並みを訪ねる旅を重ねていた私は、民俗学者の宮本常一先生に出会い、お亡くなりになるまで（昭和五六年）教えを受けるご縁に恵まれた。顧みれば二十代の十年間、先生のご指導のもとでフィールドワークに打ち込むこととなった。

近年、岩手県の「とおの物語の館」を訪ね、東京の成城から移築した旧柳田國男隠居所のガラスケースの中で思いがけず目にした自筆原稿「旅と文章と人生」に胸が高鳴った。

長い旅行をして還って来た人から、旅の話をしてもらって聴くことが、もとは私たちの大きな楽しみであった。（中略）この本を書いた宮本先生という人は、今まで永いあいだ、最も広く日本の隅々の、誰も行かないような土地ばかりを、あるきまわっていた旅人であった。どういう話を私たちが聴きたがり、聴けば面白がり又いつまでもおぼえているかということを、この人ほど注意深く考えていた人も少ない。

これは、宮本常一著『ふるさとの生活』（昭和二五年）に柳田が寄せた序文である。柳田がはじめて遠野を旅した明治四二年、花巻駅までは鉄道を利用したが、それから先は人力車で遠野に向かい、遠野からは馬の背にまたがり柳田に土地の伝承を語った佐々木喜善の家などを訪ねている。日本民俗学を創始した柳田の旅は、近代の交通機関が整備された時代におこなわれているが、その対象とするフィールドは未だその恩恵にあずからぬ土地が多くを占めていた。上記一文にくわえて「旅行もいつの間にか、さほど楽しい有益なものでは無くなっているのであった」と気になる言葉も見受ける。そこには、便利に旅行ができる世の中になったこととは裏腹に旅の感動を語る人が少なくなった、との批判が込められているように読み取れる。

そのような中で、「誰も行かないような土地ばかりを、あるきまわっていた旅人」、それが、宮本常一先生である。生涯約四千五百日を旅に過ごし、うち一千日は民家に泊まり、それも八割の家は無償で泊めてくれたという。瀬戸内海に浮かぶ周防大島の宮本家は大正頃まで旅人を無償で泊める「善根宿」をやっていたというが、母の後姿を見て培われた、見知らぬ民衆に寄せる信頼感がその旅を支えていたのではないか。宮本先生が本格的な旅を始めたのは、小学校の教員を辞して渋沢敬三が主宰するアチック・ミューゼアムに入った昭和一四年秋からである。戦前戦後の苦しい時代の中でも「相身互い」といって、心通わせる旅先での交流があったことが数々の著作に記されている。そのような旅をし続けた愛弟子を、師匠の渋沢敬三はどのように見ていたのだろうか。

日本中どこの農村へいっても相手に外来者の感を抱かせない。すぐ味方であり同類だと直感させるものが身についている。話がすぐ合い、よく聞き出せる所以である。（『新編村里を行く』跋文、昭和三六年）

これは、フィールドワーカーとしての天性の素質を見抜いていたことを示す一文である。柳田の三二年後に生まれ、民俗採集の旅を志した宮本先生は、田舎の隅々まで交通機関がいきわたっていても、歩くことにこだわった。と同時に宿泊施設が整備された時代でも、あえて民家に泊まることに喜びを覚えていた。ところで、宮本先生ご自身にとっての旅はどのようなものであったのだろうか。

私にとって旅は学ぶものであり、考えるものであり、また多くの人々と知己になる行動であると思っている。そしてともすれば固定化し、退嬰化していく自分の殻をやぶる機会を作るものだと思っている。（『旅と観光』昭和五〇年）

ご自身の旅の目的を、この三つの言葉でさらりと語っている。それは同時に、若きフィールドワーカーへのメッセージでもある。柳田が「どういう話を私たちが聴きたがり、聴けば面白がり……」と宮本先生の性格を端的に言い表しているが、訪れた土地を歩き、自分の目でものごとをしっかり見つめ、その土地に生きる人々の話にじっくり耳を傾ける、その積み重ねあってのことに他ならない。そして人を面白がらせ、その気にさせる語りは、私共が教えを受けた晩年も衰えることなく、ますます磨きがかかっていたのではないか、と思われる。

大正期から昭和初期にかけて、交通機関の発達などにより、庶民の間に観光旅行ブームが巻き起こったが、宮本先生は、その流れに一歩距離をおいていた。華美な宿に泊まり、豪華な食事をとり、温泉に浸ることなどとはまったく無縁な旅をし、享楽的な観光旅行をかたくなに拒んでいた。また、昭和四一年四月、日本観光文化研究所（通称「観文研」）をつくるが、活動目的の観光振興ということにも増し、生活文化の調査研究・地域文化の振興、そして若きフィールドワーカーの育成を主眼においていたように思われる。

旅で学び、地域の光に照らされて感動する。また、その光を放つ地域社会を築くための思索を深める、それが「観光」に対する先生の訓えであった。その志を胸に刻み、旅の歴史の一端を明らかにすべく、この執筆に臨んだ。

本書は、前著と同様に服部徳次郎氏（一九一三〜二〇〇七年）旧蔵コレクション（愛知県東浦町郷土資料館所蔵）及び藤井務氏（一九一六〜二〇〇三年）旧蔵コレクションを主資料として執筆したものである。服部徳次郎氏旧蔵コレクションの閲覧及び撮影・掲載許可をいただいた東浦町郷土資料館、並びに藤井務氏旧蔵コレクションをご寄贈いただいた安藤典子さんに御礼申し上げる。また、本書は愛知淑徳大学研究助成による一連の調査研究成果を基礎に執筆したものであり、大学当局及び前著に引き続き編集・出版にご尽力いただいた八坂書房・八坂立人氏に心より感謝申し上げる。

谷沢　明

索　引

著者略歴

谷沢　明（たにざわ・あきら）
1950年　静岡県に生まれる
法政大学工学部建築学科卒業
法政大学大学院工学研究科修士課程修了　博士（工学）
日本観光文化研究所　放送教育開発センター助教授を経て
1995年　愛知淑徳大学教授
2021年　愛知淑徳大学名誉教授

［専門］
観光文化論　地域文化論　民俗建築論

［主な著書］
『日本の観光—昭和初期観光パンフレットに見る』（八坂書房、2020年9月）
『瀬戸内の町並み—港町形成の研究』（未來社、1991年2月）
『住いと町並み』（ぎょうせい、1982年1月）

［受賞］
日本民俗建築学会賞　竹内芳太郎賞（2020年）

日本の観光 2 —昭和初期観光パンフレットに見る《**近畿・東海・北陸篇**》

2021年　4月23日　初版第1刷発行

著　者　谷　沢　　明
発行者　八　坂　立　人
印刷・製本　中央精版印刷（株）

発行所　（株）八　坂　書　房
〒101-0064 東京都千代田区神田猿楽町1-4-11
TEL.03-3293-7975　FAX.03-3293-7977
URL. http://www.yasakashobo.co.jp

ISBN978-4-89694-284-2

★ 関連書籍の御案内 ★

本書姉妹篇

日本の観光

―昭和初期観光パンフレットに見る

谷沢　明著

菊判　並製　三一二頁　本体三六〇〇円

昭和初期の庶民の旅とは？

旅行後には捨てられていく運命にあった観光案内を、地域ごとに分類して多数収載。「大正の広重」吉田初三郎や金子常光ら名人の手になる見事な鳥瞰図をカラーで紹介。名所旧跡を訪ねるもよし、幻の路線・今はなき廃線や観光地を探るもよし、時空を超えた旅を愉しむ一冊。

〈おもな掲載地〉

北海道（大沼公園・大雪山・層雲峡・然別湖・阿寒湖・屈斜路湖・摩周湖・登別温泉・定山渓温泉など）

東北（松島・金華山・十和田・奥入瀬・平泉・厳美渓・花巻温泉・東山温泉・会津・出羽三山など）

日光・塩原・那須・尾瀬

箱根・富士・伊豆

東京近郊（京王・小田急・東横・玉川電車・青梅電鉄・奥多摩渓谷・御嶽山・湘南電鉄・京浜電鉄・京成電車・東京横浜遊覧バスなど）

信越のスキー地（高田・妙高・野沢温泉・志賀高原など）

瀬戸内海（讃岐・屋島・金刀比羅宮・道後・松山・鷲羽山・鞆の浦・厳島など）

九州（雲仙・阿蘇・別府・耶馬渓など）

★ 関連書籍の御案内 ★

現代訳　旅行用心集

八隅蘆菴著／桜井正信監訳

現代にも、海外でも通じる旅の心得の数々。●水が替わることへの用心●寒い国を旅するとき●船に酔ったときのよい方法●くたびれたのを治す秘伝●旅の所持品についてなど旅の知恵満載。諸国の温泉292ヶ所の効能や入ってはいけない病気をも記す。

2200円

日本の宿

宮本常一著

なぜ人は旅をするようになったのか。それにつれて日本の宿はどのように発達してきたのか。宿の起こりから、庶民の宿・商人宿・流人の宿・信者の宿・本陣・旅籠・温泉宿・駅前旅館、さらにはホテル・下宿・寄宿舎まで、それぞれの宿が持つ機能や果たしてきた役割を説き、古代から現代までの旅のすがたと、日本の宿の歴史をこの一冊に描く。

1800円

伊勢参宮〈増補改訂版〉

宮本常一著

日本人はなぜ伊勢参りをするのか。宮本常一が中心となり、伊勢信仰関係の資料を蒐集、整理、解読、検討し、それをまとめた「伊勢神宮の歴史」「伊勢講の変遷」「伊勢参宮の変遷」に、未発表の「伊勢信仰の話」を新たに加え、民衆と伊勢信仰の実相を究明する。

2000円

（価格は本体価格）